십이지신상(十二支神像)

불경을 외우면서 공양하는 불자들을 지키는 신장들로서
12방위에 맞추어 12가지 동물 얼굴에
몸은 사람의 형상을 하고 있다.

· 자(子) – 쥐

· 축(丑) – 소

· 인(寅) – 호랑이

· 묘(卯) – 토끼

· 진(辰) – 용    · 사(巳) – 뱀

· 오(午) – 말    · 미(未) – 양

· 신(申) – 원숭이    · 유(酉) – 닭

· 술(戌) – 개    · 해(亥) – 돼지

한국인의
초보 사주팔자

한국인의
초보 사주팔자

초판 인쇄 2021년 6월 8일
재판 발행 2022년 7월 25일

지은이 | 윤기홍
펴낸이 | 김경옥
디자인 | 류재형
펴낸곳 | 도서출판 온북스

등록번호 | 제 312-2003-000042호
등록일 | 2003년 8월 14일
주소 | 서울시 은평구 은평로 194-6, 502호
전화 | 02-2263-0360
팩스 | 02-2274-4602

ISBN 978-89-92364-03-4   03140

잘못 만들어진 책은 교환해 드립니다.
이 출판물은 저작권법에 의하여 보호받는 저작물이므로
무단 전재와 무단 복제를 할 수 없습니다.

사주명리를 처음 입문하는 초보자를 위한

한국인의
초보 사주팔자

윤기홍 지음

온북스
ONBOOKS

저자의 말

인생, 쉽지 않다. 생각한 대로 흘러가지 않기 때문이다. 지성과 이성으로 내린 선택과 판단이 절대적이지 않음을 누구나 한 번쯤 느꼈을 것이다.

불확실성의 시대, 사람들이 미래에 관심을 갖는 한 명리학의 위상은 흔들리지 않을 것이다. 마치 서양의 점성술이 명맥을 유지해 오고 있는 것처럼.

이 책은 초보자들이 쉽게 읽을 수 있도록 만든 개론서이다. 수긍하고 살아가야만 하는 운명의 틀을 극복하고 개척해 나갈 방향을 제시할 수 있도록 세심하고 꼼꼼하게 다듬었다.

명리학으로 궁금증에 대한 갈증을 해소할 수 있기에 많은 시간과 땀 그리고 열정으로 이 책을 썼다.

책으로 인연이 되어 영광이다.

2021. 6. 1.

尹基洪 著

목 차

저자의 말 · 004

제1장 육십갑자 기초 - 010
   1. 천간 · 012
   2. 지지 · 012
   3. 육십갑자 · 012

제2장 사주구성법 - 014
   1. 만세력 천을키인 앱 사용법 · · · · · · · · · · 016
   2. 만세력 천을키인 앱 사주구성 내용 · · · · 016

제3장 오행 - 018
   1. 천간오행 · 020
   2. 지지오행 · 020
   3. 지지동물 · 021
   4. 상생 · 021
   5. 상극 · 021
   6. 절기 · 021
   7. 년주 정하는 법 · · · · · · · · · · · · · · · · · · · 022
   8. 월주 정하는 법 · · · · · · · · · · · · · · · · · · · 022
   9. 일주 정하는 법 · · · · · · · · · · · · · · · · · · · 022
   10. 시주 정하는 법 · · · · · · · · · · · · · · · · · · 022
   11. 야자시와 정자시 구분법 · · · · · · · · · · · 023

목 차

12. 대운 정하는 법 · 024
13. 대운숫자 정하는 법 · · · · · · · · · · · · · · · · · · 025
14. 출생시를 모를 때 추측하는 법 · · · · · · · 025
15. 오행의 배속 · 026

제4장 사주감정을 위한 기초 – 030

1. 육친의 적용 · 032
   1) 천간 육친 · 032
   2) 지지 육친 · 032
   3) 천간 육친 조견표 · · · · · · · · · · · · · · · · · · 034
   4) 지지 육친 조견표 · · · · · · · · · · · · · · · · · · 035
   5) 육친 가족관계 조견표 · · · · · · · · · · · · · · 035
   6) 육친 연습 · 036
   7) 육친의 성격 · 040
2. 지장간(암장) · 061
3. 방합, 역마충, 도화충, 화개충, 삼합 · · · 062
4. 반합 · 066
5. 12운성 · 068
6. 12신살 · 072
7. 문창성, 문곡성 및 학당키인 · · · · · · · · · · 074
8. 공망(천중살) · 077
9. 암합 · 082
10. 삼형살 · 083

11. 육형살 · 086
12. 자형살 및 자묘상형살 · · · · · · · · · · · · 086
13. 지지충(칠살=칠충=육충) · · · · · · · · 090
14. 원진살 · 099
15. 귀문관살 · 102
16. 천문성(천라성) · · · · · · · · · · · · · · · · · 105
17. 천간충(칠살=칠충) · · · · · · · · · · · · · 105
18. 육파살 · 107
19. 육해살 · 113
20. 천간합 · 116
21. 지지합 · 121
22. 고신살, 과숙살, 고란살 · · · · · · · · · · · 122
23. 백호대살 · 123
24. 괴강살 · 126
25. 양인살 · 128
26. 금여 · 131
27. 암록 · 132
28. 천을귀인 · 132
29. 천덕귀인 및 월덕귀인 · · · · · · · · · · · 133
30. 장성 및 화개 · · · · · · · · · · · · · · · · · · · 133
31. 삼기성 · 134
32. 수태일(임신된 날) 아는 법 · · · · · · 135

목 차

33. 역마살, 도화살, 화개살 · · · · · · · · · · · 136

제5장 형충회합파해 - 138

1. 형충회합파해 동력(작용력) 선후 · · · · 140
   1) 간합이 일어나는 순서 · · · · · · · · · · · 141
   2) 육친 기반시 일반적인 간법(통변) · · · · · · · 146
   3) 형충회합파해 개념 · · · · · · · · · · · · 152
   4) 형충회합파해 예문 · · · · · · · · · · · · 156
   5) 형충회합파해 실제 응용 사례 · · · · · · · 196
   6) 간합물상 · · · · · · · · · · · · · · · · · 209
   7) 간합 합작 대체물상 · · · · · · · · · · · 211

제6장 격국 및 용신 - 214

1. 격국(내격과 외격) · · · · · · · · · · · · 216
   1) 내격 정하는 방법 · · · · · · · · · · · · 216
   2) 내격의 의미 · · · · · · · · · · · · · · · 219
   3) 외격 정하는 방법 · · · · · · · · · · · · 242
   4) 외격의 종류 · · · · · · · · · · · · · · · 243
      가. 종격 · · · · · · · · · · · · · · · · · 243
      나. 화기격 · · · · · · · · · · · · · · · · 248
      다. 일행득기격 · · · · · · · · · · · · · · 258
      라. 양신성상격 · · · · · · · · · · · · · · 267
      마. 비천록마격 · · · · · · · · · · · · · · 270
      바. 도비천록마격 · · · · · · · · · · · · · 274
      사. 정란차격 · · · · · · · · · · · · · · · 275

아. 괴강격 · · · · · · · · · · · · · · · 276
　　자. 건록격 · · · · · · · · · · · · · · · 277
2. 사주해석 시 필요한 개념 · · · · · · · · 278
3. 용신 정하는 방법 · · · · · · · · · · · · 284
　　1) 억부용신법 · · · · · · · · · · · · · 284
　　2) 양권과 음권 · · · · · · · · · · · · 285
　　3) 조후용신법 · · · · · · · · · · · · · 285
　　4) 통관용신법 · · · · · · · · · · · · · 286
　　5) 지지에 용신이 정해지는 경우 · · · · · 288
　　6) 용신을 정하는 실례 · · · · · · · · · 290
　　7) 기신운에 대처하는 자세 · · · · · · · 296
　　8) 사주 간명하는 순서와 용신 · · · · · · 297
　　9) 사주 간명 표 · · · · · · · · · · · · 299

제7장 재물운 – 302

1. 재산 및 사업운 · · · · · · · · · · · · · 304
2. 부자들의 사주 실례 · · · · · · · · · · · 304

(참고자료)
이석영 사주첩경, 백민역학개론,
다음, 네이버 자료 등

제1장

六十甲子 基礎

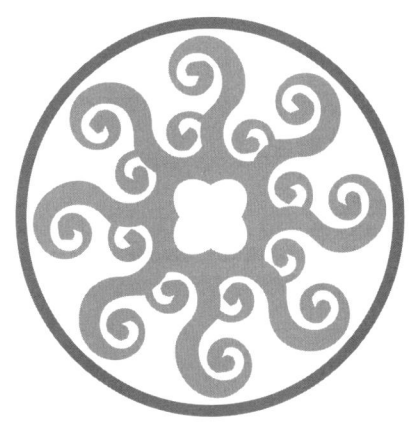

1. 천간
2. 지지
3. 육십갑자

1. 天干(천간)

天干은 十干이라고 하는데 아래와 같다.

甲	乙	丙	丁	戊	己	庚	辛	壬	癸
陽	陰	陽	陰	陽	陰	陽	陰	陽	陰

2. 地支(지지)

地支를 十二支라고도 하는데 아래와 같다.

子	丑	寅	卯	辰	巳	午	未	申	酉	戌	亥
陽	陰	陽	陰	陽	陰	陽	陰	陽	陰	陽	陰

3. 六十甲子(육십갑자)

六十甲子의 구성과 순서는 아래와 같다.

甲子(1)	甲戌(11)	甲申(21)	甲午(31)	甲辰(41)	甲寅(51)
乙丑(2)	乙亥(12)	乙酉(22)	乙未(32)	乙巳(42)	乙卯(52)
丙寅(3)	丙子(13)	丙戌(23)	丙申(33)	丙午(43)	丙辰(53)
丁卯(4)	丁丑(14)	丁亥(24)	丁酉(34)	丁未(44)	丁巳(54)
戊辰(5)	戊寅(15)	戊子(25)	戊戌(35)	戊申(45)	戊午(55)
己巳(6)	己卯(16)	己丑(26)	己亥(36)	己酉(46)	己未(56)
庚午(7)	庚辰(17)	庚寅(27)	庚子(37)	庚戌(47)	庚申(57)
辛未(8)	辛巳(18)	辛卯(28)	辛丑(38)	辛亥(48)	辛酉(58)
壬申(9)	壬午(19)	壬辰(29)	壬寅(39)	壬子(49)	壬戌(59)
癸酉(10)	癸未(20)	癸巳(30)	癸卯(40)	癸丑(50)	癸亥(60)
戌亥	申酉	午未	辰巳	寅卯	子丑

제 2 장

四柱構成法

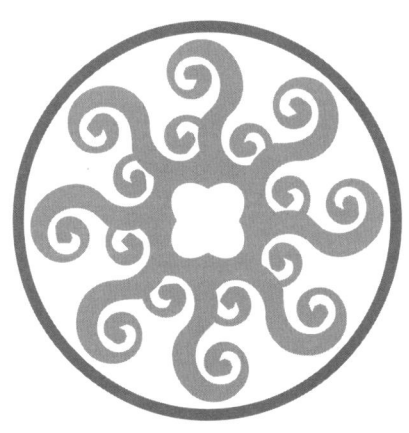

1. 만세력 천을키인 앱 사용법
2. 만세력 천을키인 앱 사주구성 내용

1. 만세력 천을귀인 앱 사용법

사주는 년주·월주·일주·시주를 말한다.

사주구성법은 뒤에서 설명하고 여기서는 만세력 천을귀인을 이용하는 방법을 소개 한다. 만세력 천을귀인 앱을 설치하고 새로 입력에서 본인의 이름, 성별, 생년월일시, 음력(양력)을 입력한 후 저장하기를 클릭하면 된다.

2. 만세력 천을귀인 앱 사주구성 내용

< 아래 그림 참조 >

시주	일주	월주	년주
-	-	-	-
편인	일간(나)	편인	편인
壬	甲	壬	壬
申	申	寅	子
편관	편관	비견	정인
戊 편재 壬 편인 庚 편관	戊 편재 壬 편인 庚 편관	戊 편재 丙 식신 甲 비견	壬 편인 - - 癸 정인
절 (장생)	절 (절)	건록 (병)	목욕 (제왕)
겁봉금	천중수	금박금	상자목
← (申) →	충,형	충,형	삼합
충,형	충,형	← (寅) →	-
(申) →	-	충,형	삼합
삼합	삼합	-	← (子)

木2, 火0, 土0, 金2, 水4
空亡:[年]寅卯 [日]午未, 天乙貴人:未丑, 월령:甲

☑ 십성	☑ 신살	☑ 12운성	☑ 형충회합
-	-	[年]공망	-
지살 지살 겁살 홍염살 현침살	지살 지살 겁살 홍염살 현침살	역마살 역마살 망신살 복성귀인 건록	장성살 장성살 년살 태극귀인

여기서는 四柱八字와 大運, 歲運, 六親, 地藏干, 12神殺을 볼 수 있는 장점이 있다.

제 3 장

五行

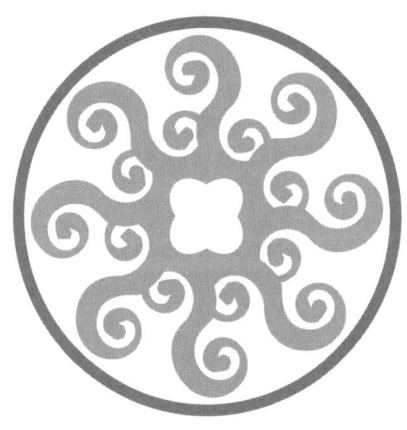

1. 천간오행
2. 지지오행
3. 지지동물
4. 상생
5. 상극
6. 절기
7. 년주 정하는 법
8. 월주 정하는 법
9. 일주 정하는 법
10. 시주 정하는 법
11. 야자시와 정자시 구분법
12. 대운 정하는 법
13. 대운숫자 정하는 법
14. 출생시를 모를 때 추측하는 법
15. 오행의 배속

1. 天干五行(천간오행)을 五星(오성)이라한다.

甲	乙	丙	丁	戊	己	庚	辛	壬	癸
木		火		土		金		水	

2. 地支五行(지지오행)

寅	卯	午	巳	辰	戌	丑	未	申	酉	子	亥
木		火		土				金		水	

地支五行을 알기 쉽게 아래와 같이 그림으로 나타냈다.

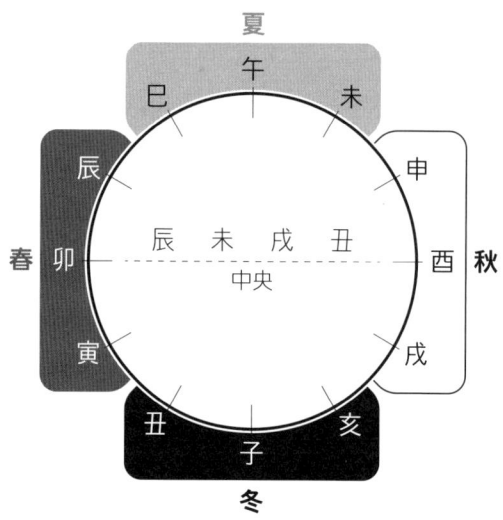

즉 寅卯는 木이며 春이 되고 巳午는 火이며 夏가 되고 申酉는 金이며 秋가 되고, 亥子는 水이며 冬이 된다. 그리고 辰未戌丑은 환절기(중앙)를 의미하며 土가 된다.

3. 地支動物(지지동물)

子	丑	寅	卯	辰	巳	午	未	申	酉	戌	亥
쥐	소	범	토끼	용	뱀	말	양	원숭이	닭	개	돼지

4. 相生(상생)

木 →	火 →	土 →	金 →	水 →	木
相生	相生	相生	相生	相生	
木生火	火生土	土生金	金生水	水生木	

5. 相剋(상극)

木 →	土 →	水 →	火 →	金 →	木
相剋	相剋	相剋	相剋	相剋	
木剋土	土剋水	水剋火	火剋金	金剋木	

6. 節氣(절기)

月	1	2	3	4	5	6	7	8	9	10	11	12
절기	입춘	경칩	청명	입하	망종	소서	입추	백로	한로	입동	대설	소한
	立春	驚蟄	淸明	立夏	芒種	小暑	立秋	白露	寒露	立冬	大雪	小寒
	寅	卯	辰	巳	午	未	申	酉	戌	亥	子	丑

　四柱에서 年柱는 나의 조부모와 나의 초년운을, 月柱는 부모형제운가 청년운을, 日柱는 나와 나의 배우자운과 중년운을, 時柱는 자식운과 노년운을 알려준다.

먼저 年柱 정하는 법을 알아보면 다음과 같다

7. 年柱(년주) 정하는 법

한 해가 바뀌는 것은 음력 설날 1월 1일이 아니고 立春(입춘)이 기준이 된다. 입춘이 지나야 2020년도가 2021년이 되는 것이다. 만세력이 필요하다.

8. 月柱(월주) 정하는 법

태어난 달을 의미하는데 날짜가 중요한 게 아니라 節氣(절기)가 중요하다. 즉 寅月(정월)은 立春이 지나야 1월이 된다. 날짜가 1일이라고 달이 바뀌는 것이 아니다. 만세력이 필요하다.

9. 日柱(일주) 정하는 법

만세력이 필요하다. 만세력을 보면 각 일자의 干支가 정해져 있다. 만세력에서 각 일자의 日柱를 찾으면 된다. 四柱學은 日柱를 중심으로 분석하기 때문에 태어난 날의 日柱가 대단히 중요하다. 日柱는 자기 자신을 나타내며 이 日柱에 따라 四柱의 길흉을 파악한다.

10. 時柱(시주) 정하는 법

몇 시에 태어났느냐에 따라 時柱가 결정된다. 이때 밤 11시 30분부터 다음날 새벽 01시 30분까지를 子時(자시)라 한다. 子時를 기준으로 2시간 단위로 분류한다.

12地支	시간	12地支	시간
子時	23:30 ~ 01:30	丑時	01:30 ~ 03:30
寅時	03:30 ~ 05:30	卯時	05:30 ~ 07:30
辰時	07:30 ~ 09:30	巳時	09:30 ~ 11:30
午時	11:30 ~ 13:30	未時	13:30 ~ 15:30
申時	15:30 ~ 17:30	酉時	17:30 ~ 19:30
戌時	19:30 ~ 21:30	亥時	21:30 ~ 23:30

甲日이나 己日 태생은 子時가 甲子時부터 시작하여 丑時면 乙丑時 丙寅時 順으로 時間이 정해진다.

乙日이나 庚日 태생은 子時가 丙子時부터 시작한다. 즉 乙日이나 庚日 태생이 子時면 丙子時가 되고 丑時면 丁丑時가 되는 것이다.

丙日이나 辛日 태생은 子時가 戊子時부터 시작한다. 즉 丙日, 辛日 출생자가 子時에 태어나면 戊子時가 되고 丑時면 己丑時가 되고 寅時면 庚寅時가 된다.

丁日이나 壬日은 庚子時부터 시작하고 戊日이나 癸日은 壬子時부터 시작한다.

11. 야자시와 정자시 구분법

夜子時(야자시)는 자시의 경우 밤 11:30분부터 12:00시 까지를 말한다. 正子時(정자시)는 밤 12:00시부터 새벽 01:30분까지를 말한다. 夜子時와 正子時는 같은 자시라도 하루가 지나니 日辰(일진)이 달라진다. 즉 夜子時가 1일이면 正子時는 2일이 된다. 따라서 日이 달라지니 時間도 달라진다.

12. 大運(대운) 정하는 법

大運이란 계절의 변화에 따라 만물의 생성이 달라지듯 인간도 10년 주기로 運命이 바뀌는 것을 뜻한다. 10년마다 돌아오는 運命이 좋으냐 나쁘냐에 따라 인간의 길흉화복은 달라질 수밖에 없어 대운을 정하는 것은 매우 중요하다.

大運을 정하는 기준은 年柱와 月柱를 기준하여 정한다. 이때 남자와 여자를 구분하여 정하는데 그 기준은 아래와 같다. 태어난 해가 남자의 경우 陽年태생이고 여자가 陰年태생이면 月柱를 기준으로 順行(순행)하여 표시한다. 반대로 남자가 陰年에 태어나거나 여자가 陽年에 태어나면 月柱를 기준으로 逆行(역행)으로 大運을 표시한다.

예문) 坤命(여자) : 계미년으로 음년이므로 대운이 순행한다.

時	日	月	年
丙	壬	甲	癸
午	午	寅	未

月柱 甲寅月부터 순행한다.

辛	庚	己	戊	丁	丙	乙	甲
酉	申	未	午	巳	辰	卯	寅
61	51	41	31	21	11	1	대운수

즉 甲다음 乙로 나가고 地支(지지)는 寅다음 卯로 순차적으로 적어나가면 된다. 남자가 年柱가 陽이면 순행으로 같다.

예문) 乾命(남자) : 계미년으로 음년이므로 대운이 역행한다.

時	日	月	年
丙	壬	甲	癸
午	午	寅	未

月柱 甲寅月부터 역행한다.

丁	戊	己	庚	辛	壬	癸	甲
未	申	酉	戌	亥	子	丑	寅
61	51	41	31	21	11	1	대운수

13. 大運數字(대운숫자) 정하는 법

　大運數란 인생의 運이 바뀌는 수를 뜻하는데 大運이 순행인지 역행인지 먼저 확인해야 한다.

　順行일 경우는 生日로부터 다음 節氣까지의 날짜를 3으로 나눈 몫이 대운 숫자이다. 예로 3월 5일이 生日인데 立夏일이 3월 25일이면 20(25-5)일을 3으로 나눈 값인 7이 대운 숫자이다. 이때 나머지 1은 무시하고 2가 남으면 반올림하여 8이 된다.

　逆行일 경우는 生日에서 지나간 節氣까지의 일수를 계산해 3으로 나눈 몫이 대운 숫자이다. 예로 3월 5일이 生日로 역행일 경우 前 節氣가 2월 15일이라면 20(15+5)일을 3으로 나눈 값인 7이 대운 숫자이다.

　大運數도 만세력에 표시되어 있다.

14. 출생시를 모를 때 추측하는 법

　태어난 시를 모를 경우 알아보는 방법이 있다.

① **체형에 의한 판단법**

키가 좀 작고 다부진 형은 子, 午, 卯, 酉時 출생이고
키가 크고 얼굴이 길고 귀가 큰 형은 寅, 申, 巳, 亥時 출생이고
얼굴이 둥글고 넓적한 형은 辰, 戌, 丑, 未時 출생이다.

이 원리는 태어난 시의 특성을 고려한 원리다. 일면 타당성이 있어 참고할 만하다.

② **잠버릇을 고려한 판단법**

반듯하게 자는 형은 子, 午, 卯, 酉時 출생이고
옆으로 자면 寅, 申, 巳, 亥時 출생이고
엎드려자거나 웅크리고 자는 형은 辰, 戌, 丑, 未時 출생이다.

이 원리는 子, 午, 卯, 酉는 각 오행의 중심이니 곧고 강직한 면이 있어 자는 습관도 똑바로 누워잔다고 보는 이론인데 일면 타당성이 있다.

15. 五行의 配屬(오행의 배속)

五行	木	火	土	金	水
기운	風	熱	燥·濕	冷	寒
기후	바람	더위	습기	건조	추위
季節	봄	여름	더운여름 (장마)	가을	겨울
감정	분노	기쁨	생각	슬픔	두려움
시기	초년기	청년	중년	장년	노년
발전과정	발생	성장	변화	수렴	저장

五行	木	火	土	金	水
세계	극동지역	적도부근	중국	미국·유럽	러시아
지역	강원도	경상도	충청도	전라도	함경도
天干	甲乙	丙丁	戊己	庚辛	壬癸
地支	寅卯	午巳	辰戌丑未	辛酉	子亥
五色	靑	赤	黃	白	黑
方位	東	南	中央	西	北
신체	신경계 (머리,근육)	순환계 (핏줄)	살(肉)	살갗 (피부)	혈액, 뼈
五臟	간	심장	비장	폐	신장
六腑	쓸개(담)	소장	위장	대장	방광
五官	눈	혓바닥	입	코	귀
五味	신맛(산)	쓴맛	단맛	매운맛	짠맛
音五行	ㄱ, ㄲ, ㅋ	ㄴ, ㄷ, ㄹ, ㅌ	ㅇ, ㅎ	ㅅ, ㅈ, ㅊ	ㅁ, ㅂ, ㅍ
易數	甲(3), 乙(8)	丙(7), 丁(2)	戊(5), 己(10)	庚(9), 辛(4)	壬(1), 癸(6)
성격	인정	예의, 명랑	신용	의리	지혜, 포용
	희열	정직, 조급	후중(厚重)	냉정, 변혁	원만, 인내
	경사	직언, 달변	중계, 중매	변혁, 급속	유동, 적응
	松竹	즐거움	중앙, 결집	견고, 결실	비밀, 음흉
		산만	중심	살인(殺人)	신음, 사기
		이산(離散)	주체	혈광(血光)	응고, 경빙
					애수, 용해

五行	木	火	土	金	水
인체	모발	시력	허리	골격	생식기
	수족	정신(精神)	복부	치아	배설물
	인후	혀	비만	피부	청각
	풍질	체온	미각	치질	수분
	맥박	혈압		맹장	수액
	촉각			혈질(血疾)	신기(腎氣)
자연	뿌리	태양	산, 언덕	냉기, 서리	수기(水氣)
	삼림목재	달, 별들	제방, 논	조급	해수(海水)
	섬유, 악기	전기, 광선	밭, 흙	철	호수, 강
	화원, 지물	적외선	안개, 폭우	금은동	수맥, 이슬
	문방구	자외선	토건	주옥(珠玉)	얼음, 안개
	분식, 목각	방사선	부동산	비철금속	어족류
	의류, 造林	화약, 화학	중개업	차바퀴	초음파
	건축, 교육	기름, 항공	토산품	경공업	여관
	長大(장대)	위험물	곡물	금은세공	식품, 주류
		투시력	동그라미	칼, 군인	조선업
		초능력		운동, 기계	아름다움
					선박, 선원
하루	새벽	낮		석양	밤

성명학으로 응용할 때 이름 세 글자를 音五行에 배속시켜 보는 법으로써 각 글자마다 첫 번째 오는 닿소리를 기준으로 하여 相生이 되면 吉하고 相剋이면 凶하다. 예로 윤태국이면 윤(土)-태(火)-국(木)

인데 木生火, 火生土로 相生이 이루어져 吉한 것으로 본다.

　신경은 木에 해당되는데 신경을 많이 쓰면 木剋土로 배가 아프고 허리가 나빠진다. 肝치료를 잘못하면 木剋土로 위장병이 생긴다. 火는 심장과 소장에 해당되는데 심장약을 너무 많이 먹으면 심장은 어느 정도 강화되나 火剋金으로 대장, 기관지, 폐 등이 나빠진다. 土는 위장과 비장에 해당되는데 위장약이 지나치면 胃(위)무력증에 걸리거나 土剋水로 신장, 방광이 나빠진다. 金은 폐나 대장, 기관지에 해당되는데 폐나 기관지를 고치기 위해 약을 과다하게 쓰면 金剋木으로 간이 나빠져 병이 가중된다. 水는 신장, 방광에 해당되는데 신장, 방광약이 지나치면 水剋火로 심장이 나빠진다. 이것은 相剋의 이치다.

　木은 간이나 담에 해당되는데 木이 허약하면 木生火를 못해 심장까지 나빠진다. 반대로 木이 튼튼하면 木生火를 순환시켜 심장도 튼튼해진다. 이와 같이 火生土, 土生金, 金生水, 水生木으로 순환되고 相生하여 튼튼해진다.

　木土相剋은 위장병, 간장병, 허리가, 火金相剋은 알레르기, 피부병, 폐병, 기관지, 정신질환, 기침, 천식이, 土水相剋은 암, 종기, 당뇨병, 방광염, 두뇌, 신장이, 水火相剋은 심장병, 안질환, 혈액, 뼈, 金木相剋은 중풍, 신경통, 간질환, 교통사고에 의한 질병 등이 나타난다.

제4장

四柱鑑定을 위한 基礎

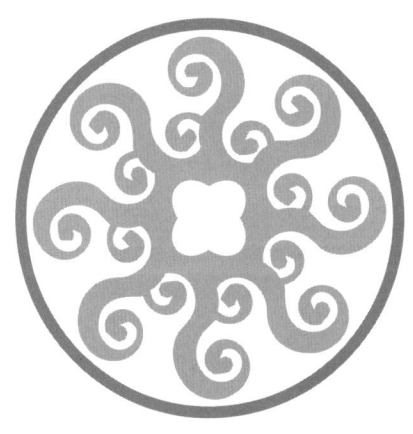

1. 육친의 적용
2. 지장간(암장)
3. 방합, 역마충, 도화충, 화개충, 삼합
4. 반합
5. 12운성
6. 12신살
7. 문창성, 문곡성 및 학당귀인
8. 공망(천중살)
9. 암합
10. 삼형살
11. 육형살
12. 자형살 및 자묘상형살
13. 지지충(칠살=칠충=육충)
14. 원진살
15. 귀문관살
16. 천문성(천라성)
17. 천간충(칠살=칠충)
18. 육파살
19. 육해살
20. 천간합
21. 지지합
22. 고신살, 과숙살, 고란살
23. 백호대살
24. 괴강살
25. 양인살
26. 금여
27. 암록
28. 천을귀인
29. 천덕귀인 및 월덕귀인
30. 장성 및 화개
31. 삼기성
32. 수태일(임신된 날) 아는 법
33. 역마살, 도화살, 화개살

1. 六親(육친)을 六神, 十神 또는 十星이라 한다

四柱 運命 看命(간명)시 五行의 相生 및 相剋을 日干(나=命主)을 기준으로 하여 나머지 7字와의 관계로 親姻戚(친인척) 및 대인관계 등의 吉凶을 알기 위한 것이다.

六親의 명칭은 比肩, 劫財, 食神, 傷官, 偏財, 正財, 偏官, 正官, 偏印, 正印이다. 正은 서로 다른 陰陽이 있는 것이고 偏은 서로 같은 음양이 있는 것을 말한다.

1) (天干 六親) 甲木日干과 다른 十干과의 六親을 나타내면
- 比肩은 日干과 陰陽五行이 모두 같은 것(甲木)
- 劫財는 日干과 五行은 같으나 陰陽이 다른 것(乙木)
- 食神은 日干이 生하는 五行이나 陰陽이 같은 것(丙火)
- 傷官은 日干이 生하는 五行이나 陰陽이 다른 것(丁火)
- 偏財는 日干이 剋하는 五行이나 陰陽이 같은 것(戊土)
- 正財는 日干이 剋하는 五行이나 陰陽이 다른 것(己土)
- 偏官은 日干을 剋하는 五行으로 陰陽이 같은 것(庚金)
- 正官은 日干을 剋하는 五行으로 陰陽이 다른 것(辛金)
- 偏印은 日干을 生하는 五行으로 陰陽이 같은 것(壬水)
- 正印은 日干을 生하는 五行으로 陰陽이 다른 것(癸水)

2) (地支 六親) 甲木日干과 다른 地支와의 六親을 나타내면
- 比肩은 日干과 陰陽五行이 모두 같은 것(寅木)
- 劫財는 日干과 五行은 같으나 陰陽이 다른 것(卯木)
- 食神은 日干이 生하는 五行이나 陰陽이 같은 것(巳火)

- 傷官은 日干이 生하는 五行이나 陰陽이 다른 것(午火)
- 偏財는 日干이 剋하는 五行이나 陰陽이 같은 것(辰土)
- 偏財는 日干이 剋하는 五行이나 陰陽이 같은 것(戌土)
- 正財는 日干이 剋하는 五行이나 陰陽이 다른 것(丑土)
- 正財는 日干이 剋하는 五行이나 陰陽이 다른 것(未土)
- 偏官은 日干을 剋하는 五行으로 陰陽이 같은 것(申金)
- 正官은 日干을 剋하는 五行으로 陰陽이 다른 것(酉金)
- 偏印은 日干을 生하는 五行으로 陰陽이 같은 것(亥水)
- 正印은 日干을 生하는 五行으로 陰陽이 다른 것(子水)

여기에서 주의할 점은 亥子水와 巳午火는 體와 用의 음양이 다르다. 즉 子水의 本體는 陽이지만 用할 때는 陰으로 보는데, 나머지 亥水와 巳午火도 마찬가지이다.

이것은 地藏干에 의한 것이다. 예로 子의 地藏干은 壬癸인데 여기에서 本氣(正氣)는 癸이다 그래서 陰으로 用한다는 것이다. 보통 四柱學을 접하고 六親을 工夫할때면 이해하는 시간이 다소 걸려 왕왕 애를 먹는다. 필자도 그렇고 누구나 똑같다. 그래도 좋아서 하는 공부라 늘 신명이 났다.

六親을 해석(看命) 할 때 混雜(혼잡)하거나 偏重 또는 不足한 六親의 특성, 六親의 通根(통근) 및 强弱 상태, 六親의 合, 刑, 冲, 空亡 상태나 神殺과의 관계, 六親의 位置별 판단, 六親과 다른 六親과의 조화 관계, 天干의 특성에 따른 해석의 변화 등 이처럼 六親을 판단하는 데는 여러 가지 상황을 종합적으로 파악하여야 되는데, 너무 복잡하고 어렵게 느껴진다고 절대 포기하거나 건너뛰어서는 안 된다.

六親을 제대로 모르고서는 앞으로 공부하게 될 格局用神과 歲運(行運)을 파악하지 못하고, 六親 또한 해석할 수 없다. 즉, 六親은 四柱八字(命理)學의 핵심이며 근본이다.

六親을 이해하기 어려우면 天干 및 地支 조견표를 보고 쉽게 찾아가자.

3) 天干 六親 조견표

일간\천간	甲	乙	丙	丁	戊	己	庚	辛	壬	癸
甲	比肩	劫財	偏印	印綬	偏官	正官	偏財	正財	食神	傷官
乙	劫財	比肩	印綬	偏印	正官	偏官	正財	偏財	傷官	食神
丙	食神	傷官	比肩	劫財	偏印	印綬	偏官	正官	偏財	正財
丁	傷官	食神	劫財	比肩	印綬	偏印	正官	偏官	正財	偏財
戊	偏財	正財	食神	傷官	比肩	劫財	偏印	印綬	偏官	正官
己	正財	偏財	傷官	食神	劫財	比肩	印綬	偏印	正官	偏官
庚	偏官	正官	偏財	正財	食神	傷官	比肩	劫財	偏印	印綬
辛	正官	偏官	正財	偏財	傷官	食神	劫財	比肩	印綬	偏印
壬	偏印	印綬	偏官	正官	偏財	正財	食神	傷官	比肩	劫財
癸	印綬	偏印	正官	偏官	正財	偏財	傷官	食神	劫財	比肩

4) 地支 六親 조견표

일간 천간	甲	乙	丙	丁	戊	己	庚	辛	壬	癸
子	印綬	偏印	正官	偏官	正財	偏財	傷官	食神	劫財	比肩
丑	正財	偏財	偏官	食神	劫財	比肩	印綬	偏印	正官	偏官
寅	比肩	劫財	偏印	印綬	偏官	正官	偏財	正財	食神	傷官
卯	劫財	比肩	印綬	偏印	正官	偏官	正財	偏財	傷官	食神
辰	偏財	正財	食神	傷官	比肩	劫財	偏印	印綬	偏官	正官
巳	食神	傷官	比肩	劫財	偏印	印綬	偏官	正官	偏財	正財
午	偏官	食神	劫財	比肩	印綬	偏印	正官	偏官	正財	偏財
未	正財	偏財	傷官	食神	劫財	比肩	印綬	偏印	正官	偏官
申	偏官	正官	偏財	正財	食神	傷官	比肩	劫財	偏印	印綬
酉	正官	偏官	正財	偏財	傷官	食神	劫財	比肩	印綬	偏印
戌	偏財	正財	食神	傷官	比肩	劫財	偏印	印綬	偏官	正官
亥	偏印	印綬	偏官	正官	偏財	正財	食神	傷官	比肩	劫財

5) 六親 가족관계 조견표

六親	성별	家族關係
比肩	男	형제자매, 처남, 친구, 동창, 며느리, 동료
	女	형제자매, 시부, 동서, 남편첩, 친구, 동창,
劫財	男	형제자매, 이복형제, 자부, 처남
	女	형제자매, 이복형제, 시부, 동서, 남편첩
食神	男	장모, 손자, 손녀, 조모, 증조부
	女	딸, 아들, 조모, 증조부

六親	성별	家族關係
傷官	男	손자, 손녀, 장모, 사위, 조모
	女	아들, 딸, 조모, 시누의남편
偏財	男	父親, 애인(첩), 백부, 숙부, 고모, 처남
	女	父親, 시모, 백부, 숙부, 외손자, 오빠의처
正財	男	처, 처제, 백부, 숙부, 고모
	女	편시모, 백부, 숙부, 고모, 외손자
傷官	男	아들, 조카, 외조모
	女	편부, 애인, 자부, 시형제
正官	男	딸, 조카, 매부
	女	남편, 정부, 며느리, 시형제, 자부
偏印	男	편모, 조부, 외숙, 숙모, 이모, 증손자, 외손자
	女	편모, 조부, 외숙, 사위, 이모
印綬	男	생모, 이모, 백모, 숙모, 장인, 외손녀
	女	생모, 조부, 외숙, 손자, 손녀

6) 육친 연습

연습 1)

(日干이 甲인 경우)

時	日	月	年	
	我			六親
戊	甲	丁	己	天干
午	戌	卯	酉	地支
				六親

연습 2)

　　(日干이 丙인 경우)

時	日	月	年	
	我			六親
戊	丙	丁	己	天干
午	戌	卯	酉	地支
				六親

연습 3)

　　(日干이 戊인 경우)

時	日	月	年	
	我			六親
戊	戊	丁	己	天干
午	戌	卯	酉	地支
				六親

연습 4)

　　(日干이 庚인 경우)

時	日	月	年	
	我			六親
戊	庚	丁	己	天干
午	戌	卯	酉	地支
				六親

연습 5)

(日干이 壬인 경우)

時	日	月	年	
	我			六親
戊	壬	丁	己	天干
午	戌	卯	酉	地支
				六親

정답 1)

(日干이 甲인 경우)

時	日	月	年	
偏財	我	傷官	正財	六親
戊	甲	丁	己	天干
午	戌	卯	酉	地支
傷官	偏財	劫財	正官	六親

정답 2)

(日干이 丙인 경우)

時	日	月	年	
食神	我	劫財	傷官	六親
戊	丙	丁	己	天干
午	戌	卯	酉	地支
劫財	食神	正印	正財	六親

정답 3)

(日干이 戊인 경우)

時	日	月	年	
比肩	我	正印	劫財	六親
戊	戊	丁	己	天干
午	戌	卯	酉	地支
正印	比肩	正官	傷官	六親

정답 4)

(日干이 庚인 경우)

時	日	月	年	
偏印	我	正官	正印	六親
戊	庚	丁	己	天干
午	戌	卯	酉	地支
正官	偏印	正財	劫財	六親

정답 5)

(日干이 壬인 경우)

時	日	月	年	
偏官	我	正財	正官	六親
戊	壬	丁	己	天干
午	戌	卯	酉	地支
正財	偏官	傷官	正印	六親

7) 六親의 성격

① 比肩(비견)

비견의 성격에는 정반대가 되는 두 종류의 성격으로 나눌 수 있다.

첫째는 자존심이 지나치게 강해서 타인의 지배나 간섭을 받기 싫어하며, 특히 남에게 지거나 뒤에 처지는 것을 싫어함은 물론이요 남에게 굴복하는 것을 죽기보다도 싫어하는 스타일로 운동이나 공부, 유행이나 일상생활에서 항상 앞서가려는 욕망이 강한 특성이 있다. 좋게 말하면 의지가 굳고 독립정신과 개척정신이 강하고 투철하여 다른 사람에게 의지하지 않고 매사를 자기 뜻대로 결행하나, 나쁘게 말하면 융통성이 없는 옹고집쟁이로 자기의 주장만을 고집하며, 남의 의견은 아예 귀도 기울이지 않는 성격이다. 한마디로 철없는 어린아이처럼 다른 사람들이 자기를 높여주거나 대우를 해줘야만 좋게 생각하며, 또 이름을 날리고 싶어하는 자존심 덩어리의 소유자로서 매사에 남과 충돌하기 쉽고, 충돌이 거듭되면 지기를 싫어하여 결국 손해를 보는 것은 자기 자신뿐인 성격이 비견의 특성이다.

한편으로 비견의 또 다른 성격은 앞의 타입과 정반대 되는 형으로 협동정신이 강한 원만한 성격의 소유자다. 대인관계나 조직 내에서 항상 필요한 사람으로 남과 협력할 줄 아는 스타일로 자기주장을 관철하려는 마음이 강하다보니 자연히 公共心理에 따라 움직이면서도 항상 公私를 철저하게 분별하여 자기 자신의 사리사욕은 털끝만큼도 챙기지 않는 솔직 담백한 특성이 있다. 따라서 때로는 너무 솔직하게 입바른 소리를 잘하거나 윗사람에게 아부와 아양을 떨지 못하여 흠이 되기는 하나 허황한 생각이나 분수에 넘치는 생활을 하지 않는 깔끔한 성격으로 자기의 잘못은 자기가 책임지는 특성이 있고, 또 자기중심에 맞는 사람에게는 어떤 희생과 봉사도 아끼지 않고 잘해 주나 만약에 자기의 의견과 판단에 위배되는 사람에게는 인정사정 보지 않고 絶交도 서슴지 않는 매서운 일면을 가지고 있는 것도 이 타입의 특성이다.

재물이나 금전에 관해서는 蓄財하기보다는 쓰기가 바쁘고, 타인을 동정하고 보살펴 주는 것을 좋아하여 애경사에 적극적이고 가까운 친구나 동기 등과 유대관계를 오랫동안 지속하며 협동심이 강한 좋은 면이 있다. 그러나 이런 원만형은 거의 드물고, 비견이라 하면 거의 모두가 앞에 속하는 타입의 사람이다. 이 두 가지 타입 중에서 어디에 속하는가를 판단하는 것은 앞에서도 말씀드렸지만 月支(月令월령)의 比肩을 가지고 보는데, 이때에는 사주에 비견이 身旺(强)하게 짜여져 있는 지와 약한지를 참고하며, 비견의 기운을 함부로 나타나지 않게 제어해주는 官星이 있는가와 比肩의 기운을 슬기롭게 사용할 수 있도록 잘 洩氣시켜주는 食神과 傷官이 있는가를 두루 살펴야 한다. 사주 중에 比肩이 身旺(强)하고 이를 剋洩하는 六親이 四柱에 없으면 앞의 나쁜 점이 두드러지게 나타나지만, 사주가 조화를 잘 이루면 좋은 점으로 나타나는 특성이 있다.

② 劫財(겁재)

比肩과 차이점이 있다면 우선 자신만의 욕심을 채우려하거나 독점하려는 경향이 강해 자기를 못마땅하게 여기거나 경쟁상대로 생각하는 꺼림칙한 사이가 이에 해당되는 것입니다. 특히 劫財는 正財와 相冲하여 正財를 破剋시킨다는 뜻으로, 글자 그대로 나의 財를 빼앗아간다는 것인데, 正財란 男子에게는 나의 가정을 책임지고 돌보는 부인이요, 또한 가족의 생명을 보존하고 윤택하게 하는 재산에 해당하므로, 겁재는 비견에 비하여 흉함이 많고, 모든 일에 중화를 잃어버린 상태로 강제성을 띤 형태로 나타납니다. 그러므로 사회적으로는 채권자, 사기, 협박, 손재, 불화, 배신, 투쟁, 강제, 폭력, 차압, 부도, 강도, 깡패 등이 이에 해당합니다.

특히 女命에서 겁재는 남편의 여직원이나, 남편의 정을 반분하는 애인 또는 첩이 되므로 겁재의 행방을 잘 살펴야 합니다. 상태개념으로는 유치원이나 초등학교에 다니는 초년시절과 같아 욕심을 한껏 부리기는 하나 크게 법적으로는 탈이 없는 것으로 파악하면 되겠습니다.

겁재의 성격은 비견과 마찬가지로 자존심이 강하고 고집이 센 것 등 여러모로 비슷한 점이 있으나, 비견과 다른 점은 비견이 양성적이라면 겁재는 음성적이라는 것입니다. 그러므로 이 타입은 자존심을 표면에 노골적으로 나타내는 일이 없고, 대인관계도 비교적 원만합니다. 비견처럼 노골적으로 자신의 주장을 노출하지도 않고, 양보를 해야할 때는 서슴없이 양보하기도 하여, 언뜻 보기에는 수양된 사람처럼 보이기도하나 근본은 비견과 같이 자존심이 강하고 독선적인데, 다만 그것을 표면에 노출시키지 않을 따름입니다. 고로 자아를 표면에 노출시키지 않는 만큼 내부가 냉혹하기 그지없을 때도 있으며, 집념이 대단히 강한 것도 겁재의 특성입니다. 손위나 강자에게는 얌전하게 순종하는 듯하지만, 내심으로는 고개를 숙이지 않고 불만을 가지고 있으며, 약자나 손아래에 대해서는 절대로 자기주장을 양보하려 하지 않습니다. 또 성미가 까다로워서 직장이나 밖에서는 무난한 사람으로 통하는 사람도 일단 가정으로 돌아오면 사람이 달라진 듯 폭군으로 돌변하거나 잔소리가 많아지는 수가 있습니다. 특히 陽日干이 地支에 劫財가 있으면 羊刃이라 하여 독선적이거나 권위적인 성격이 더욱 더 두드러지게 나타나는 얼룩이 많은 자기 본위적인 사람이라 하겠습니다. 그러나 콧대도 세고 바위처럼 미동도 하지 않는 배짱이 있어 한번 올바른 길을 정하고 나아가면 놀랍도록 끈기있게 밀어붙이는 추진력이 있어, 사회적으로 이름을 떨치고 출세한 인물가운데 이 타입이 많은 것도 무시할 수 없는 사실입니다. 그러므로 이 타입은 자신이 타고난 특성을 찾아 좋은 방향으로 개발해 나가는 노력이 무엇보다도 중요하겠습니다.

劫財 역시 劫財 하나만으로 판단을 내리기에는 무리가 있고, 다른 육신 특히 偏官이나 食神, 傷官 등의 有無와 合, 冲, 神殺 관계를 두루 살핀 뒤에 총괄적으로 판단해야 하겠습니다.

③ 食神(식신)
食神은 인체의 생명을 유지하기 위한 영양 공급원으로서 자연

에서는 태양, 공기, 물, 불, 흙, 곡식, 연료, 식량 등과 의류 의약품 등으로 해석할 수 있으며 인체에서는 영양공급을 위한 식도나 자기의 심중에 있는 것을 밖으로 표출하는 역할로서 입으로 보며, 女命에서는 유방, 자궁, 생식기능 등으로 표현할 수 있습니다. 사회적으로는 정신적인 측면에서 교육이나 예술, 문화, 복지사업 등을 말하며, 경제활동으로는 식품의 제조나 판매업, 의류, 연료생산, 판매업, 과수, 목장, 농장 등의 농축산업, 건강을 지켜주는 의·약병원 등의 종사자, 각종 재난이나 질병에 대비한 자원개발이나 연구사업 등 인간 생활의 기본적인 의식주에 필요한 모든 제조·생산업이나 판매업 및 이 일에 종사하는 사람들을 나타내기도 합니다.

食神의 성격은 그 이름이 가리키고 있듯이 食祿을 주관하고 있는 福德神으로 평생 먹고사는데 걱정하지 않아도 좋은 命을 타고난 사람이라 하겠습니다. 주는 마음이 풍부하고, 낙천적인 면이 있어 먹고 마시기를 좋아하며, 그런 면에서 볼 때는 다분히 향락적이라 말할 수 있지만 어디까지나 현실위주와 실리를 추구하는 정도이지 결코 향락주의자는 아닙니다. 몸이 비대하고 풍만한 것도 이 타입의 특징으로, 젊었을 때는 말랐던 사람이 중년부터 갑자기 살이 찌는 경우가 많습니다. 몸이 풍만한 사람은 대개 인상부터가 대범하거나 너그럽게 보이는데, 이 타입 역시 선천적으로 관용의 덕을 지니고 있어 여간해서는 남을 원망하는 일이 없습니다. 그야 인간이라면 누구든지 화를 내기도 하지만 食神의 경우에는 폭죽처럼 순간적으로 발산을 하고 뒤탈을 남기는 일이 없이 깨끗합니다. 특히 화를 내거나 폭발할 때도 남에게 상처를 주거나 원한을 남기지 않는 것이 食神의 특성입니다. 상태개념으로는 초등학교 졸업생이나 중학교 입학생 정도로 항상 예의가 바르고 양보심이 강하며 순수하고 도덕적인 것은 물론 긍정적이고 창의적이며 총명하고 문학적인 자질도 지니고 있습니다. 그러나 온후하고 대범한 반면에 어떤 때는 조급한 면도 있으며, 또한 절약정신도 강한 편이나 주머니 끈을 풀어야 할 때는 서슴없이 풀며 교제도 원만한 편이어서 인색하다는 소리를 듣지 않는 것이 장점입니다. 단, 항상 육신의 특성을 파악할 때 주변 상황을 잘 살펴야 된다고 강조했듯이, 이 좋은 점을 가진 食神도 너무 過多(旺)하게 되면 앞에서 말한 장점은 사라지고 오히려 단점으로 변해서 자기본위적인 나쁜 면만이 노출되어 남의 빈축을 사거나 따돌림을 당하며, 또 향락적인 면도 두드러지게 倍가되어 자신뿐만 아니라 가정까지도 파괴하는 경우가 있게 되므로 자세히 살펴야 하겠습니다.

④ 傷官(상관)

傷官이란 正官을 해치고 傷하게 한다는 말로써, 男子에게는 子女와 名譽, 職場이요. 女子에게는 男便에 해당하는 正官을 傷하게 한다는 것은 대단히 치명적인 것으로 四凶神중의 하나로 치는 것입니다. 그러나 傷官이 이렇게 나쁜 뜻만 가지고 있는 것은 아니고, 일간으로부터 음양의 조화를 이룬 無形의 洩氣로서, 예리한 관찰력과 추리력, 연구력, 다재다능한 표현력을 바탕으로 한 예술적 자질과 기예를 나타내기도 하며 또 입에 힘이 들어있다 하여 뛰어난 화술과 강의, 연설 능력을 나타내기도 합니다. 이처럼 傷官은 양면성을 지니고 있는데, 食神이 동성끼리의 순수한 거래활동이라면, 傷官은 이성간의 애정과 거래활동이 복잡한 관계라 하겠습니다. 男子는 여성에게 애정을 주며 財를 생산하지만 子女를 剋하는 것이 되고, 女子에게는 子女에 해당되지만 男便을 剋하는 별이 되는 것입니다. 사회적으로는 언행무례, 반발의식, 이론투쟁, 구설, 시비, 관재, 송사를 나타내며, 한편으로는 교육, 예술, 연구, 기획, 저술, 출판, 광고, 언론, 방송 및 예언 등에 훌륭한 특성을 나타냅니다. 인체로는 소리나 음성, 생리적인 배설 현상을 말하며, 자연현상으로는 질서를 벗어난 폭풍이나 태풍, 홍수, 해일 등이 이에 해당합니다. 상태개념으로는 고등학교를 중퇴한 상태나 사춘기와 같아서 반항적이거나 매사에 잔꾀를 써서 양심을 속이는 일이 많고, 괜히 모든 것 즉 학업이나 가정에 불만이 생기고 고독감을 느껴 어디론가 떠나고 싶은 상태를 나타냅니다.

傷官의 성격은 총명하고 추리력과 화술도 좋으며 재능도 있으나 어딘가에 환영받지 못할 일면을 가지고 있습니다. 말이 좀 많거나 비판적이며 아무일에나 나서서 관여하기를 좋아하고, 특히 수단 방법을 가리지 않고 남을 이겨놓고 봐야 직성이 풀리는 것이 강한 타입입니다. 이기기를 싫어하는 사람은 없겠지만 傷官을 가진 사람은 이런 승부욕의 성격이 두드러지게 또 제멋대로 나타납니다. 자신을 누르려고 드는 상대에게는 손해가 돌아오는 것을 뻔히 알면서도 무작정 저돌적으로 돌진해 들어가고 반항하는 기질이 강해 적을 만들기 쉽습니다. 그러나 반면에 보스 기질도 있어 자기를 믿고 따르는 사람이나 약한 자를 위해서는 자기 주머니 바닥을 털어서라도 끝까지 뒤를 밀어주는 희생, 봉사정신과 동정심이 강한 면도 있습니다. 그러나 이때에도 마음 밑바닥에는 은혜를 베푼다는 의식이 항상 작용하고 있는 까닭에 상대방은 모처럼의 후한 대접과 도움을 받으면서도 이렇다할 고마움이나 호의를 가지지 않는 경우가 많습니다. 다시 말하면 남에게 온정을 베풀었을 때나 예능에 대한 소질이 있어 그 방면에 인정을 받고 성공했을 때, 그것이 어떤 일이든지 자기 마음속에 넣고 혼자 조용히 간직하는 성미가 아니고 자화자찬하거나 상대방의 인격은 아랑곳하지 않고 비밀을 토해내는 까닭에 다른 사람들의 오해와 비방을 사기 쉽고 비난을 면키 어려운 것이 특성입니다. 즉 실컷 잘해주고 입으로 功을 갚는다는 말이, 傷官의 단점을 가장 적절히 표현한 것이라 하겠습니다. 그러므로 상관을 지닌 사람은 남을 얕잡아보는 오만한 태도와 허영심만 버린다면 속에 있는 것을 깡그리 쏟아 놓고 토해낼 수 있는 자질 즉 자신의 재능을 최대한 발휘할 수 있는 능력이 있다는 말로 조금만 노력하면 남보다 몇 배로 쉽게 두각을 나타낼 수 있는 타입이라 하겠습니다. 한편, 傷官은 日柱가 강해야 좋은데, 日柱가 약하면 건강도 나빠질 흉한 암시가 있습니다.

⑤ 偏財(편재)

正財가 陰陽의 조화를 이룬 정상적인 것이라면, 偏財는 정상적인 이익을 초과하여 챙기거나 편법, 투기, 부정한 방법에 의하여 취득한 재물이나 부도덕한 애정 상대로 봅니다. 그러므로 偏財는 그 취득하는 과정과 성격상 비난이나 원성, 질투, 시기, 경쟁, 공갈, 사기, 협박 등 강제적이거나 불법이 따른다 하겠습니다. 偏財는 남성에게는 아버지 또는 애인이나 첩이 되고 여성에게는 아버지와 시어머니가 된다.

　사회적으로는 투기, 도박, 뇌물, 횡령, 밀수 등과 관련된 활동이나 거기에서 나온 재물이 되며, 의외의 횡재를 원하는 광산, 증권, 부동산, 투기,무역, 수산업, 고리대금, 유흥,도박, 윤락, 밀수, 마약 등이 이에 해당합니다. 상태개념으로는 대학입시에 떨어진 재수생 시절이나 도피성 유학생과 같은 상태를 나타냅니다. 偏財의 성격은 단적으로 말해 다욕다정한 사람이라고 할 수 있습니다. 심성 속에 재물과 애정문제가 큰 비중을 차지하고 있어, 돈도 맘대로 가지고 싶고 여자도 가지고 싶어 하는 것이 이 타입의 성격이라 하겠습니다. 수단, 사교성이 좋고, 한편으로는 의협심과 동정심이 많으나 풍류와 낭비벽이 심한 것이 단점이라 하겠습니다. 친구나 주변 사람들과 어울리기를 좋아하며 집에 초대하거나 모임을 자주 갖고 화제도 풍부하고 호방하여 지루한 느낌을 주지 않기 때문에 친구나 애인으로 사귀기에는 최상의 타입 입니다. 또 의리를 중히 여기고 재물을 가볍게 생각해 남에게 돈을 잘 빌려주기도 하고 또 금전 융통도 잘 하지만, 그렇다고 재물이 많고 재복이 좋은 것은 아닙니다. 오히려 금전 출입이 빈번할 뿐 실속이 약하고 금전상실이 빠르게 나타나는 경우가 많습니다. 한편 겉보기에는 금전에 대한 집착이 없고 헤픈 것 같지만 절대로 그렇지만은 않습니다. 도리어 남보다 몇 배 금전에 대한 집착이 강하고 수단은 있지만 노출을 시키지 않을 뿐인데 이런 타입의 사람은 자기의 이권 쟁취를 위해서는 타인의 입장이나 체면 같은 것은 아예 안중에도 없으며 자신의 이익을 위해서는 수단 방법을 가리지 않게 되므로 비난의 대상이 되는 수가 있습니다. 조금이라도 이러한 면을 가지고 있다고 생각되는 사람은 자신을 크게 반성할 필요가 있겠습니다. 또 偏財는 앞서 말한 데로 다정다감하여 친구로 사귀기는 좋으나 다소 말이 헤픈 경향이 있으므로 이 타입의 말은 어느 정도 할인해서 들어두는 것이 좋습니다. 한편 주의하지 않으면 남녀 모두 사치나 유흥, 이성, 도박 문제로 말썽을 일으킬 암시가 있으므로 조심해야 합니다. 원래가 財星은 금전과 여자를 의미하는데 偏財는 그 성향이 두드러 집니다. 따라서 男子의 경우는 돈도 있고 艶福(여자가 잘 따르는 복)도 있다 하겠으나, 女子의 경우는 돈은 있으나 男便運이 약해질 소지가 있습니다. 특히 직장이나 자기 사업을 경영하는 여성은 직장과 가정을 양립시키지 못하고 고민하는 경향이 많으며, 이 경우 별거나 이혼으로 이어지는 수가 많습니다. 또한 남성의 경우 正財와 偏財가 혼잡 되면 본처 이외에 2호, 3호까지의 애인을 두는 사람도 있습니다. 아무튼 偏財란 매사에 요령과 수완이 좋아 거래나 외교에 뛰어나며 모사를 잘하나 필요에 따라 거짓말도 서슴지 않는 다소 편굴한 면도 가지고 있습니다. 그러나 한마디로 요약한다면 마음이 착하고 돈복이 있다고 하겠습니다.

⑥ 正財(정재)

의식주 생활을 위해 성실하게 노력한 대가로서 농부가 가을에 수확한 곡식이나 공무원 또는 직장인이 월급날 받는 보수, 장사나 기업 활동을 통하여 얻어진 정당한 이윤 등이 이에 해당하며, 정식으로 혼례를 치르고 맞이하여 애정생활을 하는 正妻가 正財에 해당합니다. 그러므로 正財에는 성실한 노력과 근검절약 정신이 베여있고 신용과 책임을 바탕으로 한 정당한 취득을 나타냅니다. 사회적으로는 현금, 유가증권, 금은보석, 곡식, 가구, 상품, 부동산, 고정자산을 나타내며 봉급자, 금융인, 상인, 사업가 등이 여기에 속합니다. 상태개념으로는 이제 막 결혼하여 건실하게 가정생활을 꾸려나가며 희망에 부푼 신혼시절과 같다고 하겠습니다. 그러므로 正財의 성격은 한마디로 말해 성실과 안정 그리고 신용입니다. 무엇보다도 약속을 어기는 일이 없습니다. 사정이 있어 약속을 지키지 못할 경우엔 꼭 미리 연락이라도 하거나 해명을 할 정도로 빈틈이 없습니다. 즉, 그런 만큼 신경이 섬세하고 자상하다는 얘기가 되겠으나 상대방에 따라서는 그 섬세함과 자상함이 도리어 거추장스럽게 생각할 때가 있다고 하겠습니다. 너무 빈틈이 없고 고지식해서 애인으로서는 잔재미가 없는 사람처럼 보이고 매력이 떨어지나 남편이나 아내의 역할에서 여간해서는 가정을 저버리거나 등한시하는 일이 없습니다. 우주의 순환운동이 순리대로 지극히 정확한 것처럼 正財란 공사가 분명하고, 부당한 재물이나 노력한 대가 이상의 수입을 원하지 않으며 직장을 천직으로 알고 성실하게 일하며 약속이나 규칙을 정확하게 지키고 허례허식이나 낭비가 없이 근면, 검소, 절약, 저축을 생활신조로 가계를 꾸리며 부모에게는 효도하며 자손에게는 유산을 남겨주고, 사회에는 경제적으로 이바지하는 좋은 타입 입니다. 따라서 이런 타입은 절약하고 저축하는 것은 좋아하나 필요 없는 지출에 대해서는 남보다 몇 배 신경을 쓰기도 합니다. 여간해서는 택시 같은 것도 타지 않는 성격으로 인색한 것같이 보이지만 합리주의자로 보는 것이 옳다고 하겠습니다. 그러나 이 正財 역시 四柱의 짜임새에 따라 性情이 많이 달라집니다.

　身强한 四柱는 결단력이 있어 지출할 때는 과감히 지출도 하고 대인관계도 원만한데, 身弱한 四柱는 자칫하면 수전노 소리를 듣거나, 주저하고 망설이다가 모처럼 찾아온 행운의 기회를 놓치고 마는 수가 있으니 자신의 성격을 잘 제어하고 수양할 필요가 있습니다. 이런 사람은 매사를 숙명으로만 돌리지 말고 자신의 결점을 항상 염두에 두고 일상생활의 사소한 일부터 머뭇거리거나 망설이는 버릇을 고쳐 나가면 큰일에 임해서도 주저하지 않고 과감하게 추진할 수 있는 결단력이 생겨 매사를 자기에게 유리하게 만들 수 있을 것입니다. 아무튼 正財는 대인관계도 원만하고 가정에 있어서도 좋은 남편, 좋은아내, 좋은 부모가 될 수 있는 선천적인 자질을 타고난 사람이라 하겠습니다. 단 사주 원국에 比劫이 있어 正財를 剋制하면, 타고난 福祿이 억제당하여 모처럼 좋은 암시가 약해진다고도 볼 수 있으니 이 경우에도 四柱 전체의 흐름을 잘 살펴야 합니다.

　⑦ 偏官(편관)=七殺(칠살)
　偏官은 일명 七殺이라고도 하는데 그 이유는 天干이나 地支 모두가 일곱 번째는 相剋작용을 하는 까닭입니다. 우주의 모든 만물은 生老病死의 輪廻를 되풀이하며 순환운동을 계속하는데, 그것은 生한 것은 반드시 죽음이 있어야하고 죽음은 또 다른 生과 연결될 때 무한 영속의 우주 순환이 계속됩니다. 여기에서 印星이 만물을 생하는 것이라면 七殺은 만물을 死別하게 하는 작용을 담당합니다. 고로 偏官은 고통과 질병, 재난과 형액, 파산과 단명 등 최악의 흉하고천한 일을 하는가 하면, 한편으로는 용감하고 강직하며 투쟁심과 의협심을 갖춘 무관으로 적진을 격파한 개선장군이나 혁명을 일으켜 권위와 명예를 한 손에 움켜잡는 군왕처럼 권세의 화신이 되기도 합니다. 이처럼 偏官의 판단법은 五行의 生剋化合의 원리와 喜神과 忌神을 잘 살펴야하는데, 四柱에 食神이 有機하여 制伏이 되거나, 印星에 의하여 殺印相生이 되어 순화되던지 羊刃과의 合으로 억제되면 文武를 겸한 대권의 상으로 偏官이라 하는데 生化制伏(偏官은 七殺이라하여 印星으로 化殺, 羊刃으로 合殺, 食神으로 制殺하여 吉星으로 변화시킴)이 없으면 본래의 흉악한 소인배와 같은 기질로 예절과 질서를 어지럽히고 편법적인 일이나 투쟁, 폭력, 殺傷으로 자신을 괴롭히는 까닭에 七殺이라고 합니다.

偏官은 男子에게는 子息(아들)이나 후계자가 되고, 女子에게는 男便이나 남자친구 또는 애인이 됩니다. 사회적으로는 군인, 경찰, 법관, 검사, 수사관, 감사관, 세관원, 국회의원, 집달리, 깡패, 흉폭자, 죄수, 협객, 무법자, 환자, 시체 등이 이에 해당하며 무기나 흉기, 위험물, 폭발물, 고문기구, 구속영장, 교도소 등이 이에 속합니다.

자연현상으로는 폭염, 혹한, 폭풍, 태풍, 홍수나 폭설 등이 이에 속하는데 정신적으로는 영혼을 의미하거나 귀신을 나타내기도 합니다.

偏官의 성격은 한마디로 의리와 인정을 무엇보다도 소중히 여기는 사람입니다. 의협심이나 투쟁심이 강하여 강자를 꺾고 약자의 편이 되어 약자를 돕는데, 때로는 자기보다 훨씬 강한 강자에 대항해서도 육탄으로 돌진하는 강인한 점을 지니고 있습니다. 그러므로 여성도 여걸과 같은 기질을 다분히 가지고 있다고 할수 있습니다. 영웅적이거나 보스적인 기질이 있어 자기에게 도움을 청해오면 이해득실을 가리지 않고 희생적으로 힘이 되어 주고 도와주나, 상대방이 자신을 이용하려 들거나 억압하려 하면 수비형에서 공격형으로 바뀌어 절대 그냥 두지 않습니다. 그만큼 머리도 좋고 남을 꿰뚫어보는 눈도 날카로우며 때로는 인정에 끌리지 않는 특이한 성격의 사람으로 남의 의표를 찌르는 사람이라 하겠습니다. 이른바 敏腕家(일을 재치있고 빠르게 잘하는 사람)라고 소리를 듣는 사람 중에 이 타입이 많은데 기회를 보는 눈도 날카롭고 결단력과 실행력도 있습니다. 결점은 아무 일에나 관여하기를 좋아하고 사소한 일을 가지고도 상사에게 대들거나 비위를 건드려 비난을 받는 사람이 많은데 이는 자신의 역량을 과신하는데서 오는 傲慢이나 放心 때문이라 하겠습니다.

　偏官을 지닌 사람은 머리가 좋기 때문에 남과 대적을 할 때도 책략을 쓰기 좋아합니다. 따라서 권모술책을 능사로 하는 엉큼하거나 기묘한 사람 같은 인상을 주기도 하지만 사실은 엉큼한 것이 아니고 머리가 너무 좋기 때문입니다. 또 이타입은 사람을 쓰는 솜씨가 뛰어나 부하나 손아랫사람을 자기 뜻대로 움직일 수 있는 능력을 가지고 있습니다. 부하를 자유로이 풀어놓고 있는 듯 하면서도 파악할 것은 샅샅이 파악하고 있는 것입니다. 다만 좋아하는 것과 싫어하는 것의 구별이 지나치게 명확해서 손해를 보는 수가 많습니다. 그러므로 이런 타입의 사람은 무슨 일에서든지 자신의 감정만으로 판단을 내릴 것이 아니라 타인의 조언과 충고를 받아들이는 태도를 가지고 자기 수양에 힘쓰면 반드시 대성할 수 있을 것입니다. 특히 섣부른 판단으로 시류에 편승하여 돌진하거나 부화뇌동하면 씻을 수 없는 과오나 차질을 가져오니 이 점 유의해야 합니다. 여성은 가정에만 틀어박혀 있으면 부부인연이 바뀌기 쉬운 암시가 있습니다. 왜냐하면 여걸적인 기질이나 폭발적인 성격을 남편 한사람에게만 쏟아놓게 되므로 아무리 신경이 무딘 남편이라 할지라도 견뎌내기 어려울 것이기 때문입니다. 때문에 밖에 나가 활동하는 것이 남편을 위해서도 바람직합니다. 남성들을 누르고 당당히 겨루어 나갈 수 있는 자질은 물론 가정과 일을 양립시켜 나갈 수 있는 능력을 가지고 있으므로 그 점은 염려할 필요가 없습니다. 단, 女命에 正官과 偏官이 혼잡되어 있거나 또 偏官이 많으면 再嫁하거나 情夫를 두어 색정에 빠지기 쉬운 점이 염려됩니다. 그러므로 여명은 正官이나 偏官이 하나만 있는 것이 가장 좋습니다. 男子도 마찬가지인데 하나의 偏官으로 중화되면 부귀공명하고 자손이 번창하며 文武를 兼全하여 世人으로부터 존경을 받는데 偏官이 많거나 득세하면 주색을 좋아하고 다투기를 잘 하며 남에게 굽히기를 싫어하고 성질이 바람같이 급하여 자칫하면 빈천하거나 병약하여 단명하기 쉽습니다. 偏官의 상태개념으로는 의무적으로 근무하는 군대시절과 같이 생각하면 되겠습니다. 용기와 패기와 정열이 넘치는 시기에 어쩔 수 없이 제복을 입고 공동생활을 하는 상태로 해석하면 되겠습니다.

⑧ 正官(정관)

正官은 관리한다는 뜻으로, 우주 자연계가 항구적으로 존속하기 위한 엄연한 법칙과 질서가 있듯이 가정이나 단체, 국가, 인류 사회에도 이와 같은 질서가 필요한데 이것이 바로 正官으로 도덕이요 法이 되는 것입니다.

五行이 서로 剋하거나 陰陽의 조화를 이루어 한 男子가 한 女子와 결합하여 윤리와 도덕으로 家道를 성립하고 국가에는 정부와 관청이 있어 규범과 제도와 법으로써 국민을 공정 무사하게 보호하고 지키는 역할을 하는 것이 정관입니다. 男子에게는 子息과 명예, 직장이 되고 女子에게는 男便이 되므로 正官의 향방은 대단히 중요하다고 하겠습니다.

사회적으로는 질서, 책임, 도덕, 윤리, 제도, 법, 권위, 명예, 정치를 의미하며, 관공서나 국가기관 또는 관료, 직장, 공문서나 각종 관허문서, 자격증 등의 의미를 가지고 있습니다. 상태개념으로는 주위의 신망이 두텁고 존경받는 중견관료나 대기업의 중역이나 간부쯤으로 해석하면 되겠습니다. 정관의 성격은 질서와 예의를 존중하고 명예를 소중히 여기며 준법생활을 하는 사람으로 집안에서는 형제간에 우애하고 효도하며 자녀에게는 자상하면서도 엄한 사람이라 하겠습니다. 한마디로 말해 모범사원이요. 모범가장으로 이 타입은 용모가 단정하고 정신이 준수합니다. 재물보다는 명예를 중히 여기고 便法을 싫어하며 원리원칙만을 고수하다보니 인간적으로는 조금 딱딱한 면이 없지 않고, 자존심 또한 강하여 자칫 다른 사람과 불화하기 쉬우나, 그러면서도 명랑하고 대범한 인품을 선천적으로 가지고 있는 것이 이 타입의 특징입니다. 신용과 책임을 생명처럼 여기는 까닭에 무책임한 행동을 한다거나 남에게 폐를 끼치는 일은 절대로 하지 않습니다. 그러므로 친구나 부하에 이런 타입의 사람을 데리고 있으면 매사에 마음이 든든할 것입니다. 다만 너무 신용과 책임을 따지다보니 실속보다는 명예를 취하는 체면치레 위주로 처세를 하는 경향이 많습니다. 따라서 교제도 비교적 원만하고 돈도 곧잘 쓰기도 하나 그렇다고 돈에 대한 관심이 없다고 볼 수는 없습니다. 계획을 세워서 실행하는 타입으로 낭비는 싫어하나 쓸 때는 쓸 줄도 아는 타입인데 매사에 너무 세밀한 계획을 세우다보니 실행력이 따르지 못한 결함이 있습니다. 소탈해 보이면서도 융통성이 없고, 모험을 좋아하는 것 같으나 실제로는 그렇지 않으며, 따라서 내면보다는 외면이 더 좋다는 표현을 할 수 있는 것이 이 타입의 특성입니다. 그러나 이러한 성격을 좀처럼 표면에 나타내지 않는 것이 이 타입의 또 다른 특성입니다.

가정적으로는 건실성 하나만으로 보면 上에 속하는 남편일 것이나 아기자기한 맛까지 바란다면 무리입니다. 특히 가정에만 돌아오면 말이 없고 무뚝뚝해지는 사람이 이 타입에 많이 있는데 이 점이 결점입니다. 애인으로 사귀기에는 재미없는 스타일이나 책임감 있고 성실한 것만은 사실입니다. 여성에 있어서는 正官이 男便을 의미하므로 현모양처의 자질을 선천적으로 가지고 있는 타입입니다. 가정만큼은 맡겨놓고 돌보지 않아도 실책을 범하는 일이 없어 남편이 안심하고 밖에서 일할 수 있게 하는 타입이라 하겠습니다.

⑨ 偏印(편인)을 梟神殺(효신살-올빼미)이라 한다.

일명 梟神, 倒食(도식)이라고 부르는데, 이 말은 偏印의 특성을 한마디로 표현한 것이라고 하겠습니다. 효신이란 올빼미를 말하는데 올빼미는 변태성으로 낮에는 잠자고 밤에는 행동하며, 자기 자식을 자기가 잡아먹고 부모에게 불효하는 대표적인 새이며 倒食이란 말을 직역하면 밥그릇을 엎는다는 뜻으로 배신이나 실패, 사기, 재난, 질병, 부도, 파직, 실직을 의미합니다. 즉 이 말은 내 養命의 神인 食神을 剋하고 내재산과 부인을 괴롭히고 겁탈하는 겁재의 작용을 돕는다는 뜻입니다. 또한 편인은 계모의 가증스러운 정과 같아서 正印이 순정하고 오래 간다면 偏印은 편파적이거나 일시적이며 겉과 속이 다른 情이라 하겠습니다. 男女 모두 가정적으로는 계모, 서모, 어머니 형제, 할아버지에 해당하며, 女命에게는 사위와 손자, 男命에게는 외손녀가 이에 속한다.

사회적으로는 각종 기술자, 역술인, 연예인, 도둑, 사기꾼, 언론인, 의사, 기능인, 체육인, 예술인 등이 이에 속합니다. 질병으로는 소화기 계통이나 식중독, 약물 중독이 염려되며 불면증이나 공포증, 우울증 등 정신 신경성 질병이 많이 나타납니다. 상태개념으로는 퇴직이나 실직자의 상태와 같아 생활이나 건강에 막연한 불안감을 느끼거나 우울증이나 조급함에 안정을 잃고 때로는 분수에 넘치는 허세를 부리거나 종교나 특이한 일에 심취하기도 합니다.

偏印은 한마디로 말해 남이 가지고 있지 않은 독특한 성격을 지니고 있습니다. 성질은 조급한 편이기도 하고 완고한 편이기도 해서 예측을 불허합니다. 한편 머리 회전이 대단히 빨라 상대방의 나오는 태도에 따라 재빨리 대책을 강구하는 임기응변의 명수이기도 하며, 한번 마음먹은 일은 누가 무슨 말을 해도 밀어붙이는 경향이 있습니다. 다방면에 재능이 있어 독립 대성할 타입 이기는 하나 자기 과신에 흘러 적을 만들기 쉽고, 또 진취력이 남보다 몇 배 왕성하나 곧 식기 쉬운 경향이 있어, 자기가 계획했던 일이 어느 정도 본궤도에 오르면 그것을 계속 밀고 나가려 하지 않고 또 다른 일을 생각하게 됩니다. 연애 문제에 있어서도 이와 같은 특성은 마찬가지입니다. 처음에는 목숨을 걸다시피 불같은 사랑으로 최상의 행복을 맛볼 수 있으나, 일단 자기 사람이 되면 열이 식어버려 결국 눈물을 흘리게 하니 애인이 이런 타입 이면 경계할 필요가 있습니다. 그러나 앞에서 말한 성격의 소유자처럼 무조건 나쁘지만 않습니다.

반면에 당대에 거부를 형성하기에는 가장 좋은 타입인데, 그 이유는 사소한 일에 언제까지나 매달려 정열을 소비하지 않고 또 다른 목표를 향해 항상 불같이 타이트한 정신을 가지고 노력하기 때문입니다. 女性의 경우도 지나간 일에는 이러쿵저러쿵 신경을 쓰는 일이 거의 없이 새로운 대상을 찾아 매진합니다. 그리고 어느 정도 성공을 하게 되면 그 길로 예전의 일을 까맣게 잊어버립니다. 바로 이 점이 이 타입의 장점이자 결점이기도 합니다. 따라서 이 타입의 사람은 당초의 타이트한 정신을 그대로 初志一貫하면

보다 큰 성공을 약속 받을 수 있겠습니다. 또 평생을 통해 굴곡이 많은 암시를 가지고 있으니 좋은 운을 맞이했을 때 자신의 능력을 최대로 발휘할 필요가 있습니다. 간혹 겉보기에는 그럴싸하지만 속은 대단히 냉혹한 사람도 있는데 이런 사람은 수양에 힘써서 원만한 인격을 갖추도록 노력해야 할 것입니다.

⑩ 正印(정인)=印綬

나를 낳아주고 길러준 어머니처럼 우주 생태계의 생명을 영원하도록 하는 태양, 물, 공기, 불, 산하, 대지 등의 자연이 이에 해당하며, 나의 근원, 뿌리, 출발점, 시작을 의미하며, 종자, 젖줄, 후원자, 귀인, 스승, 학문, 책, 문서, 도장, 서류, 지혜, 지식, 진리와 진실이 正印에 해당합니다.

또한 正印은 사물의 본체를 확인한다는 뜻으로 印은 진리를 상징하고 道를 의미하며 섭리를 나타냅니다. 그러므로 正印은 앞서 말한 대로 진리에 관한 학문, 아무런 대가 없이 도와주고 길러주는 어머니, 선생님, 덕망을 갖춘 손위 어른이나 직장상사, 가문의 계승을 위한 조업계승이나 조상숭배, 족보사업, 예술, 교육, 자선, 육영사업이 이에 해당합니다.

정부가 발행하는 주민등록증이나 각종 인·허가증 그 밖의 각종 자격증 등이 正印에 해당하며, 또한 男女 모두 生母에 해당하며, 男子는 丈人, 女子는 사위, 손자, 손녀에 해당합니다. 상태개념으로의 正印은 집안의 고령노인과 같습니다. 현재는 특별히 수고하거나 노력하지 않아도 먹고 입고 생활하는데 지장이 없으며 오히려 이래라 저래라 지시만 하면 되는 상태와 같이 해석하면 되겠습니다. 正印의 성격은 한마디로 말해 학자와 선비타입 이라 하겠습니다. 지혜와 진리를 뜻하므로 두뇌가 명석하며, 탐구심이 강하고 또한 노력가이며 성질도 선량하나 일면에는 까다로운 점도 있습니다. 다분히 보수적으로 예절과 덕망을 갖추고 破邪顯正하는 자세는 좋으나 너무 정통성을 따지거나 외골수적인 특징이 있습니다. 또 때로는 변덕스러운 데가 있어 六親(父母兄弟) 이상으로 情을 쏟다가도 한번 기분이 틀어지면 얼굴을 마주보는 것조차 싫어하고 돌아앉아 버리기도 합니다. 자기 자신을 과시하거나 자존심이 강하고 콧대가 센 것도 이 타입의 특성인데, 칭찬을 해주거나 실력을 인정해주면 남보다 몇 배 좋아하는 반면에 자존심을 건드리거나 조금이라도 무시한다고 생각되면 남보다 몇배로 싫어하거나 반항합니다. 이점만 시정하면 이 타입은 자비심도 풍부하고 의리와 인정도 두터워 남들로부터 존경을 받게 되는데, 한 가지 더 첨언한다면 자기 본위적 이거나 항상 자기 제일주의를 고집하는 경향도 있는데 이점도 주의할 필요가 있습니다. 특히 男女 모두 남의 이목과 체면에 너무 신경을 쓰는 나머지 실속을 등한시하거나 기회를 놓치는 경향이 많으며, 女命인 경우는 기대했던 일이 잘 안되면 곧잘 염세적인 성향을 띠거나 현실도피에 빠지기 쉽습니다. 또 항상 모임이나 주변의 대인관계에서 중심적인 위치를 차지하기 좋아하나 만약에 주위의 사정이나 역부족으로 중심적인 자리를 차지하지 못하거나 밀려나면 그 격정을 참지 못하고 남을 원망하거나 비난하며 때로는 자기 자신을 비관하는 경향이 많습니다.

앞서 말한 이모든 단점은 이 타입이 원래 어머니의 慈愛 밑에서 자라는 암시가 강한데 어머니의 慈愛는 자칫하면 너무 맹목적인 사랑으로 도가 지나쳐 자식을 그르치는 것처럼 이 또한 이런 결점에서 오는 탓이라 할 수 있겠습니다. 아무튼 대체로 어려운 고비에 빠졌을 때도 생각지도 않은 구원자나 恩人 또는 협조자를 만나게 되는 경우가 많은데, 그러므로 이런 사람은 두뇌도 총명하고 학문적 자질도 있으며 좋은 귀인도 만날 수 있는 命造(명조)이니 자기의 결점을 다스리고 좋은 면만 길러나가는 태도를 가진다면 크게 발전하고 성공할 수 있는 사람이라 하겠습니다.

2. 支藏干(지장간)을 暗藏(암장) 또는 藏干(장간)이라 한다

支藏干이란 地支 가운데 天干의 氣를 간직하고 있음을 말한다. 天干은 나무의 열매, 地支는 나무줄기, 支藏干은 나무의 뿌리에 해당된다. 萬事 秘密造化가 여기서 일어나는 것이다.

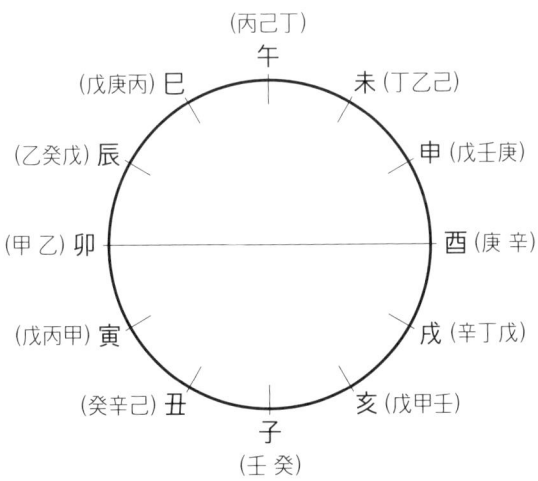

支藏干 暗記 秘法은 아래와 같다.

① 旺支 子午卯酉는 天干 두 자이다. 예) 子(壬 癸)
② 墓地 辰戌丑未는 天干 앞 두 글자는 무조건 陰이고 마지막은 墓地 辰戌丑未의 陰陽을 보고 따진다
   예) 辰 : 寅卯辰 木局으로 方合(계절합)이므로 ① 乙木(春)은 水(冬)가 밀어주므로 ② 癸水 ③ 辰은 陽이므로 戊 즉 乙癸戊가 된다.
③ 長生 寅申巳亥는 天干 세자 모두 다 陽으로 쓴다.
   예) 寅 : 寅午戌 三合을 이루는데 三合을 거꾸로 쓰면 戊丙甲이 된다.

3. 方合(방합)을 계절합이라 한다

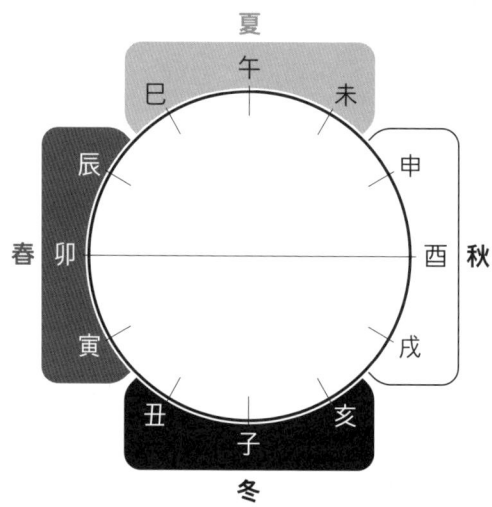

여기서 方合, 三合과 驛馬冲, 桃花冲, 華蓋冲을 알아내는 秘法은 다음과 같다.

① 春 : 寅卯辰 즉 寅月에서 長生하고 卯月에서 旺支하고 辰月에서 墓地가 된다.
② 夏 : 巳午未 즉 巳月에서 長生하고 午月에서 旺支하고 未月에서 墓地가 된다.
③ 秋 : 申酉戌 즉 申月에서 長生하고 酉月에서 旺支하고 戌月에서 墓地가 된다.
④ 冬 : 亥子丑 즉 亥月에서 長生하고 子月에서 旺支하고 丑月에서 墓地가 된다.

이런 결과로 寅申巳亥는 長生支하고(驛馬冲)

　　　　　　午子酉卯는 旺支하고(桃花冲)

　　　　　　戌辰丑未는 墓支이다(華蓋冲)

위의 驛馬冲, 桃花冲, 華蓋冲이 세로로 세 글자를 만들면 寅午戌, 申子辰, 巳酉丑, 亥卯未가 되는데 이를 三合이라 한다.

長生支, 旺支, 墓支로 三合이 이루어 지므로 12운성과 연관되어 있다. 三合을 이루고 그 합의 木火金水局의 本氣가 透干 되면 각 글자가 강하게 動하여 하나의 성분으로 변화하면서 각각의 글자는 모두 자신의 고유성을 잃어버리고, 합된 五行으로 변모한다. 만약 寅午戌 火局을 이루었다면 寅木과 戌土는 고유의 성분을 잃고 모두 火로 변화한다. 상실이 되므로 실제 사주 看命(간명)시 매우 중요하다.

三合은 半合이 성립된다. 반드시 子午卯酉 旺支를 포함하고 天干에 合化 木火金水局의 本氣가 透干 되어야 진정한 半合이 된다. 그러나 각 글자의 고유성분을 잃지는 않는다.

三合은 支藏干의 天干 五行이 같은 것끼리 묶어놓은 것이다. 亥

卯未 三合은 亥水 支藏干은 戊甲壬, 卯木 支藏干은 甲乙이며 未土 支藏干은 丁乙己인데, 亥의 甲木, 卯의 甲木과 未의 乙木으로 모두 支藏干에 木이 있다. 支藏干의 木기운으로 三合을 이룬 것이다.

　六親으로 볼 때 사회적 관계다. 즉 사회적으로 이해타산에 따라 이합집산을 하기 때문이다

　三合은 반드시 서로 인접해 있어야 한다. 半合도 역시 서로 인접해 있어야 하며, 寅申巳亥 長生支와 戌辰丑未 墓庫支의 半合은 인정하지 않는다. 왜? 午子酉卯 旺支가 없기 때문이다. 즉 반드시 長生支와 旺支 또는 墓庫支와 旺支가 되야 半合(반합)이 성립한다.

　三合의 通根力(통근력) : 예) **申子辰 三合 水局**의 경우

① 天干에 合의 水局 本氣인 壬 또는 癸가 透干 된 경우에는 申金은 오직 水만 通根力을 갖게 되고, 金은 通根하지 못함. 辰(乙癸戊)土는 水에 通根하고 木은 相生의 관계라 通根하며, 土는 通根하지 못한다.

② 天干에 壬 또는 癸가 透干 하지 못했을 경우, 申金은 金水 모두 통근한다.

　辰(乙癸戊)土는 土水木 모두 通根한다.

　그리고 半合은 支藏干 모두 通根한다.

　三合이 이루어지면 午子酉卯 旺支와 冲을 하는 氣運은 倒冲(도충)으로 불러온다. (虛字 부분) 매우 중요하다. 寅申巳亥에는 戊己 土는 通根하지 않는다.

　倒冲(도충)이란 하나의 기운이 충만하여 허공에서 반대의 기운을 불러오는 것이다.

四柱八字에 財星과 官星이 없고 地支에 2개 이상의 글자가 인접해 있는 경우, 年支와 月支, 日支와 時支로 접해 있는 것에 한한다. 즉 月支와 日支가 접해있는 것은 제외한다.

가령 四柱八字에 財星과 官星이 없고 地支에 寅寅으로 접해있다면 그것을 冲하는 글자 申을 허공에서 불러온다. 또 地支가 未未라면 허공에서 未와 冲이 되는 글자 丑을 불러온다.

단, 해당 글자가 冲을 당하면 倒冲은 성립하지 않는다.

通根(통근)이란 天干이 地支 또는 支藏干(暗藏)에서 도움을 받는 印星을 보거나(得生), 같은 五行인 比劫을 만나 강해지는 것. "天干이 地支에 뿌리를 내렸다"라고 표현한다. 五行의 왕쇠 중 旺에 해당된다.

透出(투출)이란 支藏干의 五行이 天干 또는 地支에서 자신과 같은 五行을 보는 경우다. 支藏干의 동일한 五行이 地支에 있다면 透出되었다고 한다.

透干(투간)이란 支藏干에 있는 五行이 天干에 透出된 경우다.

方合(계절합)의 힘이 三合보다 훨씬 강하다. 方合은 半合이 없다. 이는 六親으로 볼 때 가족이나 친척을 나타내기 때문이다. 子丑合土 및 午未合無는 六合일 뿐이다.

方合(계절합)은 세 글자가 모두 있어야 한다. 또한 세 글자가 모두 인접해 있어야 한다. 세 글자 중 木火金水局(卯午酉子)의 本氣에 해당하는 地支가 반드시 月令(月支)에 있어야 한다. 寅卯辰 木局이라면 寅木이나 卯木中 하나가 月支에 반드시 있어야 한다. 만약

辰月이라면 절입일 이후 12일 이내의 출생자라면 方合이 성립한다. 원칙적으로 세 글자는 모두 通根力을 유지한다. 그러나 月支가 土인 경우는 다르다. 月令(月支)를 살펴야 한다. 方合의 각 글자는 그 성분의 본연의 뜻을 잃지 않는다. 寅卯辰 方合이 있고 天干에 壬水가 있으면 辰(乙癸戊)土 癸水에 뿌리를 내리고 있다. 그러나 亥卯未 三合이 있고 天干에 未(丁乙己)土가 있으면 뿌리를 상실한다.

方合(계절합)이 이루어지면 旺支와 冲되는 글자를 倒冲(도충)하여 虛字(허자)를 불러온다. 方合의 각 글자는 행운에서 오는 글자와 刑冲이 성립된다.

方合과 三合을 같은 것끼리 묶어보면 아래 표와 같다.
四柱 해석에 중요한 역할을 하므로 반드시 暗記해야 한다.

方合		三合		本氣
寅卯辰	=	亥卯未	=	木局
巳午未	=	寅午戌	=	火局
申酉戌	=	巳酉丑	=	金局
亥子丑	=	申子辰	=	水局

4. 半合(반합)은 삼합에서 나온다

半合은 三合에서 2개의 地支만 있는 경우인데 기본으로 旺支 子, 午, 卯, 酉가 있으면서 한 地支만 있는 경우를 말한다. 즉 申子辰 三合 水局은 물의 旺支인 子가 있고 申이나 辰만 있는 경우 즉 子辰, 子申일 때를 말한다.

三合이 완전치는 못하나 반만 합한 경우인데 이때에도 합의 성질은 있다. 중요한 것은 旺支인 子水가 반드시 있어야 한다. 子水가 없이 申辰이 합하여 水局 半合이 되지 않는다. 三合의 다른 局도 마찬가지 이다.
　　四柱에 半合이 있는 경우 나머지 한 五行이 오면 완전한 三合을 이룬다. 예로 四柱에 申子 三合 水局 半合이 있는 경우에 歲運에서 辰土運이 오면 申子辰 三合 水局으로 완전히 三合이 된다.

　　예문) 사주의 지지에 자진 반합이 있는데 세운에서 신금운이 와서 신자진 삼합 수국을 이룬다.

時	日	月	年
庚	丙	丙	己
寅	辰	子	未

甲申 歲運

　　위 四柱 地支에 子辰 三合 半合이 있는데 歲運에서 申金運이 오면 申子辰 三合 水局으로 완전한 三合을 이룬다. 日干 丙火는 水局을 맞아 官運이 오게 된다.
　　半合이 되기 위한 조건은 반드시 三合의 旺支 子,午,卯,酉가 있어야 한다. 그러나 子,午,卯,酉의 삼합의 旺支가 없어도 즉 亥未만 있을 때 歲運이나 大運에서 卯木運이 들어오면 그 한해나 大運 年에는 亥卯未 三合 木局이 된다.

예문) 사주 지지에 해미가 있는데 세운 묘목운이 와서 삼합 목국을 이룬다.

時	日	月	年
丁	丁	癸	戊
未	巳	亥	子

卯 歲運

위 四柱는 月支 亥水와 日支 巳火가 巳亥冲으로 나쁘다. 月支 亥水와 時支 未土에 歲運 卯木이 오면 亥卯未 三合 木局이 된다. 그래서 지나친 水 기운을 빼어 卯木運에 성공하는 四柱다. 1999년 己卯年에 학문적으로 성공하고 박사학위를 받고 교수가 되었다.

5. 12運星(12운성)을 胞胎法, 絕胎法 또는 長生法이라고도 한다.

12運星이란 天干의 氣가 땅에 미치는 循環의 원리이며 변화의 법칙을 뜻하는 것으로서, 寒暑溫冷의 氣가 四時중에 두루 流行하나 그 차이가 있는 것을 生旺墓絕 등으로 구분한 것입니다.

그 차례는 마치 출생과 더불어 生老病死 그리고 榮枯盛衰의 인생행로를 그려놓은 것과 같은데, 태어나서 자라고 결실을 맺고, 결실을 맺은 후에 母體는 병들거나 죽어 없어진다는 이치로, 사주를 해석(看命)할 때 先天的인 환경이나 장소를 파악하고 주시하는데 많이 참고한다.

불교에서 말하는 12緣起法 일맥상통하는 점이 있는데, 생명체라면 어느 것을 막론하고 절대적으로 어길 수 없는 지상의 법칙이요 불변의 진리다.

12運星의 순서는 長生(장생) → 沐浴(목욕) → 冠帶(관대) → 建祿(건록) → 帝旺(제왕) → 衰(쇠) → 病(병) → 死(사) → 墓묘(藏=庫) → 絕절(胞) → 胎(태) → 養(양) 순으로 이루어지는데, 天干의 陰陽에 따라서 순환의 방법이 달라진다.

陽干일 때는 12運星이 순행하고, 陰干일때는 역행한다.

그 이유는 '陽生 즉 陰死'라고 하여 陽의 長生地에서 陰干은 死가 되고, 반대로 陽干의 死地에서 陰干은 長生하기 때문이다.

12運星(陽干巡行, 陰干逆行)의 暗記 秘法은 아래와 같다.

寅	申	巳	亥	=	長生支
午	子	酉	卯	=	旺支
戌	**辰**	**丑**	**未**	=	墓庫支

三合의 旺支와 같은 天干의 日干을 五行으로 바꾼다 즉 卯木은 甲乙木으로 바꾼다.

甲木의 長生은 亥水이다. 이유는 水生木으로 亥水가 甲木을 생하여 주기 때문이다. 乙木의 死는 亥水이다. 즉 陽甲木이 長生이면 陰乙木은 死다. 나머지도 같은 이치다.

(陽甲木의 長生은 亥水, 12運星표 – 陽干巡行)

長生	목욕	관대	건록	제왕	쇠	병	사	墓	절	태	양
亥	子	丑	寅	卯	辰	巳	午	未	申	酉	戌

(陰乙木의 死는 亥水, 12運星표 – 陰干逆行)

死	묘	절	태	양	장생	목욕	관대	건록	帝旺	쇠	병
亥	戌	酉	申	未	午	巳	辰	卯	寅	丑	子

(陽丙火戊土의 長生은 寅木, 12運星표 – 陽干巡行)

長生	목욕	관대	건록	帝旺	쇠	병	死	墓	절	태	양
寅	卯	辰	巳	午	未	申	酉	戌	亥	子	丑

(陰丁火己土의 死는 寅木, 12運星표 – 陰干逆行)

死	墓	절	태	양	장생	목욕	관대	건록	帝旺	쇠	병
寅	丑	子	亥	戌	酉	申	未	午	巳	辰	卯

(陽庚金의 長生은 巳火, 12運星표 – 陽干巡行)

長生	목욕	관대	건록	帝旺	쇠	병	사	墓	절	태	양
巳	午	未	申	酉	戌	亥	子	丑	寅	卯	辰

(陰辛金의 死는 巳火, 12運星표 – 陰干逆行)

死	墓	절	태	양	長生	목욕	관대	건록	帝旺	쇠	병
巳	辰	卯	寅	丑	子	亥	戌	酉	申	未	午

(陽壬水의 長生은 申金, 12運星표 – 陽干巡行)

長生	목욕	관대	건록	帝旺	쇠	병	사	墓	절	태	양
申	酉	戌	亥	子	丑	寅	卯	辰	巳	午	未

(陰癸水의 死는 申金, 12運星표 - 陰干逆行)

死	墓	절	태	양	장생	목욕	관대	건록	帝旺	쇠	병
申	未	午	巳	辰	卯	寅	丑	子	亥	戌	酉

12運星(12운성) 설명

① 長生(장생) : 세상에 태어나는 희열을 느끼는 단계. 12運星 에서 최고의 吉星. 삶의 희열을 맛볼수 있는 최고 극치. 月柱 長生은 부모·형제 德이 있어 중년에 크게 성공.

② 沐浴(목욕) : 갓 태어난 아기를 깨끗이 씻는다는 뜻(유년시기). 沐浴을 하면 이성을 그리워하는 생각이 나서 桃花殺 또는 紅艷殺을 갖음.

③ 冠帶(관대) : 沐浴 후 성장해 결혼하는 시기. 자존심이 강해 자립심과 독립심이 강해지고 사회적으로 성공, 冠帶星이 用神이 되면 독립적 사업으로 크게 성공.

④ 建祿(건록,官) : 冠帶이후 직업을 갖고 사회에 진출(청·장년기). 직업을 갖고 일을 추진하고 名譽와 富를 추구하는 星.

⑤ 帝旺(제왕) : 인생의 황금기(장년기). 남의 간섭을 싫어하고 독립심이 강하여 사회에서 최고의 위치에 오름.

⑥ 衰(쇠) : 정력과 기운이 약해지는 시기. 점차 보수적이 되어 지키려는 성향이 강함.

⑦ 病(병) : 인생이 황혼기에 접어들어 병이 드는 시기로 정신적·육체적으로 나약함.

⑧ 死(사) : 만물은 병이 들면 죽는다. 죽음으로써 모든 일이 정

지되는 시기.

⑨ 墓(묘(葬장=胞포) : 墓란 葬事지내고 무덤에 들어가는 단계.

⑩ 絕절(胞포) : 인간이 죽어 墓地에 있다 다시 태어나기 위해 숨을 죽이고 있는 단계로 일명 胞임. 일의 추진력이 없고 포기를 잘하며 자기주장을 피질 못함.

⑪ 胎(태) : 絕에서 움직여 어머니 뱃속에서 새로운 생명이 잉태되는 시기. 호기심이 많고 새로운 것을 좋아하며 남에게 인기 있는 것을 좋아함.

⑫ 養(양) : 잉태한 후 어머니 뱃속에서 자라나는 시기. 노력 한 만큼 대가가 있는 운.

12運星은 인간의 生老病死에 비유한 것이라, 運勢가 병약한 상태면 불길함을 예측 가능하다.

6. 12神殺(12신살)은 馬前神殺(마전신살)이라고도 한다

12神殺에서 神은 吉神이며 殺은 凶神이다. 日支나 年支를 기준으로 하며 劫殺, 災殺, 天殺, 地殺, 年殺, 月殺, 亡身, 將星, 攀鞍, 驛馬, 六害, 華蓋가 있다. 이를 앞 글자만 따서 겁재천지, 년월망장, 반역육화라고 암기해야 한다.

12神殺의 地殺이 12運星의 長生에 온다. 12神殺의 暗記 秘法은 아래와 같다.

(年支가 亥卯未일 경우)

長生	목욕	관대	건록	帝旺	쇠	병	사	墓	절	태	양
亥	子	丑	寅	卯	辰	巳	午	未	申	酉	戌
지살	년살	월살	망신	장성	반안	역마	육해	화개	겁살	재살	천살

(年支가 寅午戌일 경우)

長生	목욕	관대	건록	帝旺	쇠	병	死	墓	절	태	양
寅	卯	辰	巳	午	未	申	酉	戌	亥	子	丑
지살	년살	월살	망신	장성	반안	역마	육해	화개	겁살	재살	천살

(年支가 巳酉丑일 경우)

長生	목욕	관대	건록	帝旺	쇠	병	사	墓	절	태	양
巳	午	未	申	酉	戌	亥	子	丑	寅	卯	辰
지살	년살	월살	망신	장성	반안	역마	육해	화개	겁살	재살	천살

(年支가 申子辰일 경우)

長生	목욕	관대	건록	帝旺	쇠	병	死	墓	절	태	양
申	酉	戌	亥	子	丑	寅	卯	辰	巳	午	未
지살	년살	월살	망신	장성	반안	역마	육해	화개	겁살	재살	천살

12神殺 설명

① 劫殺 : 大凶殺, 빼앗김, 방해살, 겁탈, 좌천, 질병
② 災殺 : 囚獄殺, 감금, 납치, 구속, 재물
③ 天殺 : 豫知殺(하늘계시), 天災地變, 血肉사망
④ 地殺 : 주거물 이동수(땅의저주) = 驛馬
⑤ 年殺 : 시녀살(심부름살), 桃花殺, 무당살
⑥ 月殺 : 모든 것이 고갈(墓),무기력, 중단·장벽 만남, 고초
⑦ 亡身 : 개망신(시비), 실수

⑧ 將星 : 출세, 진급, 보호막 치는 살

⑨ 攀鞍 : 등극(고시, 장가), 출세

⑩ 驛馬 : 몸의 이동, 해외이동, 지살보다 강함

⑪ 六害 : 병부살(발병), 신체와 육친과 관련된 질병

⑫ 華蓋 : 마무리살, 학문↑, 귀인↑, 예술(능) 재주 뛰어남

7. 문창성, 문곡성 및 학당귀인(학문·예술계통)

日干을 기준으로 한다. 12운성의 건록(日干 甲木이면 寅이다)이 기준이다. 建祿을 기준으로 앞·뒤 4번째이다.

文昌星은 建祿에서 앞(우측)으로 4번째 病에 해당하며 六親은 食傷이다. 타고난 머리이다. 자연계에 해당한다. 食傷은 글쓰고 말하는 재주다. 사주 어디라도 있어도 된다.

文曲星은 건록에서 뒤(좌측)로 4번째 長生에 해당하며 六親은 印星(正印)이다. 노력형 머리다. 인문계에 해당한다. 印星은 학문을 말한다. 사주 어디라도 있어도 된다.

學堂貴人은 日干이 陽干이면 문곡과 같고, 陰干이면 문창과 같다. 月支와 時支에 있어야 최고로 좋다. 그러나 사주 어디라도 있으면 문필가, 예술가로 발전한다.

문창성·문곡성 및 학당귀인이 사주에 있어도 좋지만 운에서 만나도 좋다.

직업으로는 시인, 수필가, 소설가, 기자, 방송인, 예술인, 연예인 등으로 명성을 날린다.

문창성·문곡성 및 학당귀인 역시 刑冲破害 되거나 合이나 空亡이 되면 그 작용을 못한다. 日柱가 身旺(强)함을 좋아한다. 身

弱하면 의지력이 약해 재능을 충분히 발휘하기 어렵다.

四柱八字에 문창성 등이 여러 개 있으면 좋은 점이 약해지고 무력해진다. 또 官星과 印星이 있어야 빛이 난다. 官印(관인)이 있어야 국가에서 인정하는 자격으로 국공립학교나 정부기관과 인연이 있고, 官印이 없으면 실력은 있으되 사립학교나 사설기관에서 일하게 된다.

(陽甲木의 長生은 亥水, 12運星표 – 陽干巡行)-建祿기준

長生	목욕	관대	건록	帝旺	쇠	病	사	墓	절	태	양
亥	子	丑	寅	卯	辰	巳	午	未	申	酉	戌
④	③	②	①	②	③	④					
문곡학당						문창					

(陰乙木의 死는 亥水, 12運星표 – 陰干逆行)-建祿기준

死	묘	절	태	양	長生	목욕	관대	건록	帝旺	쇠	病
亥	戌	酉	申	未	午	巳	辰	卯	寅	丑	子
					④	③	②	①	②	③	④
					문창학당						문곡

(陽丙火戊土의 長生은 寅木, 12運星표 – 陽干巡行)-建祿기준

長生	목욕	관대	건록	帝旺	쇠	病	사	墓	절	태	양
寅	卯	辰	巳	午	未	申	酉	戌	亥	子	丑
④	③	②	①	②	③	④					
문곡학당						문창					

(陰丁火己土의 死는 寅木, 12運星표 – 陰干逆行)-建祿기준

死	묘	절	태	양	長生	목욕	관대	건록	帝旺	쇠	病
寅	丑	子	亥	戌	酉	申	未	午	巳	辰	卯
					④	③	②	①	②	③	④
					문창학당						문곡

(陽庚金의 長生은 巳火, 12運星표 – 陽干巡行)-建祿기준

長生	목욕	관대	건록	帝旺	쇠	病	사	墓	절	태	양
巳	午	未	申	酉	戌	亥	子	丑	寅	卯	辰
④	③	②	①	②	③	④					
문곡학당						문창					

(陰辛金의 死는 巳火, 12運星表 – 陰干逆行)-建祿기준

死	묘	절	태	양	長生	목욕	관대	건록	帝旺	쇠	병
巳	辰	卯	寅	丑	子	亥	戌	酉	申	未	午
					④	③	②	①	②	③	④
					문창학당						문곡

(陽壬水의 長生은 申金, 12運星表 – 陽干巡行)-建祿기준

長生	목욕	관대	건록	帝旺	쇠	병	사	墓	절	태	양
申	酉	戌	亥	子	丑	寅	卯	辰	巳	午	未
④	③	②	①	②	③	④					
문곡학당						문창					

(陰癸水의 死는 申金, 12運星表 – 陰干逆行)

死	묘	절	태	양	長生	목욕	관대	건록	帝旺	쇠	병
申	未	午	巳	辰	卯	寅	丑	子	亥	戌	酉
					④	③	②	①	②	③	④
					문창학당						문곡

8. 空亡(공망)은 天中殺(천중살)이라고도 한다.

空亡은 天干 10자 地支 12자로 天干을 향해 地支가 一巡(일순)했을 때 2자의 地支가 남는데 이를 空亡이라 한다. 空亡은 비어

있다, 因緣이 약하다, 空虛하고 無力하다, 뭘해도 소용없다는 뜻을 갖는다.

또한 有體無祿 뜻으로 天中殺 이라고도 한다. 旬이란 10일을 뜻하는데, 예를 들면 甲子부터 시작하여 시간이 끝나는 癸酉에까지 이르면 地支 戌亥는 天干의 짝이 없이 남게 되는데 이것을 바로 空亡이다.

日柱를 중심으로 空亡을 산출한다. 地支가 空亡이면 天干도 空亡이 된다. 즉 庚午年이라면 午를 天干으로 바꾸면 丁이 된다. 地支 午가 空亡이면 丁火도 空亡이 되어 무력해지고 또한 어느 자리건 地支가 空亡이면 해당 天干에 있는 六親도 空亡의 영향을 받는다.

8-1 空亡의 해제

四柱八字(사주원국)에 空亡이 있는데 歲運에서 같은 글자가 오면 전실이라 空亡으로 보지 않는다. 격국과 용신을 잡았을 경우 空亡은 논외로 한다. 그러나 六親이나 12神殺를 해석(간명)할 때는 空亡이 작용한다. 空亡띠와 연애하면 안 떨어진다. 大運은 空亡으로 보지 않는다. 歲運은 空亡으로 본다. 空亡年을 만나면 되는 일이 없다. 만사불통이다.

예문) 戌亥가 空亡일 때

寅午戌 三合하면 戌 空亡은 해제된다. 空亡은 그 空亡의 地支를 冲, 刑, 合을 함으로써 해제된다. 生時의 戌이 空亡일때 戌亥 空亡은 寅月生은 寅午戌 三合하여 戌 空亡은 해제되고 따라서 노후 空亡의 뜻은 해소된다.

8-2 六親空亡

① 比劫空亡 : 형제간 무덕, 고독, 협조 정신이 낮다.

② 食神空亡 : 소극적, 표현력·진취성이 부족. 기예에 능함.

③ 傷官空亡 : 官과 法 무시, 말을 해도 득이 없다.

④ 偏財空亡 : 허황된 돈 빚더미, 財物욕심 많으나 축재가 안 된다. 허세·허풍·사기성이 많다.

⑤ 正財空亡 : 財祿이 無祿이다. 財物에 대해선 칼같이 예리하다.

⑥ 偏官空亡 : 영웅기질, 모사꾼·반골형, 편관이 공망이면 오히려 힘든 일을 모면하기 좋다.

⑦ 正官空亡 : 명예·관직이며 나를 지켜주는 남편, 자식이므로 공망이면 기댈 곳이 없다.

⑧ 正印空亡 : 자신에게 힘을 주는 어머니인 동시에 학문이다. 공망되면 학업이 끊길 수 있고 부모, 특히 어머니와 인연이 적다.

⑨ 偏印空亡 : 편인은 식신을 극하는 기신으로 공망이면 오히려 해가 사라지지만 행동이 가볍고 윗사람의 덕이 부족할 수 있다.

8-3 空亡 조견표

甲子	甲戌	甲申	甲午	甲辰	甲寅	六十甲子
乙丑	乙亥	乙酉	乙未	乙巳	乙卯	
丙寅	丙子	丙戌	丙申	丙午	丙辰	
丁卯	丁丑	丁亥	丁酉	丁未	丁巳	
戊辰	戊寅	戊子	戊戌	戊申	戊午	
己巳	己卯	己丑	己亥	己酉	己未	
庚午	庚辰	庚寅	庚子	庚戌	庚申	
辛未	辛巳	辛卯	辛丑	辛亥	辛酉	
壬申	壬午	壬辰	壬寅	壬子	壬戌	
癸酉	癸未	癸巳	癸卯	癸丑	癸亥	
戌亥	申酉	午未	辰巳	寅卯	子丑	空亡

8-4 空亡 활용

① 凶神이 空亡이면 흉함이 해소된다.

② 日柱가 같은 旬에 있는 사람끼리는 융합이 잘된다. 즉 空亡이 같은 사람끼리는 부부 또는 동업자가 되면 좋은 융합을 한다.

③ 부부와 동업자는 日柱끼리 空亡되지 말아야 한다. 즉 상대방의 日支가 본인의 日柱에서 보아 空亡이 되면 두 사람은 관계를 맺어도 결실이 없고 결국 피해를 본다.

④ 귀인이 空亡되면 福이 減된다. 또한 空亡도 해소 된다.

⑤ 四柱에서 妬合된 干支를 冲하면 空亡의 흉조가 더욱 심하다.
妬合(투합) : 天干에서 陽干 하나를 두고 두 개의 陰干이 서로 다투는 형국

예) 甲己合土 : 합이 성립한다.

시	일	월	년	
己	甲	己	丙	天干
○	○	○	○	地支

日干 甲木을 두고 月干 己土와 時干 己土가 서로 다투고 있다.

⑥ 空亡과 귀인이 同柱했는데 空亡이 合이 되면 空亡의 凶兆가 완전히 해소된다. 그래서 空亡으로 보지 않는다
⑦ 四柱에서 月,日,時 또는 年,月,時 三柱가 空亡이면 오히려 大吉하다
⑧ 冲이 된 地支 중에 한 개라도 空亡이 되면 冲이 아니다
⑨ 年柱와 日柱가 서로 空亡되면 일생 고생이 많다. 甲子年柱와 壬戌日柱가 있는 四柱이다. 壬戌은 子丑 空亡이고, 甲子는 戌亥 空亡이니 서로 地支가 空亡이 되는 경우이다.
⑩ 空亡 年月日에 얻은 결과는 좋은 결과이더라도 그것은 쓸데가 없다. 중요한일 또는 거래는 空亡 年月日에 하지 않는 것이 좋다.
⑪ 空亡을 당한 六親은 근심에 빠진다. 그러나 떨어져 살면 그렇지 않다.
⑫ 大運이 空亡이면 10년중에 合冲刑이 되는 歲運에만 空亡에서 벗어난다. 가령 巳가 空亡일 때 冲이나 合이나 刑이 되는

巳亥沖이 되는 亥年, 寅巳刑이 되는 寅年, 巳申合이 되는 申年에 空亡에서 벗어난다.
⑬ 空亡이 四柱八字(四柱原局)에 있으면 歲運에서는 작용 하지 않는다. 塡實작용이 적용되기 때문이다. 原局에 없는 것이 歲運에서 들어오면 空亡 효과가 나타난다. 예) 子丑 空亡인 四柱原局은 四柱내 子가 있으면 空亡의 기운이 항상 있는데, 歲運에서 또 子運이 오면 空亡이 성립되지 않는다.(전실작용)
⑭ 空亡의 작용력은 五行보다는 六親에 크게 작용한다.
⑮ 眞空亡은 陽日干에게 陽支의 空亡 글자를 말하는데 空亡의 작용력이 가장 강하게 나타난다. 예) 戊土日干이 四柱내에 子水가 있으면 財空亡으로 財福이 현격히 떨어진다.
⑯ 四柱原局에 日이 時를 空亡하고 時가 日을 空亡하면 일시호환空亡이라 하여 승려, 역술, 무속, 술장사, 백정 등의 직업을 갖는 경우가 많다.
⑰ 日柱가 空亡이면 배우자 또는 본인 중 한사람이 요절한다.

9. 暗合(암합)

暗合이란 겉으로 드러나지 않은 支藏干끼리의 合을 말한다. 법적으로 인정을 받지 못한 몰래하는 사랑처럼 그 작용력은 치밀하고 조직적이다.

예로 四柱八字의 地支에 亥水(戊甲壬)와 午火(丙丁己)가 있다면 亥중 壬水와 午중 丁火가 丁壬合木하는 것이다.

卯木(甲乙)과 申金(戊壬庚)이 만나 卯중 乙木과 申중 庚金이 乙庚合金하는 것이다.

그러나 辰戌丑未의 四墓庫支(사묘고지)는 刑冲 등으로 開庫가 되면 暗合이 인정된다.

예로 丑土(癸辛己)와 寅木(戊丙甲)이 있는데 丑未冲이나 丑戌 刑을 만나 開庫(倉庫의 門이 열리면)되면 丑土(癸辛己)중의 己土와 寅木(戊丙甲) 중의 甲木이 만나 甲己合化土한다.

10. 三刑殺(삼형살)

刑이란 刑罰과 같은 뜻으로서 사회질서를 유지하기 위해 필요한 각종 規範이나 制裁措置와 같은 작용을 한다. 즉 새로운 목적을 달성하기 위해 어느 정도의 희생을 감수하면서라도 잘못된 것을 도려내는 手術과 같고, 가정이나 조직사회 등의 단합을 해치는 것으로서 三合을 손상하는 작용도 한다. 또한 나의 주체적 의지의 표상이 직업적으로 표출된다. 四柱에 刑이 吉할때는 사람의 목숨을 죽이고 살릴 수 있는 권리인 生死與奪權을 행하지만 반대로 凶하면 囚獄살이를 할 수 있는 양면성을 가지고 있다.

먼저 三刑殺을 쉽게 이해하려면 앞에서 배웠던 方合과 三合을 같은 것끼리 묶어서 나타낸 역마충, 도화충, 화개충 으로 나타낸 표를 보면 쉽게 알 수 있다

寅	申	巳	亥	=	長生	=	驛馬冲
午	子	酉	卯	=	旺支	=	桃花冲
戌	辰	丑	未	=	墓地	=	華蓋冲

즉 위 표에서 寅申巳(無恩之刑), 丑戌未(持勢之刑) 두 개의 三刑殺을 찾을 수 있다. 四柱에 三刑殺이 있으면 運氣가 넘치는 사람이

라 정신력과 자기 소신이 강하고 뚜렷하여 지도자로서의 자질을 갖추고 있다. 다만 格局이 破格이 되면서 刑冲이 있으면 三刑殺이 凶神으로 작용하게 되어 사건, 사고, 소송, 형액을 당하게 될 수 있다. 보통 刑殺이 많은 사람은 인간성이 냉정하고 고집이 세다. 三刑殺이 많으면 항상 동분서주로 바쁘다. 그래서 권력을 얻거나 법을 집행하는 법관이나 군인, 경찰, 의사, 간호사 등의 직업을 갖게 되면 三刑殺의 凶한 작용을 대체하여 원만하게 이끌 수가 있다. 그러나 四柱의 格이 나쁠 경우에는 三刑殺의 흉액에 그대로 노출이 되는 것이니 사건, 사고를 수시로 경험을 해보는 인생을 겪는 것은 어쩔 수 없는 것이다.

① 寅申巳(無恩之刑) 三刑殺

寅巳申 三刑은 일명 無恩之刑이라 한다. 이는 寅木(戊丙甲)중 丙火가 巳火(戊庚丙)중의 戊土를 生해주면, 戊土의 生을 받는 巳火(戊庚丙)중의 庚金은 아버지에 해당하는 寅木(戊丙甲)중의 甲木 偏財를 剋하기 때문이다. 또한 巳火(戊庚丙)중의 戊土는 申金(戊壬庚)중의 庚金을 生하지만 庚金의 자식에 해당하는 壬水는 巳火(戊庚丙)중의 丙火 父星을 剋하며, 申金(戊壬庚)중의 壬水는 寅中 甲木을 생하나 甲木의 자식인 丙火는 申金(戊壬庚)중의 庚金을 剋하기 때문이다. 그러므로 寅巳申 三刑이 四柱에 있는 사람은 타인을 누르거나 업신여기려는 경향이 있으며, 매사를 속전속결로 처리하려는 성질이 있어 급하게 덤벼들다가 후회를 하는 일이 종종 있다. 일생 중 運路가 험할 때는 官刑이나 교통사고, 약물중독, 총상 등이 염려되니 각별히 주의해야겠고, 小腸이나 편도선 등에 고질병

이 생겨 시달리거나 수술을 경험하는 수가 있다.

한편으로 대인관계에 있어서는 형제, 친척, 친구, 동기간에 배신으로 반목하거나 시비가 벌어지며 종래는 訟事나 官災로 이어진다. 四柱에 三刑이 있고 有氣하면 남자는 출세하여 이름을 떨치는 경향이 있으나 여자는 천한 직업에 종사하며 동분서주하는 생활을 한다. 그리고 寅巳刑은 害의 작용까지 加重 되어 그 미치는 영향력이 훨씬 크며, 巳申은 合이 되면서 刑이 되어 처음에는 결합하여 有情한 듯하나 결국은 원수로 변하는 꼴이 된다.

② 丑戌未(持勢之刑) 三刑殺을 朋刑(붕형)이라고도 한다

丑戌未 三刑은 일명 持勢之刑이라 하며, 같은 오행인 土끼리 刑한다하여 朋刑이라고도 한다. 丑戌未 三刑을 持勢之刑으로 표현하는 이유는 세력을 믿고 서로 刑한다는 뜻인데, 丑土(癸辛己)은 丑중 癸水가 겨울철의 旺한 月令을 얻어 그 힘을 믿고 火氣가 衰해진 늦가을의 戌土(辛丁戊) 중 丁火를 剋하는 까닭이요, 戌토(辛丁戊) 중 辛金은 가을철의 旺한 金氣를 믿고 유약한 未土(丁乙己) 중 乙木을 刑剋하는 까닭이다. 즉 음양이 다른 丑戌未 三刑殺 속의 支藏干들이 같은 五行인 土를 친하게 생각하거나 믿고 있다가 서로 刑剋하여 배신과 불신이 발생하는 것이 丑戌未 三刑殺이다. 이 丑戌未 三刑殺이 四柱에 있으면 친한 사람이었는데도 사소한 일로 인하여 원수가 되는 경우가 있거나, 평소에 다정하게 지내다가도 사소한 이익관계나 금전관계 또는 권리 다툼으로 인하여 불신, 배신, 투쟁 등이 생기고 일생동안 말을 않고 지내는 경우가 많다. 특히 女子 四柱에 丑戌未 三刑殺이 있는 경우에는 부부불화나 배신

또는 이별 등으로 고독하다고 본다. 질병으로는 丑戌刑이 될 때는 腦, 神經, 精神계통의 이상이나 心身 장애가 따르고, 심장판막증(心臟瓣膜症) 환자 중에 丑戌형을 많이 가지고 있으며, 戌未刑은 脾臟이나 胃腸 질환과 함께 좌골신경통(坐骨神經痛)으로 고생한다. 그러나 四柱에 丑戌未 三刑殺이 있고 有氣하면 만인을 능가하는 將帥가 될 수 있고 생사의 결정권한을 휘두를 수 있는 권력을 쥘 수 있으며 公私를 엄정하게 분별할 줄 아는 위인으로 名振四海 할 수 있으나 氣가 부실하면 겨울철에 건축공사를 하는 것과 같이 매사가 지체되고, 쉽게 성사될 수 있는 일도 어렵게 꼬이면서 풀어지거나 허망하게 망치는 수가 종종 있게 된다.

11. 六刑殺(육형살)을 刑殺(형살)이라고도 한다.

六刑殺은 三刑殺에서 나온다.

寅申巳 三刑殺에서 寅申刑, 寅巳刑, 申巳刑이 된다. 그리고 丑戌未 三刑殺에서 丑戌刑, 丑未刑, 戌未刑이 된다.

六刑殺의 의미를 보면 寅申刑은 수입이 적고 지출이 많다. 寅巳刑은 관재수, 수술. 申巳刑은 시비, 불화. 丑戌刑은 친구, 부부간 다툼. 丑未刑은 배신, 戌未刑은 세력과신, 낭패의 뜻을 가지고 있다.

12. 自刑殺(자형살) 및 子卯相刑殺(자묘상형살)

三合과 方合이 만나면 六刑殺과 自刑殺이 되고 三刑殺 寅申巳와 丑戌未중 남는 한 글자가 自刑殺이 된다.

먼저 寅申巳亥에서 三刑殺 빼고 남는 亥와 丑戌未辰에서 三刑殺 빼고 남는 辰이 自刑殺이 된다. 즉 亥亥와 辰辰 自刑殺이 된다.

三合과 方合이 만나서 六刑殺과 自刑殺이 되는 방법은 아래와 같다. 반드시 기억해야 한다.

三合	寅	午	戌
方合	巳	午	未
	↓	↓	↓
刑殺	寅巳刑	午午自刑	戌未刑

三合	巳	酉	丑
方合	申	酉	戌
	↓	↓	↓
刑殺	巳申刑	酉酉自刑	丑戌刑

三合	亥	卯	未
方合	亥	子	丑
	↓	↓	↓
刑殺	亥亥自刑	子卯相刑	丑未刑 丑未冲

三合	申	子	辰
方合	寅	卯	辰
	↓	↓	↓
刑殺	寅申刑 寅申冲	子卯相刑	辰辰自刑

즉 寅申刑, 寅巳刑, 申巳刑, 丑戌刑, 丑未刑, 戌未刑과 같이 六刑

殺, 子卯相刑殺 및 午午, 酉酉, 亥亥, 辰辰 自刑殺이 나왔다

子卯相刑은 子가 卯를 刑하고 卯도 子를 刑하므로 呼兄이라고도 한다. 卯는 대체로 花草에 해당 되는 바 幼弱한데 이 2月 卯木이 寒冷節의 旺한 11月 子水를 만나면 相生될 듯하나 오히려 子水를 감당치 못하고 相生이 反剋 현상으로 변하여 애로가 발생한다는 이치로 배부른 사람이 과식하여 탈이 난 경우와 같다. 한편 子水는 卯木을 生한다고는 하지만, 卯木은 子水에서 沐浴(12運星)이 되어 卯木은 繼母에 해당하는 偏印 子水를 연모하는 꼴이라 하여 不倫이나 패륜(悖倫) 등으로 해석해 無禮之刑이라고 한다. 한편 뜻밖의 不請客이 출현하여 주인 행세를 하는 경우처럼 염치나 수치를 모르는 非倫理性을 내포하고 있다. 특히 運路에서 子卯相刑이 형성될 시에는 이성관계에서 불륜, 무례, 간통, 변태성욕 등으로 인한 구설, 시비, 刑厄 등이 따른다. 그밖에 대인관계에 있어서는 난폭하거나 패륜적인 행동이 나오고 남의 이목이나 체면은 안중에도 없이 행동하는 경우가 많으며, 질병은 性病이나 子宮, 泌尿器, 肝腸 계통에 질환이 많이 발생하고 약물중독이나 痲藥 또는 飮毒의 경험도 갖게 된다. 四柱가 조화를 이루고 有氣하면 병원(산부인과, 비뇨기과)을 경영하거나 관광 오락사업 등에서 두각을 나타내고 성공하기도 한다.

自刑殺을 예를 들면 두 나라가 전투를 하여 모두가 부상을 당하고 손해가 막심한데, 그중 辰午酉亥는 전투 현장을 빠져 나와 자신의 안전만을 도모하는 꼴이 되어 면목 없는 처지가 되니 自虐하는 마음에서 스스로 자해하는 행위와 같이 自禍自招하는 것이 自刑이다.

四柱가 自刑殺로 전부 이루어져 있거나 自刑殺이 雙으로 자리 잡고 있으면 사고나 자해 행위로 인한 신체에 장애가 생겨 불구가 되거나 정신이 薄弱한 경향이 많으며, 쌍둥이나 장애아를 출산하는 경향이 높고 중년에 眼疾이나 그 밖의 사고로 失明하는 수가 많다.

① 辰辰 自刑殺
旺한 水庫로 인하여 水災, 冷害, 埋沒, 溺死 등의 사고와 피부병(皮膚病), 胃腸病 등이 염려되며, 甲木日柱의 男子가 辰辰 自刑殺을 日支나 時支에 있으면 妻 외에 또 다른 女子로 인하여 대단히 고생한다. 그러나 四柱가 有氣하면 창고업이나 보관업, 수산업이나 법조계 등에서 두각을 나타낼 수 있다.

② 午午 自刑殺
極旺한 午火의 폭발상태로 火器사고나 폭발, 충돌, 총상 등이 염려되며 노이로제나 히스테리, 조울증 등 정신 신경계통의 질병이 오거나 神氣의 발달로 巫俗이나 복점(卜占)업에 종사하거나 보일러, 전기 설비업, 가스, 주유소 등의 사업을 경영하기도 한다.

③ 酉酉 自刑殺
만물을 숙살(肅殺)하는 金氣가 강한 고로 칼이나 연장, 기계 등으로 인한 傷害, 수술 등을 경험하게 되고 수족의 절단 등이 염려되며 女子는 生理痛 등의 질병에 시달리기도 한다.

④ 亥亥 自刑殺

旺한 亥水가 해일(海溢)이 일어나 넘치는 것과 같은 피해로 水災, 폭설, 폭풍, 한파로 인한 害를 입거나 혈액이나 비뇨기에 관한 질병 즉 고혈압이나 당뇨병, 신장 계통이 나빠진다. 직업으로는 목욕탕, 세탁업, 청소업, 酒店 등을 경영하기도 한다.

13. 地支冲(지지충)을 七冲(칠충), 七殺(칠살) 또는 六冲(육충) 이라 한다.

地支冲을 이용하여 怨嗔殺과 鬼門關殺을 쉽게 이해할 수 있다.

地支冲은 地支의 배열에서 7번째 만나는 地支끼리 冲이 되는데 이를 七冲 또는 七殺이라고도 한다. 地支冲은 각 地支에서부터 7번째가 冲이 된다. 子에서 7번째가 되는 午가 서로 충돌하여 子午冲이 되는 것처럼 卯와 酉, 寅과 申, 巳와 亥, 辰과 戌, 丑과 未의 地支冲은 서로 마주보는 자리로서 氣가 상반되는 곳이고, 방위도 상대 방향이 된다.

子午冲과 巳亥冲은 水가 火를 剋하는 冲이요, 寅申冲과 卯酉冲은 金이 木을 剋하는 冲인데 비해, 辰戌冲과 丑未冲은 같은 五行인 土끼리 冲하는 것으로서 朋冲이라고 한다. 土와 土끼리는 서로 冲해 봐야 부서지거나 무너지기밖에 더하겠나 싶지만 辰戌冲과 丑未冲은 무엇보다도 그 속에 저장되어 있는 支藏干의 작용이 어떻게 일어나는지를 유심히 살펴야 한다. 즉 辰戌丑未의 특성인 庫藏支의 역할이 어떻게 변하는가를 살피는 것이 중요하다.

地支의 변화를 파악하는 과정에서 가장 難解한 것이 辰戌丑未의 작용이므로 앞으로 여러분의 꾸준한 연구가 필요하다. 冲을 쉽게 暗記하는 秘法은 다음과 같다.

寅 申	巳 亥	=	長生	=	驛馬冲
午 子	酉 卯	=	旺支	=	桃花冲
戌 辰	丑 未	=	墓地	=	華蓋冲

즉 위 표에 의거 驛馬冲이면서 12運星의 長生인 寅申巳亥는 寅申冲, 巳亥冲이 되고 桃花冲이면서 旺支인 子午卯酉는 子午冲, 卯酉冲이 되고, 華蓋冲이면서 墓地인 辰戌丑未는 辰戌冲, 丑未冲이 된다. 표를 暗記하면 四柱 전반을 工夫할 때 큰 도움이 된다.

地支冲을 이용하여 怨嗔殺과 鬼門關殺을 쉽게 暗記 할 수 있다.

地支冲	怨嗔殺	鬼門關殺
子 午	子 未	子 酉
丑 未	丑 午	丑 午
寅 申	寅 酉	寅 未
卯 酉	卯 申	卯 申
辰 戌	辰 亥	辰 亥
巳 亥	巳 戌	巳 戌

위 표의 地支冲에서 怨嗔殺과 鬼門關殺이 어떻게 구성되는지 알 수 있다.

① 子午相冲(자오상충)

四柱에 子午冲이 있으면 사물을 대하는 심성은 정직하나 소심한 경향이 있게 되고, 매사에 전전긍긍하는 경우가 많다. 예로 물건을 사거나 팔 때, 처음은 좋아서 쉽게 선택해 놓고 집에 돌아오거나 한참 후에 생각해보면 선택을 잘못한 것 같아 다시 교환을 반복하거나 매매계약을 철회하는 경우이다. 즉 사도걱정 팔아도 걱정을 하는 경우다.

또한 心腸이나 腎臟 계통이 약해서 고생하거나 치질(痔疾)이나 정신 신경계통의 질병이 있게 되며, 한번 질병이 발생하면 잘 치유되지 않는 특징이 있다. 年月에 子午冲이 있으면 본인이나 형제자매 중에서 외국에 기거하는 경우가 많고, 行運에서 四柱에 있는 年月과 子午冲이 이루어지면 자신이 외국에 나가거나 자녀 중에서 해외에 출타하는 예가 많다.

한편 子午冲을 판단할 때 유의할 점은 水火旣濟(水氣가 투간하여 天干을 점하고 地支를 火氣로 데워진 형상)를 이루었는지 火水未濟(火氣가 투간하여 天干을 점하고 地支는 水氣로 차가워진 형상)가 되는지에 따라서 작용력이 달라지니 자세히 살펴야 한다.

수화기제에서 기제란 물은 위에 불은 아래에 있는 상태를 말하는데 이런 경우가 완벽한 조화다. 즉 물이 적으면 불에 날라가 버리고 물이 많으면 불이 꺼지는데 서로 적당히 대립하고 있는 상태다.

우리 인체에 비유하면 심장이 위에 있고 신장은 아래에 있는데 신장의 음기는 위로 올라가 심장의 양기가 과열되는 것을 억제하고 심장의 양기는 신장으로 내려와 차가운 기운을 덥혀주어 조화를 이룬다. 발은 따뜻이 보호하고 머리는 차갑게 하는 것이 바로 이 원리다. 수화기제는 타고나 귀격이고 수화미제는 四柱가 대운,

세운의 힘을 받아 귀격이 되기 위해 노력하는 경우다.

② 卯酉相冲(묘유상충)

冲중에서도 卯酉冲은 원수冲이라 하여 가장 꺼린다. 자기의 실리와 관계될 때는 타인이야 어찌되든 배반할 소지가 많고, 대인관계에서 충돌이 많이 발생하거나, 내가 친절과 호의를 베풀고도 좋은 결과를 얻지 못하고 오히려 욕을 듣게되어 종종 후회하거나 원한을 가지게 된다. 그러므로 卯酉冲은 부부불화는 물론 친인척 사이에 相爭이 많이 발생하고 배반이나 背恩 또한 많다. 그리고 주거의 변동도 남달리 많으며, 日과 時에 卯酉冲이 있으면 말년에 가서 家宅이 없게 되는 경우가 생기기도 한다. 질병으로는 肝, 肺 질환이나 神經痛이 많이 발생하고, 手足을 다칠 염려가 있다.

③ 寅申相冲(인신상충)

寅申冲은 驛馬冲이라고 하여 활동력은 좋으나 너무 서두르는 경향이 많고, 시작은 좋으나 끝이 흐린 龍頭蛇尾격이 많다. 오라는 데는 없어도 항상 분주하며, 매사에 시키지 않은 일에도 적극적으로 앞장서 스스로 고생을 사서하는 일이 많은 것이 특징이다. 일찍부터 직업을 갖게 되는 경향이 많으며, 長男이라 해도 자수성가하는 예가 많다. 歲運에서 冲이 이루어지면 去舊迎新이라 하여 옛 것을 버리고 새것을 탐하게 되어 轉職이나 轉業, 주거변동, 남녀간에 이별사가 있게 된다. 또한 교통사고를 당하거나 원거리로 出他할 일이 생기고, 肝, 大腸, 神經痛 등의 질병이 발생한다.

④ 巳亥相冲(사해상충)

巳亥冲은 긁어 부스럼 낸다고 하지 않아도 좋은 일을 만들어서 걱정하거나 매사에 朝令暮改로 후회하거나 매사에 반복이 많고 소심해지는 경향이 있다. 또한 타인의 일을 도와준다고 자주 간섭한 것이 구설이나 논쟁으로 비화되거나 휘말리게 되어 결국은 후회하는 일이 많게 되니 항상 대인 관계를 신중하게 하여야만 많은 애로를 극복할 수 있다. 巳亥冲이 이루어질 경우에는 폭발이나 화재 또는 교통사고를 주의하고, 泌尿器 질환이나 心腸, 血壓, 糖尿 등에 관한 질병이 많이 발생한다. 歲運에서의 해석(看命)도 같다

⑤ 辰戌相冲(진술상충)

辰戌丑未冲은 朋冲으로 자세히 살펴야 한다. 오히려 庫藏支를 冲하므로써 吉慶事가 발생하는 경우도 많은데, 辰戌 冲은 辰(乙癸戊)中의 乙木과 癸水, 戌(辛丁戊)中의 辛金과 丁火가 相剋하므로 喜忌가 엇갈리는 경우가 많으니 유의하여 판단해야 한다. 四柱에 辰戌冲이 있으면 강직과 과단성을 주장하며 대체로 남녀를 막론하고 과묵하다. 대인관계에 있어서는 남에게 신의를 잘 베풀지만 자신의 일에 곤란한 입장이 생길 때는 속수무책이거나 방관하고, 때로는 힘에 겨운 일을 무리하게 도모하여 곤경에 빠지는 경우가 가끔 있다. 이성관계로 말썽이 종종 발생할 우려가 있고, 男女 모두 婚事에는 한번으로 쉽게 성립됨이 적고, 貴人의 도움을 받기 힘들어 일명 孤獨의 冲이라고도 한다. 특히 歲運이 不吉하면 졸지에 몰락하거나 명예를 잃어버리지만, 좋은 四柱를 이루고 歲運을 잘 만나면 高貴한 위치에 오를 수 있다. 胃腸, 腎臟 및 皮膚 질환이 많이

발생하고, 田宅이나 토지에 관련된 官災, 口舌, 訟事, 鬪爭사건 등이 많이 일어난다.

⑥ 丑未相冲(축미상충)

丑未冲은 상친상소(相親相疏) 冲이라 하여 자칫하면 형제나 친구 또는 친척들과 멀어지거나 疏外 당하기 쉽고, 내가 가진 것이 있을 때는 주변에 사람이 많이 모이고 좋으나, 자신이 실패했을 때는 모든 인간관계가 물거품과 같이 냉정하게 변하니, 四柱에 丑未冲이 있는 사람은 친족간의 화목과 가정경제를 위하여 무엇보다도 배우자를 잘 선택해야 한다. 그래야 歲運이 불길할 때도 배우자의 助力으로 기반을 닦는 계기를 마련할 수 있다. 한편 형제 친척관계에서 도움을 주거나 친절을 베풀어도 功德이 적고, 재산 관계 때문에 원한을 사거나 의외로 손재수가 많으니 매사에 速斷이나 速決 처리보다는 천천히 생각하고 느긋하게 처신해야 한다. 질병은 胃腸, 소화기(消化器) 계통에 유의해야 한다.

⑦ 冲의 특성과 유의점

冲에는 비다·공허하다·가운데 등의 뜻이 있다. 冲은 깨어지고 손상되는 것으로, 冲이 있게 되면 冲을 당하는 天干이 큰 피해를 입게 되니 주로 凶한 것으로 본다. 그러나 冲이라고 해서 무조건 나쁘다고 볼 것은 아니다. 나쁜 작용을 하는 者가 冲을 당하면 그 凶의 작용이 약해지므로 오히려 吉해질 것이 아닌가. 冲은 剋 작용이 極에 이른 것이다. 陽은 生의 이치를 가지고 있고 陰은 極의 이치를 가지고 있어서, 陽이 陰을 剋하는 것에는 여유가 있지만, 陰이 陽을 剋하면 그 剋의 정도가 강렬해진다. 五行으로 金이 木을, 水가 火를 陽대 陽, 陰대 陰으로 剋하는 것을 冲이라고 하며, 그 중에서도 陰이 陰을 冲하는 것이 凶意가 더 크다.

冲을 七冲이라고도 하는데, 天干의 冲은 항상 일곱 번째 干과 冲을 하며, 地支 역시 마찬가지로 일곱 번째 地支와 冲을 하기 때문이다. 陰陽이 동일하면서 나를 剋하는 六親을 偏官이라 하고 偏官을 다른 명칭으로 七殺이라 부르기도 하는데, 이는 冲의 수리에서 기인한 이름이다. 冲은 剋과는 다르다. 剋은 서로가 제어하고 통제하고 혐오하고 압력을 받는 것이고, 冲은 剋에 의하여 서로 간에 일정한 변화가 생기는 것이다. 甲은 庚과는 冲의 작용이 되지만, 辛과의 관계를 冲이라고 하지 않는다. 冲을 干支순으로 살펴보게 되면, 剋을 하는 干支를 지나서 冲을 만나게 되는데, 冲이 되면 剋에 의해 암시가 되어 있던 길흉의 작용이 외부로 드러나게 된다. 즉 冲이 되려면 陰陽의 조건은 陰은 陰 陽은 陽으로 되어야 하고 五行상 剋의 조건이 되어야 하며 方位상 조건은 반대 방위가 되어야 한다. 그래야 冲이라 논한다.

天干에 冲이 이루어지면 地支도 함께 영향을 받고, 地支가 冲하면 天干도 움직이게 되는데, 天干冲은 그 영향력이 가벼워 四柱에 큰 영향을 주지 않지만 그 속도가 빠르게 나타나고, 地支冲은 뿌리가 흔들리는 격으로 영향력이 크게 작용한다. 또한 天干에 相剋이나 相冲이 있는데 地支도 冲하게 되면 天剋地冲이라 하여 그 영향력은 어느 때보다도 강하게 나타난다.

寅申巳亥 長生支의 冲은 변화가 빠르고 속히 일어나며, 子午卯酉 四旺支의 冲은 그 영향력이 크나 변수가 있으니 자세히 살펴

야하고, 辰戌丑未 四庫支는 冲이 있어야만 창고를 열고 활용하게 된다.

辰(乙癸戊) 창고 안에 있는 乙木과 癸水를 꺼내어 사용하기 위해서는 戌(辛丁戊)이란 열쇠가 필요해 辰은 戌과 冲이 되어야 그 속의 支藏干을 제대로 활용할 수 있다. 즉 冲이 없으면 창고 속에 보관된 상태와 같은 것이다. 丑(癸辛己)中 癸水와 辛金 역시 未(丁乙己)란 열쇠가 없이는 사용하지 못한다. 그러므로 辰중 癸水와 乙木이 妻 또는 남편이 되거나 四柱에서 필요로 하는 用喜神이 될 경우, 戌(辛丁戊)生이 배우자가 되거나 귀인이 되는 경우가 많다. 丑(癸辛己)土 역시 마찬가지로 丑中 癸水나 辛金이 배우자이거나 용희신에 해당하면 未(丁乙己)生이 이에 해당된다. 戌土와 未土는 뒤집어서 해석하면 되는데, 단 辰戌丑未가 天干의 뿌리가 될 경우 冲이 되면 오히려 그 뿌리가 傷하니 유의하여 잘 살펴야 한다.

두 개의 戌이 한 개의 辰을 冲하는 것은 무방하나, 세 개이 戌이 한 개의 辰을 冲하면 破庫가 되어 그 속의 支藏干을 無用之物로 만드는 경우가 있으니 잘 살펴야 한다. 丑戌未의 다른 庫地의 冲도 마찬가지이다.

正官, 正印, 正財, 食神 등의 吉星이나 用喜神 등이 큰 세력으로 인한 파괴 없이 冲을 하거나, 약한 忌神이 강한 用喜神을 冲하면 발동, 개척, 분발 등으로 더욱 발전하지만 先吉後敗하는 수도 있으니 잘 살펴야 한다.

강한 忌神이 약한 用喜神을 冲하면 손재나 부상, 파산, 충돌사고 등이 일어나는데, 여기에 傷官, 七殺(偏官), 偏印, 羊刃이나 刑破害 등이 가세하여 冲하면 중대한 재난이나 사고가 일어난다. 즉 사업부도, 官災訟事, 重病手術, 死別, 殺傷 등이 있게 된다.

近冲은 冲力이 강하고, 遠冲은 冲力이 약하다. 또한 近冲은 작용력이 直發하나 遠冲은 動搖만 일어날 뿐이고, 旺神을 冲하면 大怒하고 死絕神을 冲하면 死滅한다.

四柱에 寅申巳亥나 子午卯酉 또는 辰戌丑未 등의 특성이 같은 地支가 모두 있어 四冲이 이루어지면 冲으로 간주하지 않는 경향이 있으며, 특히 寅申巳亥나 辰戌丑未 冲을 다갖춘 男子 四柱는 大富大貴할 수 있는 命으로 보나 女子 四柱일 경우는 반대로 해석하는 경우가 많다.

寅申冲이나 巳亥冲이 있는 四柱은 대체로 마음이 크나 걷잡지 못하고, 다정다감한 것이 病이 되어 타인의 일에 간섭하여 쓸데없는 禍를 자초하고, 매사에 有始無終하여 결과가 시원치 않고 마무리가 잘 안되며, 직업변동이나 이사 등 지역변동이 많다.

子午冲과 卯酉冲은 마음이 곧고 직선적인 성격인데, 자주 흔들리거나 불안해하는 경우가 많다. 극한적인 투쟁이나 배신으로 원한이 쌓이게 되고, 주거가 불안하거나 신병이 많이 따른다. 子午卯酉는 沐浴(桃花)에 해당하므로 애정관계의 문제가 발생하는 경우도 많다.

辰戌冲과 丑未冲은 朋冲으로 지역변동은 많지 않으나 내부의 이동이나 정리가 일어나므로 支藏干 속에 있는 天干끼리의 묘한 작용을 잘 살펴야하며, 항상 타인을 능가하려는 심성과 함께 고집이 세고 냉혹한 점이 많다.

天干은 합이 되고 地支는 冲이 될 경우, 외합내소(外合內疎)라 하여 겉으로는 화목하고 생산적인 것 같으나 속으로는 곪은 상태로

서로 갈등이 심한 관계가 되고 天剋地合은 이와 반대로 외소내친(外疎內親)이다.

　冲 옆에 合이 있으면 冲의 작용력이 약해지고 合의 작용력이 나타나나 合이 깨지면 冲 역할이 살아난다.

　四柱에서 冲하는 기운이 외부에서 들어오면 外冲이라 한다. 예컨대 四柱 내에 午가 있는데 運에서 子가 와서 冲하는 것을 外冲이라 한다. 外冲은 사건의 발단이 외부에서 비롯됨을 뜻한다. 만약 사주 내에 酉가 있고 運에서 卯를 만나면 사주 내부에서 외부를 冲하는 것인데, 사건의 원인이 내부에서 비롯됨을 알 수 있다. 月支는 사회적인 문제의 宮으로 보고, 日支는 가정적인 문제의 宮이 되는데, 月支가 日支를 冲하게 되면 사회적인 문제가 개인 가정적인 문제를 冲하는 것이 된다. 이런 四柱는 사회적인 일이 개인 가정사보다 우선하는 사고를 가지므로, 가정보다 직장이나 사회생활에 치중하는 성향을 갖게 된다. 內冲은 길흉작용이 신속하게 나타나고, 外冲은 길흉작용이 더디게 나타난다.

　巳亥冲이 있는데 天干에 丁이나 癸가 있으면 冲力이 약해진다. 巳의 支藏干은 戊庚丙이고 亥는 戊甲壬이다. 丁壬合과 같은 暗合작용이 일어나기 때문이다.

14. 怨嗔殺(원진살) : 같이 살아도 싸우고 헤어져도 원수가 되는 殺이다.

　怨嗔殺은 불화, 증오, 고독, 원망, 이별 등이며 알면서도 헤어지지 못하고 원망하며 삶을 살게 됨을 암시한다. 정신적 측면에서 보면 신경쇠약이고 정신질환을 겪는다. 五行이 怨嗔殺이 해당되면 그 五行에 해당하는 六親에 어려움이 있거나 장애가 따르거나 짜증나는 일이 일어남을 암시하다. 怨嗔이란 暗藏에 合이 있어 서로 떨어지지 못하면서 서로가 서로를 끊임없이 자극을 하여 마음의 평안을 이루지 못하게 하는 글자를 말하는 것이다.

① 宮合法에 주로 凶殺로 看命하는데 男女의 四柱을 비교하여 추명할 때 서로 怨嗔에 해당하고, 刑冲 등이 함께 있으면 불구자식을 생산하거나, 양육 중에 장애자가 되는 자식이 생기기 쉽다.
② 女子 四柱에 怨嗔이 劫殺이나 亡身殺 또는 羊刃 등과 同宮하면 용모가 아름답더라도 비천하거나 음란하며, 예법을 몰라 매사에 천박하게 행동하거나, 色慾에 눈이 어두워져 천한 아랫사람과도 불륜관계를 맺으며, 行運에서 다시 刑冲하면 이로 인한 禍가 심해져 형액이나 損財, 身厄 등을 면하기 어려우며 그 禍가 重하다. 또한 자기 꾀에 자기가 넘어가거나 자기가 파놓은 함정에 자기가 빠지기 쉬우니, 언행을 대단히 주의하고 인격수양에 힘써야 한다.
③ 怨嗔은 일명 대모살(大耗殺)이라고도 하는데, 財星이 怨嗔에 해당되고 行運에서 다시 怨嗔을 만나면 재물이 바람에 날아가듯 손해를 보거나 파산하기 쉽다.
④ 官星이 怨嗔과 함께 惡殺에 해당하면 外風이나 구설로 직위가 흔들리거나 좌천, 징계 등이 예상되고, 타인의 잘못으로 인한 책임이나 타인의 죄를 자신이 대신 받거나 뒤집어쓰는 억울한 누명을 당하는 의외의 禍를 입는 경우가 많다.

⑤ 食神이나 傷官이 怨嗔에 해당되면 매사에 입조심과 비밀유지를 철저히 해야한다. 말로 인한 시비나 구설이 끊이지 않고 괜히 씹는 사람이 따라다니며, 男子는 妻家와의 갈등이나 시비에 휩싸이기 쉬우니 조심해야 한다.
⑥ 怨嗔이 忌神일 때 合이 되면 凶이 해소되나 冲破가 되면 財厄이 발생한다. 그리고 四柱의 忌神이 行運에서 怨嗔이 될 때는 吉하고, 喜神이 怨嗔에 해당할 때는 凶事가 발생하는 경우가 많다.
⑦ 男女 공히 日時 怨嗔을 주로 보는데, 四柱에 日時가 怨嗔이면 부부간이나 자식과의 불화 및 투쟁은 물론 별거나 이별이 예상되며, 같이 살더라도 한 지붕 속의 별거 상태이거나, 그렇지 않으면 한 쪽의 몸이 약해지거나 고질병에 시달리는 경향이 있다. 특히 女子의 月日支에 있는 財星이 怨嗔에 해당되면 시어머니와의 불화나 갈등으로 항상 다투게 되며 日時의 食傷이 怨嗔에 해당되면 자식하고 계속 우환이 생기거나 産厄의 후유증으로 병약해질 염려가 있다.
⑧ 年月이나 月日의 怨嗔은 부자간이나 형제, 친척간의 갈등이나 相爭이 발생한다.
⑨ 四柱에 怨嗔이 두 개 있거나 雙怨嗔을 이루고 있는데, 또 行運에서 怨嗔이 되거나 行運이 나쁘면 凶禍가 증가한다.
⑩ 子未怨嗔은 양의 배설물이 조금만 쥐에 묻어도 몸이 썩어 들어가 쥐는 양을 싫어한다.
⑪ 寅酉怨嗔은 닭이 울면 귀신과 호랑이는 민가에서 물러가므로 닭을 싫어한다.

⑫ 丑午怨嗔은 소는 일하는데 말은 게을러서 싫어한다.
⑬ 卯申怨嗔은 원숭이 엉덩이가 빨간색인데 토끼 눈이 빨게 싫어한다.
⑭ 辰亥怨嗔은 용의 코가 넓적한데 돼지가 닮아 싫어한다.
⑮ 巳戌怨嗔은 금속성의 개 짖는 소리를 뱀이 들으면 허물을 벗다 죽으므로 개를 싫어한다.
⑯ 怨鬼 = 怨嗔殺(원진살) + 鬼門關殺(귀문관살)

怨嗔殺					
子未	寅酉	丑午	卯申	辰亥	巳戌
鬼門關殺					
子酉	寅未	丑午	卯申	辰亥	巳戌

15. 鬼門關殺(귀문관살)은 怨嗔殺보다 강하다

　四柱에 鬼門關殺이 있으면 매사 한 가지 일에 집착하고 몰두하는 현상이 생기는데 간단히 생각할 것도 편집증적인 생각을 가지고 매달린다. 예를 들어 의처증이나 의부증 같은 것도 너무 관심을 가지다 보니 생기는 것인데 鬼門關殺은 요즘시대에 적절하게 적용할 수 있는 신살 이라고 할 수있다.

　鬼門關殺에 나타나는 특성은 첫째, 감성과 이성이 많이 교차하며 따라서 이랬다 저랬다 변덕스럽고 종을 잡을 수 없다. 둘째, 偏執症적인 사고를 가지다 보니 착각을 잘한다. 셋째, 원망과 불평불만을 많이 하며 조금만 소홀히 해도 상대를 원망하고 그 원망이 지나쳐 배타심과 증오심을 키우고 저주한다. 넷째, 대화가 안 되며 설명을 해도 안통하고 일방적이다 못해 폭력적이다. 다섯째, 매사에 정신적으로 반복현상이 심해 과거의 일을 들먹여 상대를 피곤하게 하거나, 대수롭지 않은 일을 가지고도 사람을 들볶는다. 여섯째, 엉뚱한 생각을 하고 그것에 빠지거나 자칫하면 정신착란 증세가 나타날 수 있다. 일곱째, 이중적인 정신구조를 가지고 있을 수 있다. 鬼門關殺은 怨嗔과 비슷한데 子未, 寅酉, 辰亥, 巳戌, 卯申, 丑午 怨嗔에 子酉, 寅未가 더 추가된다.

　鬼門關殺이 생기는 때는 첫째, 사주 내에서 水火가 相爭 할 때, 둘째, 金木이 相爭 할 때, 셋째, 調候가 안되어 있을 때 넷째, 印星이 약하거나 깨져 있을 때이다 鬼門關殺은 머리가 좋은 사람에게 더 생기며 항상 두 마음이 있고 내적으로 열등감, 콤플렉스, 그에 대한 반발심을 가지고 있는 것이라 하겠다. 鬼門關殺이 있는 부부가 이혼을 하게 되면 평생 원수지간이 된다. 鬼門關殺은 과거로 향한 회귀성이 있으며 과거에 대해 집착을 한다. 鬼門關殺이 있으면 병원에 가도 치유가 안 된다.

　鬼門關殺을 각각 나누어 설명하면 子酉, 子未 鬼門關殺은 동자신이나 선녀신의 장난같이 애들 같은 짓을 많이 하며 주기적으로 떼쓰듯이 발동한다. 변덕이 심하고 요즘말로 공주병 증세가 있다. 丑午 鬼門關殺은 客死나 凶死한 귀신, 몹쓸 병으로 죽은 귀신의 장난과 같이 폭력적인 기질을 나타내며 과격한 것이 특징이다. 자칫하면 음독자살이나 분신자살을 할 확률이 높은데 남자에게 많다. 寅酉·寅未 鬼門關殺은 어른 귀신, 늙은이 귀신의 장난과 같이 나이가 많은 사람이 넋 놓고 혼자 멍하니 앉아 있는 것과 같은 행동을 보이며 눈동자가 풀어져 있는 것이 특징이다. 도사인 척, 어른인 척, 점잖은 척하며 '예와 아니오'가 불분명하다. 평소 얌전히 가만히 있다가 갑자기 사고를 내며 일을 저지르는데 이 역시 남자에게 주로 많다. 卯申 鬼門關殺은 장군 귀신, 桃花殺 귀신과 같은 특성으로 잘난 척을 잘하고 자기과신을 많이 한다. 매사에 급하고 즉각 반응을 일으키며 허세를 많이 부리고, 허풍이 세며 주변 사람 얘기를 많이 한다. 자기는 항상 옳고 남들이 이상하다고 무시한다. 辰亥 鬼門關殺은 처녀 귀신, 애낳다 죽은 귀신과 같이 상당히 까다롭고 앙칼지며 사나운 성질이 있다. 대인 기피증이 있으며 폐쇄적이고 결벽증이 있으며 히스테릭하며 자기 소속감이 너무 강해서 남을 터부시한다. 자기하고만 친해야 한다는 욕구가 강하여 女子의 경우 男便과 子息 밖에 모른다. 巳戌 鬼門關殺은 애 못 낳고 죽은 귀신, 無子 귀신, 도사 귀신과 같이 寅酉와 비슷하며 성격이 능구렁이 같고 음흉하다. 고집이 세고 자기 주장만 내세우며 갑자기 사람이 돌변하기도 한다. 鬼門關殺은 女子들에게 많으며 인물이 좋은 여자들에게 더 많이 나타난다. 鬼門關殺이 있는 사람에게 제일 필요한 것은 그 사람을 받아주는 것이다. 이해하고 받아주며 속의 것을 꺼내서 대화를 할 수 있게 표현할 수 있게 해주어야 하는데, 그렇지 못하고 속으로 앓으면 문제가 더 커진다. 鬼門關殺이 있으면 속으로 화병이 생기며 우울증이나 스트레스가 쌓인다. 그러므로 건전한 취미생활이나 여가를 즐겨 정신을 어느 한쪽에 쏟을 수 있는 방향으로 돌리는 것이 좋다. 鬼門關殺은 年運에서도 이루어지는데, 年運에서 鬼門關殺이 이루어지면 매사가 늦춰지거나 미루어지는 경향이 있다. 될 듯 말 듯 매사가지지 부진한 현상이 나타나고 미래에 대한 막연한 불안감이 생기며 판단력을 상실한다. 대체적으로 대인관계에서 상대에게 억울한 생각을 많이 한다. 그리고 나를 알아주었으면 하는 마음을 가진다. 남에게 많이 의존하면서도 남을 의식해서 자신은 항상 완벽하게 행동하려 하거나 자기가 소속한 대인관계 이외에는 폐쇄적이고 대인 기피증이 있다. 鬼門關殺이 있는 사람은 행동에 비밀이 많아서 가까운 사람만이 문제를 의식할 수 있으므로, 따라서 속의 것을 꺼내 표현하고 하소연할 수 있게 해줘야한다. 마지막으로 신앙을 가지는 것이 좋다. 종교생활을 통해 마음의 안정을 취하는 것도 바람직한데, 盲信者가 될 소지가 있으므로 조심해야 한다. 鬼門關殺이 있는 사람이나 정신이상자 무속인 등은 어떤 氣가 흐르고 있다. 그래서 그 氣를 잡아 줄 수 있는 사람에게는 자기의 것을 전부 풀어놓는데 아무에게나 말하지 않는다. 鬼門關殺이 있는 사람은 무조건적으로 혼내면 안되고 달래주어야 한다. 자기 스스로 자신의 마음을 잘 다스릴 수 있게 해주어야 한다.

16. 天門星(천문성)을 天羅星(천라성)이라고도 한다.

天門星은 戌亥가 같이 있을 때 적용된다. 하늘을 드나드는 것이라 하여 정신적인 면이 뛰어나다. 독특한 정신, 도닦는 능력, 신앙, 活人業, 역학, 무당, 의사, 기공술, 수련, 수행 등을 의미하는데, 종교인 쪽에도 인연이 있다.

17. 天干冲(천간충)을 七冲(칠충) 또는 七殺(칠살)이라 한다.

天干의 冲은 天干의 배열에서 7번째 만나는 天干끼리 冲이 된다. 天干 冲의 특징은 두 天干이 相剋관계는 물론이요, 두 天干의

陰陽도 같다는 것이다.

예를 든다면 甲木과 庚金이 冲이 되는데 甲木은 陽木으로 十干의 첫 번째요, 庚金은 天干의 일곱 번째 나오는 陽金으로 庚金이 甲木을 剋하는 형태입니다. 다음 乙木은, 乙木에서 7번째 天干인 辛金과 冲이 되고 丙火는 壬水와 冲, 丁火는 癸水와 冲이 되는데 나머지 戊土와 甲木, 己土와 乙木, 庚金과 丙火, 辛金과 丁火, 壬水와 戊土, 癸水와 己土 등은 冲보다는 相剋으로 보는 것이 타당하다.

그러므로 天干冲은 甲庚冲, 乙辛冲, 丙壬冲, 丁癸冲 있다. 天干冲은 地支冲에 비해 작용력이 빨리 일어나며, 심리적인 갈등과 함께 직장이나 사업 등의 외형적인 변화와 대인관계의 변화를 나타낸다.

(天干冲 = 七冲 = 七殺 조건표)

天干冲	甲	乙	丙	丁	戊	己
	庚↓冲	辛↓冲	壬↓冲	癸↓冲	甲↓剋	乙↓剋

① 甲庚冲은 관제구설, 다툼재판을 의미한다.
② 乙辛冲은 가정불화, 문서분실을 의미한다.
③ 丙壬冲은 비밀폭로, 금전손해를 의미한다.
④ 丁癸冲은 관재구설, 손재재판을 의미한다.

18. 六破殺(육파살)

　破란 잘못된 부분을 '정리한다, 다듬는다, 분리한다, 파괴(부순다)한다'는 뜻으로 冲, 刑, 害 작용의 최종마무리 작업이라 할 수 있다. '파괴는 건설의 어머니'란 역설적인 말처럼, 새로운 발전과 건설을 위하여 잘못된 것을 처리하는 과정과 같은 것이다. 예를 든다면 주택건축 공사에서 성분배합이 잘못된 불량 콘크리트를 썼다가 잘못을 시정하기 위해다시 헐어버리는 것이나, 조각품이 조각가가 본래 의도한대로 잘 안되어 매끄럽지 않은 부분이나 튀어나온 부분을 정교하게 다듬어서 완벽한 조각품으로 완성시키는 일과 같은 것이 破의작용이라 하겠다. 즉 破는 初志一貫이라는 말과는 정반대로 중간에 계획을 수정하거나 진로를 바꾸고, 또 의외의 사건이 일어나는 것이다. 四柱를 해석할 때 破의 작용은 일상생활에서는 직업이나 계획하는 사업 또는 추진하는 일 등의 변경이나 이동 및 분리 작용을 하며, 질병이나 정신적인 면에서는 절단이나 수술, 치료, 완치 등의 작용을 하는데, 대인관계 면에서는 그리 큰 작용을 하지 않는다. 작용력의 강약은 破만 독립하여 보면 合이나 刑, 冲, 害보다 작용력이 약하나, 刑冲害가 함께 가세하게 되면 그 영향력은 엄청나게 커지고 사건의 결과가 의외로 확대되는 수가 있다. 예를 들면 子午冲이나 子卯相刑殺이 있는데 子酉破殺이 끼여 들면 본래의 冲刑 작용보다 훨씬 큰 영향력이 四柱八字에 발생한다. 六破殺은 12地支인 子丑寅卯辰巳午未申酉戌亥에서 陽支는 앞으로 전진 후 10번째와 六破殺이 되고 陰支는 앞으로 전진 후 4번째와 六破殺이 된다. 이를 그림으로 보면 아래와 같다. 꼭 暗記해야 한다.

陽支 전진 후 10번째

子	丑	寅	卯	辰	巳	午	未	申	酉	戌	亥
①									⑩		

陰支 전진 후 4번째

子	丑	寅	卯	辰	巳	午	未	申	酉	戌	亥
	①			④							

陽支 전진 후 10번째

子	丑	寅	卯	辰	巳	午	未	申	酉	戌	亥
		①									⑩

陰支 전진 후 4번째

子	丑	寅	卯	辰	巳	午	未	申	酉	戌	亥
			①			④					

陰支 전진 후 4번째

子	丑	寅	卯	辰	巳	午	未	申	酉	戌	亥
					①			④			

陰支 전진 후 4번째

子	丑	寅	卯	辰	巳	午	未	申	酉	戌	亥
							①			④	

六破殺

子	丑	寅	卯	巳	未
酉	辰	亥	午	申	戌

즉 子酉, 丑辰, 寅亥, 卯午, 巳申, 未戌이 六破殺이다.

① 子酉 六破殺은 일상생활에서 믿었던 약속이 깨지거나 이행되지 않아 신의가 추락하거나 애를 태우는 경향이 있다. 특히 매매나 취직, 금전거래 등에서 믿고 있던 결과가 상대방의 갑작스런 사정으로 약속을 위반하는 일이 생겨 깨지는 상태로, 四柱에 六破殺이 있는데 行運에서 다시 六破殺를 만나면 가중해서 작용이 일어나 계획과 업무추진에 혼란을 가져오게 되는 경우가 많다. 질병으로는 酉를 세균으로 보는 까닭에 子水에 관련되는 腎臟, 泌尿器계통의 질환 즉 생리불순, 尿道炎, 膀胱炎, 전립선염, 子宮癌, 腎臟炎 등이 발생하거나 수술 할 수가 있고 神經痛, 요통(腰痛), 肺疾患이 염려되며 酒色雜技나 不倫으로 인한 사건이 발생하기도 한다.

② 丑辰 六破殺은 매사를 조급하게 시도하거나 경험이 없는 일에도 자신의 능력을 과신하거나 무리한 욕심을 내어 사업이나 어떤 일에 손을 대다가 명예와 재산을 손상시키거나 가정파탄을 가져오는 경우가 많다. 日支에 六破殺이 있고 行運에서 다시 六破殺을 만나면 남자는 因妻破財라 하여 처가 분수에 넘치는 일을 저질러 재산상의 손실을 보게 되며, 女子는 남편의 사회적인 물의로 가정이 흔들리는 애로가 겪게 된다. 사건으로는 주변과의 경계선 다툼이나 축대 붕괴 등의 사고, 택지정리, 가택수리, 조경 등을 새로 하거나, 앞에 열거한 일들이 오랫동안 끌어오던 사건이라면 의외로 쉽게 해결되거나 결말이 나기도 한다. 질병으로는 胃腸, 脾臟, 盲腸炎이나

腹膜炎 등의 질병이 발생하거나 수술경험이 있고, 皮膚습진(濕疹)이나 冷病 등을 앓게 된다.

③ 寅亥 六破殺은 寅亥合과 동시에 六破殺이 이루어지기 때문에 작용력이 六破殺 중에서 제일 약한 것으로 판단된다. 先合後破 작용이 일어나며, 특히 行運에서 寅亥合을 깨는 運이 올 때 미묘한 작용력이 발생한다. 男子는 처가, 女子는 본인이 자궁수술을 받게 되거나 유산, 임신중절, 단산수술을 하게 되며 방광염(膀胱炎)이나 담석증(膽石症)이 발생한다. 寅亥처럼 合과 破 또는 合과 刑, 破 등이 동시에 성립될 때는 우선 合의 작용을 먼저 해석하고, 破와 刑 등의 작용도 항상 대기상태로 있다는 것을 염두에 두고 行運을 잘 살펴 추명 해야 한다.

④ 巳申 六破殺은 동시에 巳申合도 되고 巳申刑도 이루어진다. 그러므로 처음에는 合의 작용이 먼저 일어나 화합, 단합, 합의, 동업 등으로 일이 순조롭게 처리되나 도중에 의견충돌, 불화, 배신, 투쟁이 발생하는 刑, 破 작용이 나타나 일이 꼬이거나 손재, 파산, 분리, 이별 등을 야기한다. 한마디로 말해 복잡하고 미묘한 작용을 하는 二重 요소가 있으니 자세히 살피고 行運의 변화도 잘 살펴야 한다. 질병으로는 小腸계통과 心腸 계통의 질병이 발생하거나 수술이 염려된다.

⑤ 卯午 六破殺은 風火와 같아서 마치 불난 곳에 바람이 몰아치는 현상으로 이해하면 된다. 매사에 신중하지 못하고 속전속결로 처리하거나 배후의 힘을 너무 믿고 안이하게 임하다가 실패하거나 손해를 보는 경향이 있으니 조심해야 된다. 四柱에 卯午 六破殺이 있는 사람은 매사에 시간적 여유를 가지

고 계획을 세우는 것은 물론이요, 자신의 능력과 입지적 조건을 냉철하게 판단하고 침착하게 행동하여 절대로 過慾하는 일이 없도록 해야한다. 男女를 막론하고 行運에서 다시 六破殺를 만나게 되면, 건강도 유의해야 하지만 특히 도박이나 유흥 그리고 색정관계로 방탕해져 손해는 물론 명예를 실추하게 되고 또 공금횡령이나 뇌물수수 사건에 말려드는 불상사가 따른다. 질병으로는 眼疾 즉 視力장애나 亂視, 白內障(백내장) 등으로 고생하거나 肝腸 계통의 질환으로 시달리기도 한다. 또 화재나 폭발사고 등도 조심해야 한다.

⑥ 未戌 六破殺은 동시에 未戌刑이 성립하므로 刑破의 작용력이 다른 것에 비해 크게 나타난다. 거래관계나 주객관계 또는 주종관계에서 의외의 시비나 구설, 질투, 모함 등이 따르고 서류나 문서로 인한 착오, 또는 실수로 인한 사고가 발생한다. 대인관계 면에서는 서로 이용하려는 심리에서 생기는 배신이나 실망감으로 투쟁이 생기고, 인간적인 정과 인격을 믿고 한 일이 賊反荷杖으로 배반을 당하거나 억울한 누명을 뒤집어쓰기도 한다. 특히 行運에서 다시 刑이나 破를 만나면 그 작용력이 더욱 강해져 결정적인 사건이 발생하기도 한다. 질병은 神經衰弱 증세나 偏頭痛, 노이로제, 조울증 등 정신신경계통 질환에 시달리거나 좌골신경통, 요통으로 인하여 고생하거나 입원하는 일이 있게 된다.

六破殺은 변동, 정리, 파괴를 주장하는 작용이 강하기 때문에 개인 사업이나 공무원, 회사원 등 장기적으로 직장생활을 하는 사람에게는 行運이 凶할 때는 파산, 전업, 좌천, 해임,

파면 등으로 좋지 못하나, 한편으로는 잘못된 부분을 교정하여 알맞은 상태로 만드는 의미도 있어 장기질환이나 고질병으로 시달리던 사람은 의외로 六破殺運에 회복되거나 완치되는 수가 있으니 자세히 살펴야 한다. 즉 四柱에 凶神이나 忌神을 破하면 오히려 吉하고 吉神을 破하면 凶하게 된다. 年의 六破殺은 분묘 이장이나 조상터의 변동, 離鄕이나 직업변동을 의미하고 주택 담장이나 외관의 수리가 있게 된다. 月의 六破殺은 주택이나 전답, 건물 등의 수리나 정리 또는 직업변동이나 사업장의 이전 및 수리가 발생한다. 日의 六破殺은 妻나 남편 또는 자기 신변에 수술이나 사고 등의 변화나 부부불화가 생기니 日의 六破殺의 작용력이 제일 크다고 하겠다. 時의 六破殺은 점포 내부나 주택의 실내 등에 변화를 가져오거나 아랫사람이나 거래처에 문제가 생긴다. 六親으로 六破殺의 영향력을 보면 官星이 六破殺하면 말 그대로 좌천이나 파직, 파면, 해고 등을 의미하고, 財星이 六破殺이 되면 손재나 妻에 관한 憂患이 발생하고, 印星이 六破殺하면 계약이나 문서의 수정, 해약 또는 인허가 사항의 취소나 해결을 의미하고, 比劫이 六破殺이 되면 동업이 깨지거나 믿는 도끼에 발등을 찍히는 식의 배신을 당하는 일이 생기고, 食傷이 六破殺이되면 주거지나 주택에 사건이 생기고, 부하나 아랫사람(자식포함)으로 인한 골치 아픈 일이 발생하거나 손해를 보게 되고 직장에 파란이 생긴다.

六破殺을 가지고는 辰戌丑未 庫藏支에 있는 것을 開庫하여 사용하지 못한다. 그 이유는 庫藏支는 刑冲으로만 開庫하여 사용할 수 있기 때문이다.

19. 六害殺(육해살)은 六親之害(육친지해)라고도 한다.

六害殺이란 없어야할 방해물이 중간에 끼어 이간질하거나 모리배처럼 투서로써 쌍방의 단합을 방해하고 피해를 주는 것으로서 地支 六合을 깨뜨리는 것이다. 六合의 相冲되는 地支로서 은혜 중에 害를 生한다는 뜻으로 가까운 사람과의 질투(嫉妬), 暗害, 謀略, 攻擊, 鬪爭, 訴訟 등을 의미한다. 六害殺은 아래 그림과 같이 성립한다. 반드시 暗記해야 한다.

① 子丑合土의 合을 깨는 六害殺

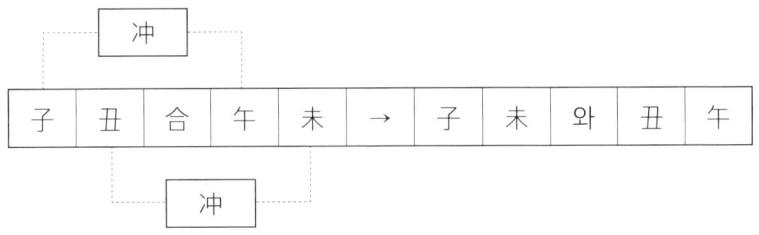

子丑合土의 合에 충을 일으키는 午未가 와서 子午冲, 丑未冲으로 사이를 갈라놓고 子未와 丑午로 六害殺을 발생시켰다.

② 寅亥合木의 合을 깨는 六害殺

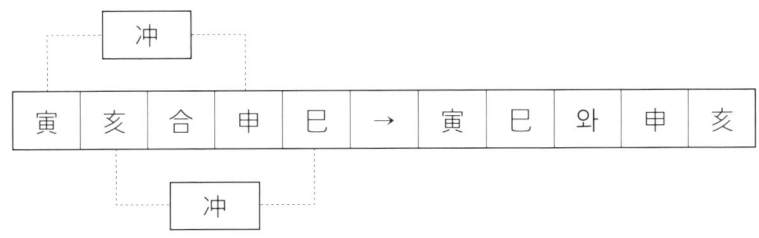

寅亥合木의 合에 冲을 일으키는 申巳가 와서 寅申冲, 巳亥冲으로 사이를 갈라놓고 寅巳와 申亥로 六害殺을 발생시켰다.

③ 戌卯合火의 合을 깨는 六害殺

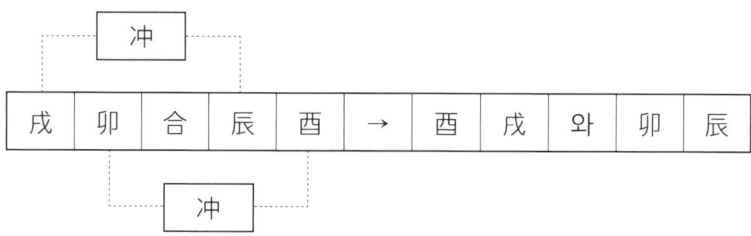

戌卯合火의 合에 冲을 일으키는 辰酉가 와서 辰戌冲, 卯酉冲으로 사이를 갈라놓고 酉戌과 卯辰으로 六害殺을 발생시켰다. 즉 子未, 丑午, 寅巳, 申亥, 酉戌, 卯辰이 육해살이 된다. 지지충, 지지육합, 육해살은 다음 도표와 같다. 暗記해야 한다.

地支冲		地支六合			六害殺			
子	午	子	丑	合	土	子	未	丑	午
丑	未	寅	亥	合	木	寅	巳	申	亥
寅	申	卯	戌	合	火	酉	戌	卯	辰
卯	酉	辰	酉	合	金	酉	戌	卯	辰
辰	戌	巳	申	合	水	寅	巳	申	亥
巳	亥	午	未	合	無	子	未	丑	午

한편 반대로 이 말을 거꾸로 해석하면 相冲되는 地支를 合으로서 후원해주는 것이 六害殺이다. 즉 子午冲인데 未가 끼여 들어 午未合으로 午火를 합으로 만들어주고 子水 입장에서는 未土가 나

의 적인 午火를 合으로 도와주는 원수와 같아 복수와 공격을 유발하는 적대의식이나 증오가 발동된다.

다른 예로 寅申相冲인데 亥水가 들어오면 寅亥合木은 地支六合으로 강해지지만 申金은 외톨이가 되는 꼴로 亥水에 대한 적개심이 생겨 申亥害가 되는 것이다. 六害殺의 害의 작용은 刑冲破보다는 그 영향력이 보편적으로 약하나 주로 六親간에는 강한 작용을 행사하여 六親之害(육해살)라고도 한다. 六害殺은 형제, 동료, 친인척간에 무정하고 서로 방해하는 역할로 위치로는 日時의 害를 주로 보며 凶神이나 惡殺과 同宮하면 그 영향력이 더 강해진다. 또한 六害殺은 육형살이나 怨嗔과 동시에 성립되기도 하는데 이 때는 六刑殺이나 원진의 작용으로 해석하면 된다.

子未 육해살은 육친이나 骨肉간에 불화하며 원한을 가지고 있어 함께 살지 못하고 멀리 떨어져 살아야 한다.

丑午 六害殺은 매사에 지기 싫어하는 성품으로 심중에 독이 있어 쉽게 화를 내며 인내심이 부족한 점이 있다. 특히 재물에 관한 암투와 오해로 관재 송사 등 친척간의 시비가 많이 생긴다. 子未와 丑午는 원진과 동시에 六害殺이 되는데 怨嗔의 작용과 같이 보아도 무방하다.

寅巳 六害殺은 寅申巳 삼형살과 동시에 성립되는데 그 작용력은 刑害가 함께 뚜렷이 나타난다. 사고나 신체절단 등의 수술이나 官刑, 背恩 등이 일어난다.

申亥 六害殺은 申金이 亥水를 金生水 할 것 같으나 申(戊壬庚)중 庚金이 亥(戊甲壬)중 甲木을 치고, 亥(戊甲壬)중 甲木은 申(戊壬庚)중 戊土를 剋하는 형태로서 申亥 六害殺이 있으면 안면에 상처를 입

어 흉터가 생기거나, 水日柱의 四柱는 水厄이나 선박, 차량 사고 등을 겪게 된다. 六害殺중에서 작용이 가장 뚜렷한 것이 申金과 亥水인데 특히 運路에서 六害殺이 다시 중복으로 이루어지면 위와 같은 일이 많이 발생한다.

卯辰 六害殺과 酉戌 六害殺은 가까운 사이 즉 신세지는 처지에 무시하거나 원망하고 배신하는 형태로서, 卯는 辰(乙癸戌)중 癸水와 乙木이 있어 뿌리를 내리고 있고, 酉는 戌(辛丁戊)중 辛金과 戊土의 生함을 받는 상태인데도 서로 암투와 멸시가 생기는 형상이다. 중상, 모략, 배신은 물론 가산을 탕진하는 경향이 있는 것이 卯辰 六害殺과 酉戌 六害殺의 특성이다.

行運에서 年月支에 六害殺이 이루어지면 조부모나 부모 또는 처가의 喪을 당하는 일이 있으며, 日時에 六害殺이 되면 선후배나 아랫사람과 불화하며 자식으로 인한 근심이 생기고 女子는 자궁이 불미하거나 고부간의 갈등, 의처증으로 시달리기도 한다.

20. 天干合(천간합)을 干合(간합) 또는 五合(오합)이라 한다.

天干合은 夫婦之合 또는 愛情之合이라한다. 甲丙戊庚壬 다섯 개의 陽干과 여섯 번째 陰干이 이루어 내는 合으로, 원래는 相剋관계이나 서로 제복(制伏)하지 않고, 陽은 陰에 뿌리를 내리고 陰은 陽에 의지하는 것처럼 마치 서로 사랑하는 남녀가 부부가 되어 서로 和合하고 一體가 되는 이치와 같다.

특히 天干은 그 사람의 직업이나 대인관계 등의 사회적인 면과 정신적인 변화를 파악하는 중요한 요소가 되는데, 이 天干의 변화에서 가장 큰 영향을 미치는 것이 바로 天干合 이다.

天干合은 합되는 두 기운의 상실로 연결된다. 그러나 月令(월령, 月支)과 부합되면 化할수 있다. 따라서 月令을 득하지 못하면 두 기운은 각각의 성분을 상실하게 된다.

격국 및 용신의 판단과 오행의 강약 판정에서 제외시켜야 한다. 天干合이 성립하기 위해서는 몇가지 전제 조건이 있는데

① 합하는 두 기운이 인접해야 한다. 예) 時干과 年干, 또는 時干과 月干은 합할 수 없다.
② 사주팔자(사주元局=원국)에서 이루어진 천간의 합은 일생동안 풀리지 않는다.
③ 日干과의 합은 그 化五行이 月令과 부합하면 化格으로의 변모를 살펴야 한다.
④ 日干과 합하되 化格으로 변화하지 않을 경우에는 합되는 天干은 그 작용이 倍가 된다. 吉凶도 같다. 日干과의 합은 그 대상에 집착하는 현상으로 나타난다.
⑤ 化한 경우를 제외하고 合化된 五行을 사용하면 안 된다.

이처럼 天干合은 四柱八字(四柱元局)의 파악은 물론 運路의 吉凶에도 지대한 영향을 미치므로 결코 소홀해서는 안된다.

天干合은 그림으로 보면 아래와 같다. 반드시 暗記해야 한다. **日干이 干合하면 五行이 바뀐다.**

甲	己	合	土	→	中正之合(중정지합)
乙	庚	合	金	→	仁義之合(인의지합)
丙	辛	合	水	→	威嚴之合(위엄지합)
丁	壬	合	木	→	仁壽之合(인수지합)
戊	癸	合	火	→	無情之合(무정지합)

① 甲己合土(갑기합토)

甲木은 陽木으로서 그 성품이 어질고(仁), 천간의 첫 번째로서 우두머리의 기질이 있고, 己土는 陰土로서 그 성품이 순박하고 정직하며 포용력이 있어 모든 만물을 기르고 포용하는 덕이 있으므로 甲己合을 中正의 合이라 한다.

四柱에 이 合이 있고 氣가 純靑하면 심관불투(心寬不鬪)라 하여 마음이 너그럽고 매사에 公明正大하며 품위와 절도가 있어 모든 사람으로부터 존경과 칭찬을 받는데 四柱에 이 合이 있더라도 오행이 無氣하거나 혼탁(混濁)하면 오히려 반대로 성을 잘 내거나 너무 剛直하여 굽힐 줄 모르는 단점이 있다.

② 乙庚合金(을경합금)

乙木은 陰木으로서 그 성품은 어지나(仁) 너무 柔弱하고, 庚은 陽金이라 강건(剛健)하여 굽히지 못한다. 四柱에 乙庚合이 있고 陰陽五行이 조화를 이루며 잘 짜여져 있으면, 강함과 부드러움이 조화를 이루고 인(仁)과 의(義)를 겸한 것과 같아서 과감강직(果敢剛直)하며 의리는 있으나 아첨하지 않고, 進退가 분명하며 용모가 단정하고 수려(秀麗)한 경우가 많다. 그러나 四柱가 편중되고 合한 五行의 化氣가 衰하거나 혼탁하면 자기만 옳다고 여기거나 남을 下視보거나 무시하는 독불장군이 되거나 매사에 果斷性과 용맹이 넘쳐 극단적인 행동으로 사고를 치는 때가 있기도 한다.

③ 丙辛合水(병신합수)

丙火는 陽火로서 휘황하게 빛나고, 辛金은 陰金으로서 剋制와

殺生을 주도하므로 위엄강압(威嚴強壓)의 합이라 한다. 四柱 중에 이 합이 있으면 외모가 위엄이 있고 엄숙하며 모든 사람들을 제압하는 힘이 있다. 丙火인 태양이 8월酉時(辛金)에 日沒하면 만물을 숙살(肅殺)하는 霜雪이 내린다하여 丙辛合水가 되고 威嚴之合이라고 한다. 한편, 四柱가 편중되었을 경우 성격이 잔인하거나 편굴하고 냉정한 면이 있으며 또 四柱에 다른 惡殺을 가지고 있으면서 五行의 조화가 이루어지지 않았을 경우 은혜를 모르고 의리가 없으며 뇌물을 좋아하거나 好色하는 경향이 있다.

④ 丁壬合木 (정임합목)

丁火은 陰火로서 하늘에서는 별이요 땅에서는 등촉(燈燭)에 비유하고 壬水는 陽水로서 海水와 밤에 비유하는데, 丁壬合은 陰火인 丁火가 밤에 해당하는 壬水 正官과 은밀하게 합하는 것과 같다하여 淫亂之合이라고도 한다. 그래서 女子의 四柱에 丁壬合이 있고 六親이 편중되면 애교(愛嬌)가 많고 마음이 쉽게 흔들리며 男子의 꾐임에 쉽게 넘어가거나 淫亂하다하여 꺼리는데, 男子의 경우나 四柱가 조화를 잘 이루면 多情多感하며 정신력이 뛰어나고 자부심이 강하면서도 인자(仁慈)한 성품으로 志高清心한 貴命으로 본다.

⑤ 戊癸合火(무계합화)

戊土는 陽土로서 태산과 같고 癸水는 陰水로서 우로(雨露)와 같아 그 차이가 큰지라 마치 젊은이와 늙은이가 합한 것과 같다하여 정이 없는 無情之合이라고 한다. 四柱에 戊癸合이 있고 편중되면 매사에 有始無終하거나 우매(愚昧)하기 쉬운데 한편, 戊土 태산은

癸水 비가 내린 후 무지개가 걸려있는 형상처럼 용모가 아름답고 화사하며 사치를 좋아하는 특성이 있다.

⑥ **天干合**은 저마다 본래의 뜻이 있으나 경우에 따라서는 자기의 할 일을 잊어버리고 엉뚱한 쪽에 끌려가거나 묶이게되는 결과를 낳으니 세밀히 관찰해야 한다. 특히 天干合이라 할지라도 地支의 상황과 주위 天干의 구성을 면밀히 살펴야 한다. 四柱에 合이 있다하여도 전부 合으로 볼 수 없으며, 合한다하여 반드시 다른 五行으로 변화하는 것은 아니기 때문이다. 예를 들어 甲木과 己土가 合하려하나 甲과 己의 중간에 庚金이 있어 甲木을 剋한다면 甲木은 庚金의 기세에 눌려(甲庚冲) 合이 이루어지지 않고, 또한 甲己의 중간에 乙木이 끼어 있어도 合을 방해하여 合하고자하는 뜻은 있으되 合하지 못한 것이니 土의 생산도 물론 되지 않는 것이다. 또 己土가 甲木과 合하려하나 己土옆에 또다른 甲木이 버티고 있으면 이를 쟁합(爭合)이라 하여 合이 되지 않는다. 그러나 甲木의 경우에는 甲木의 양옆에 2개의 己土가 있더라도 투합(妬合)이라 하여 合의 작용력은 인정해 준다. 실제 생활에서 男子는 女子 두 명을 거느릴 수 있지만 여자는 한 집에서 男子 둘과 함께 살 수 없는 이치와 비유해서 생각해보면 이해가 빠를 것이다. 다음으로 天干合과 地支와의 관계를 예로 든다면 乙庚合金이 되었더라도 地支에 寅午戌 三合이 있거나 巳午未 方合으로 火局을 형성하면 天干合이 이루어졌다 할지라도 가합(假合), 즉 불안한 合으로서 合의 작용력을 상실한다. 天干合도 月令(月支)을 얻고 天干에 合化된 五行이 투출(透出)되었을 때 眞合으로서 合의 작용력이 제대로 나타나며 또한

合化되는 五行으로 변하는 것이다. 이는 男女가 서로 좋아하고 사랑하여 합을 이루고자 하나 부모 형제나 친구 또는 라이벌이 중간에 끼여들어 가로막는 장애물 역할을 한다면 마음대로 쉽게 결합하지 못하는 경우와 같으며 또 남녀가 한 방에 있다하여 다 결합하는 것이 아니고, 또한 男女가 결합한다고 하여 반드시 2세를 생산하지 않는 것과 같다. 五行의 이치가 이와 같이 사람들이 살아가는 과정에서 생기는 일들과 다를 바가 전혀 없으니 어찌 오묘(奧妙)하지 아니하며 神奇하지 않다고 할 수 있겠습니까? 天干이 陽과 陰으로 합을 이룬 것과 같이 地支에서도 陰陽이 만나 합을 이룬다. 天干合은 夫婦와 같이 相剋하는 五行이 종적(縱的)인 결합을 한 것이다.

21. 地支合(지지합)을 六合(육합)이라 부른다. 육합은 合絆(합반=묶여있다)으로 육친이 묶인 것이다.

地支 六合은 12 地支를 方位에 따라 지구에 배포했을 때 비슷한 위도(緯度)상의 횡적(橫的)인 유대(紐帶)로 결합을 한것과 같은 子丑合土, 寅亥合水, 卯戌合火, 辰酉合金, 巳申合水, 午未合 등 6개로 이루어져 六合이라 한다. 地支合을 六合으로 그림으로 보면 아래와 같다. 반드시 暗記해야 한다.

天干合	地支合	비고
甲己合土	子丑合土	
乙庚合金	寅亥合木	六破殺
丙辛合水	卯戌合火	
丁壬合木	辰酉合金	
戊癸合火	巳申合水	巳申刑
	午未合無	

合은 서로 기운을 합하여 힘이 강해지며, 화합, 성사, 얻음, 이로운 쪽으로 해석하며 合이 없으면 凶星에 대한 대처능력이 떨어지고 자신을 다스리지 못하며 부부간 정이 없고 사교성이 떨어지고 인정이 약하다.

六合이 이루어진 두 地支 글자는 通根力을 상실 당한다. 아울러 각 글자가 의미하는 성분도 역시 상실로 연결된다. 그러나 특수한 것은 日支와 行運에서 오는 地支와의 合은 得의 현상으로 나타난다.

六合은 冲, 破, 刑, 墓地, 空亡 등의 殺을 해소하는 역할도 한다. 또한 六合은 羈絆(기반)으로 나쁜 역할도 한다.

六合도 성립을 위해선 몇 가지 전제 조건이 있는데

① 반드시 인접해 있어야 한다. 예) 時支와 月支는 合이 안된다.
② 六合이 되면 天干의 通根處로서의 힘을 완전히 상실한다.
③ 年支와 月支의 合을 최우선으로 한다.
④ 四柱八字에서 冲과 겹쳐있으면 六合은 풀린다.(合도 冲도 안된다.)
⑤ 冲은 合을 푼다. 合은 冲을 해소시킨다.

22. 孤神殺(고신살), 寡宿殺(과숙살), 孤鸞殺(고란살)

홀아비, 과부살이라 하며 年支 또는 日支가 方合일 때 찾는다.

寡宿殺	方合	孤神殺
丑	寅卯辰	巳
辰	巳午未	申
未	申酉戌	亥
戌	亥子丑	寅

孤神殺과 寡宿殺은 年支 또는 日支를 기준으로 하여 파악하고 年支, 日支, 時支, 月支 순으로 본다. 男子의 경우 특히 時支가 孤神殺이면 말년이 고독하고, 女子의 경우 月支를 보면서 白虎大殺, 魁罡殺과 같이 있으면 상당히 안 좋다. 더욱이 官星이 안 좋으면 凶한 작용이 더 강해 부부풍파가 많은데, 경제적으로 고생하면서 사는 경우에 부부사이에 별 문제가 없는 경우도 있다.

남녀 공히 孤神殺과 寡宿殺이 함께 있어야 고독하다.

孤鸞殺(고란살)은 日柱만으로 보는 독수공방살 또는 신음살이라고도 한다. 孤鸞殺이 있으면 고독하며 부부간에 인연이 없다. 孤鸞殺은 아래와 같다.

孤鸞殺				
甲	乙	丁	戊	辛
寅	巳	巳	申	亥

23. 白虎大殺(백호대살)

白虎大殺의 암기 비법은 다음과 같다. 六十甲子 중 다섯번째 戊辰이 白虎大殺이며 그 다음은 열 번째가 白虎大殺이 된다. 즉 戊辰을 첫 번째로 하면 열 번째는 丁丑, 丁丑을 첫 번째로 하면 열 번째는 丙戌, 丙戌을 첫번째로 하면 열 번째는 乙未, 乙未를 첫 번째로 하면 열 번째는 甲辰, 甲辰을 첫 번째로 하면 열 번째는 癸丑, 癸丑을 첫 번째로 하면 열 번째는 壬戌이 白虎大殺이다.

白虎大殺						
甲	乙	丙	丁	戊	壬	癸
辰	未	戌	丑	辰	戌	丑

白虎大殺이 많다는 것은 역으로 辰戌丑未 기운도 강하다. 그래서 연예인, 기자, 아나운서, 교수, 정치가, 공무원 등이 어울리며, 명예와 자존심, 독립, 명예 지향적 성격이 더욱 강하다. 연예인 등 한번이라도 정상에 올라간 사람들은 거의 白虎大殺이 있다.

또한 白虎大殺에 大자를 붙이는 이유는 그만큼 凶殺의 작용이 크기 때문이다. 옛날 같으면 대낮에 길을 가다 호랑이에게 물려 가는 것과 같은 작용을 하는 것이라고 보면 된다. 생각지 않은 의외의 사고, 교통사고, 산액, 예측할 수 없는 흉사, 총상, 비명횡사, 요절, 자살, 급사, 변사 등을 말한다. 白虎大殺에서 白이란 金을 의미하며 金은 즉, 殺로도 통하기 때문이다. 白虎는 원래 횡액(橫厄)과 急死, 疾病과 殺生을 주관하는 동물을 말한다.

白虎大殺은 子平命理와는 연관이 없고 기문둔갑의 九宮과 연관이 돼서 나온 神殺인데 六十甲子 자체에 殺이 붙은 것을 말한다. 四柱八字 네 기둥 어디에 있어도 작용이 되며 이것 역시 日柱, 時柱, 月柱, 年柱 순으로 작용력이 크다.

예문) 乾命(男子)

時	日	月	年
丙	庚	丁	乙
戌	申	亥	卯

時柱의 丙戌이 백호살이다.

白虎大殺도 어느 六親, 어느 자리에 있는가에 따라 해석을 잘해야 하는데 위 四柱의 경우 어머니와 아들 즉 印星과 官星에 해당된다. 白虎大殺을 볼 때에는 바로 보이는 六親 이외에 暗藏된 六親도 파악해야 한다. 白虎大殺은 다른 神殺과 달리 자기와 직접 연관된 직계가족뿐 아니라 자기 윗대도 파악 할 수 있다. 주의할 점은 男子의 경우 처가와는 상관이 없으며 자기의 바로 친족만 해당하고 女子의 경우도 친정 쪽만 관련이 있습니다. 白虎大殺도 하나일 때보다 두 개 이상일 때 더 강하게 나타나고 刑, 冲, 破, 害, 空亡이 되면 더 나쁜 작용을 한다. 六親의 상태가 약하면서 뿌리도 없고 白虎大殺이 끼여 있으면 더 나쁘다. 男子의 경우 甲辰, 乙未 日柱에 比肩. 劫財가 많으면 妻가 음독자살 하거나 산액을 겪을 확률이 높다. 대신 아버지나 아버지 형제가 일찍 돌아가셨으면 액을 피할 수 있다. 또한 이런 경우 아버지의 임종을 보지 못하는 경우가 많다. 女子의 경우 壬戌, 癸亥 日柱이면서 官星이 약하고 官星에 刑, 冲이 있으면 이혼하거나 남편이 비명횡사할 가능성이 크다. 男子가 壬戌, 癸亥 日柱인 경우는 자식이 장애아 이거나 저능아일 소지가 있고 자식이 단명하다든지 교통사고를 당할 소지가 많다. 丙戌, 丁丑 日柱는 男子의 경우 할머니에게 문제가 있고 女子의 경우 日柱가 힘이 약하면 산액을 겪을 소지가 많은데 아기를 낳다가 사망한다든지 사산을 하거나 자궁암에 걸리거나 심하면 아이를 낳기 힘들다. 戊辰 日柱는 남녀모두 부부이별, 癌, 형제나 아버지에게 문제가 생길 소지가 많다.

예문) 坤命(女子)

時	日	月	年
戊	丁	壬	癸
申	卯	戌	未

위 女子의 四柱의 경우 남편과 자식이 같이 차타고 가다 사고로 사망했다.

예문) 乾命(男子)

時	日	月	年
戊	甲	戊	乙
辰	辰	子	巳

위 男子의 四柱는 妻가 자살했다.

白虎大殺이 조상과 연관이 되어있지 않은지 생각해 볼 필요가 있다. 白虎大殺이 있다는 것은 조상이 저지른 惡業의 대가를 후손이 받는다고 생각하면 맞겠다. 白虎大殺은 본인보다 본인의 육친 관계, 직계가족과 더 연관이 있다. 四柱는 원래 본인, 자신에 관한 지극히 개인적인 것인데 神殺 등은 본인 주변 사람과 더 연관된다.

24. 魁罡殺(괴강살)

魁罡殺은 戊戌, 庚辰, 庚戌, 壬辰이 해당한다. 白虎大殺 비교하여 반드시 암기 하여야 한다.

白虎大殺						
甲	乙	丙	丁	戊	壬	癸
辰	未	戌	丑	辰	戌	丑

　귀신의 우두머리라는 뜻으로 만만치 않은 凶殺이다.

　辰은 地魁로 땅의 우두머리로 水氣의 墓支이며 戌은 天魁로 하늘의 우두머리로 火氣의 墓支라고 하여 주로 日柱에 적용하며, 魁罡殺도 日柱, 時柱, 月柱, 年柱 순으로 강하게 작용한다.

　魁罡殺도 좋은 면이 많다. 羊刃이 카리스마라면 魁罡은 자존심이 강하고 절대 남에게 안 굽히며 강직하고 고집이 센 것이 특징이다. 매사에 추진력이 뛰어나고 의협심과 봉사 희생정신이 있으며, 의외로 단순하고 순수한 면을 갖추고 있다.

　반면에 자기중심적 이고 극단적인 면이 있고 갑자기 확 돌변하여 예측을 불허하며 너 죽고 나 죽자는 식으로 성질이 강하거나 괴팍하다. 대체적으로 보수적이고 男子의 경우 괜찮은 편이나 특히 女子에게는 나쁜 쪽으로 작용하는 殺이다.

　女子의 경우 활동성은 좋을지 모르나 남편이 약해질 소지가 많은데 남편이 무능력하거나 한량 기질을 나타낼 수 있으며 백수로 지낼 확률이 높다. 한마디로 남편 福이 없다고 할 수 있는데 만약 남편이 사회적으로 잘 나간다면 독수공방을 하거나 첩(애인)을 볼 수 있다. 그러나 이때에도 떨어져 지내면 괜찮다.

　魁罡殺이 있으면서 四柱가 편중되어 있고 특히 食傷이 그럴 때 영향력이 크다. 女子의 경우 몰락한 집에 시집가서 고생하고 살면 福을 받을 수 있는데 잘사는 집에 가면 시집이 망해서 고생할 확률이 높다.

女子가 인물이 좋은 경우 더한데, 그러니 독신으로 지내는 것도 한 방법이다. 그러나 女子의 경우도 군인, 경찰, 간호사, 운전사, 여자로서 험한 일을 하는 사람에게는 괜찮다. 보수적이면서도 청렴결백한 스타일이다.

25. 羊刃殺(양인살)을 陽刃殺이라고도 한다.

羊刃殺의 暗記 비법은 다음과 같다.

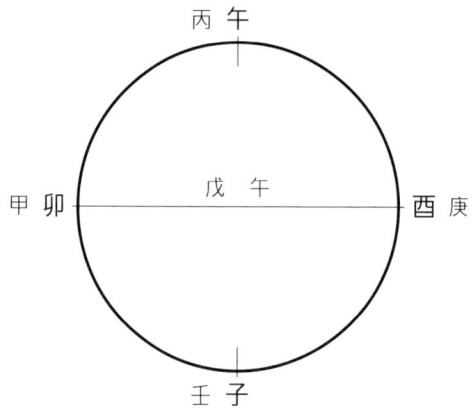

겁재격이 양인격이 된다.

方合		三合		旺支
寅卯辰	=	亥卯未	=	木局
巳午未	=	寅午戌	=	火局
申酉戌	=	巳酉丑	=	金局
亥子丑	=	申子辰	=	水局

위 도표에서 天干의 陽干인 甲, 丙, 戊, 庚, 壬과 地支의 旺支인

子, 午, 卯, 酉를 묶은 것이 羊刃殺이다. 반드시 暗記해야 한다.

羊刃殺				
日干	甲	丙	戊	庚	壬
	卯	午	午	酉	子
	乙	丁	己	辛	癸

羊刃이란 좋게 표현하면 발전의 太過를 의미하며, 나쁘게 표현하면 旺한 것이 정도를 넘어선 것으로서, 五行의 氣運이 너무 지나쳐서 惡氣나 殺氣로 변한 것이다.

甲卯, 丙午, 戊午, 庚酉, 壬子 日干이 羊刃이 되는데, 굳이 劫財라 하지 않고 羊刃이라고 구분하는 이유는 剋妻하고 奪財하는 힘이 일반 劫財보다 현저히 크고 극렬하게 작용하기 때문이다.

戊土 日干은 正印인 午(丙己丁)火가 羊刃이 되어 印綬羊刃이라고도 하는데, 午중 己土가 羊刃이 되기 때문이다. 한편으로 羊刃은 地支뿐만 아니라 天干의 羊刃도 살펴야한다. 天干 羊刃은 地支에 있는 羊刃의 작용만큼은 덜하더라도 羊刃의 특성을 내포하고 있는 것처럼 해석하면 된다.

羊刃은 이름이 말해 주듯이 칼이나 흉기와 같아서 살기殺氣가 도는 것은 사실이지만, 칼이라고 해서 전부 사람을 해치거나 凶害 쪽으로만 작용한다고 해석할 수는 없다.

문제는 같은 칼이라도 어떤 사람이 어느 때 어떻게 쓰느냐에 따라서 달라지는데, 예를 들어 뛰어난 지식과 훌륭한 인품을 지닌 의사가 칼을 쓴다면 죽어 가는 생명을 구해낼 수 있는 수술도구로써 없어서는 안 될 귀중한 利器가 될 것이요, 또한 智德勇을 두루 갖춘 장군이 칼을 차고 있다면 위엄과 권위의 상징은 물론이요 적을 섬멸하는 훌륭한 무기가 되며, 이외에도 썩어 가는 사회의 환부를 도려내는 언론의 칼, 査正의 칼도 될 수 있음은 두말할 나위가 없다.

즉 이 羊刃殺도 四柱가 中和를 잘 이루고 이 칼을 잘 다룰 수 있는 용신이 정확하게 있다면 나라를 구할 수 있는 불세출의 인물이나 醫師, 軍警, 言論人, 民主烈士가 되는 경우가 있지만 이런 경우는 드물고, 편중된 성격을 가진 불량배나 깡패가 쓸 때는 여지없이 흉기나 살인도구가 되는 것 또한 사실이요, 전문적으로 칼을 다룰 줄 모르는 보통 사람에게도 언제나 사고의 위험이 따라다녀 人馬를 殺傷케 하거나 刑罰이나 수술 등 凶厄을 경험하게 된다.

羊刃의 장점으로는 본성이 內剛外柔하여 자존심이 강하면서도 자신의 주장을 노골적으로 표면에 노출시키지 않고, 양보를 해야 할 때는 서슴없이 양보하기도 하여 겉으로는 냉정하게 보이나 비교적 대인관계가 원만하며 사교성이 좋아 친구나 동료가 많이 따른다. 나이에 비해 어른스럽거나 인품이 준수하고 건강 또한 타고난 체질로 잔병이 없으며, 타인을 제압하고 리드하는 領導力이 뛰어나다. 매사에 의욕과 자신감이 넘치며 임하는 태도 또한 활발하고 시원스러우며, 밀어붙이는 추진력과 끈기 또한 갖추고 있어 한 번 올바른 길을 정하고 나아가면 바위처럼 미동도 하지 않는 배짱과 자주 독립정신이 강하므로 자신이 타고난 특성을 찾아 좋은 방향으로 개발해 나간다면 큰 뜻을 이룰 수 있다. 실제로 無에서 有를 창조하거나 自手成家하는 사람으로 사회에 이바지하며 이름을 떨친 인물 중에 羊刃格이 꽤 있다.

반면에 단점으로는 언뜻 보기에는 修養이 된 사람처럼 보이나 고집이 세고 자존심이 너무 강해 오만하며, 自我를 표면에 노출시키지 않는 만큼 속마음이 냉혹하기 이를 데 없다. 대화함에 있어서도 칼같이 예리함이 나타나 남의 속마음을 여지없이 도려내는 듯하며, 무엇보다도 타인에게 굴복하려 하지 않아 적을 만들기 쉽거나 다른 사람과 충돌이 많다. 손위나 強者에게는 얌전하게 순종하는 듯 하지만 내심으로는 고개를 숙이지 않고 불만을 가지고 있으며, 弱者나 손아래 사람에게는 절대로 자기주장을 양보하지 않으며, 또 성미가 까다로워 직장이나 밖에서는 무난한 사람으로 통할지라도 일단 가정으로 돌아오면 사람이 달라진 듯 폭군으로 변하거나 독선적이어서 잔소리가 많아지는 타입이다.

'칼 刃'이 갖는 의미 중에는 先鋒을 뜻하는 면도 있는데, 따라서 여러 가지 면을 고려하지 않고 저돌적이거나 즉석에서 행동으로 옮기며 다른 사람의 의견을 들으려 하지 않는다. 한편으로는 무슨 일을 할 때 꼼꼼히 계획을 세우고 챙겨서 하는 것보다는 감정에 좌우되어서 무조건 밀어붙이는 식으로 일을 처리하는 경향이 많아 成敗의 기복이 심한 편이다. 뻔히 손해보는 줄 알면서도 고집이나 오기 때문에 실패하는 경향이 있고, 항상 손재수가 따라 다니거나 쓸데없는 낭비벽이 있어 수입보다 지출이 초과되는 일이 많은 게 羊刃格의 단점이요 흠이라 하겠다.

26. 金輿(금여)

金輿(금여)는 온후, 유순, 절의, 음덕, 좋은 인연을 특성으로 하고 자연의 행복을 받을 암시가 많다. 즉 항상 얼굴에 화애한 기운이 있으며 몸 가짐에 절도가 있고 세상 사람의 도움을 받는 수가 많다. 특히 男子는 발명의 재간이 있고 妻家의 도움을 받는다. 女子는 대체로 미모이며 결혼운도 좋다. 특히 日支 또는 時支에 있으면 시종 편안하게 지내며 이웃을 돕고 남녀 공히 좋은 배우자를 만나고 자손도 또한 繁昌하는 경향이 있다.

日干	甲	乙	丙	丁	戊	己	庚	辛	壬	癸
金輿	辰	巳	未	申	未	申	戌	亥	丑	寅

27. 暗祿(암록)

暗祿(암록)이 四柱八字 중에 있으면 한 평생을 통해 재물이 떨어지지 아니하고, 항상 뜻 밖에의 귀인을 만나 위험에서 벗어난다. 성질도 영리하고 남이 모르는 福祿이 있으며 자기를 도와 주는 사람이 많다.

日干	甲	乙	丙	丁	戊	己	庚	辛	壬	癸
암록	亥	戌	申	未	申	未	巳	辰	寅	丑

28. 天乙貴人(천을귀인)

天乙貴人(천을귀인)이 있으면 다음과 같은 운명이 작용한다. 天乙貴人이 있으면 지혜가 있고 총명하며 凶이 변하여 吉하여진다. 刑, 冲, 破, 害, 空亡과 만나서는 안되는데 그 이유는 한평생 고생이 많기 때문이다. 왕성한 12運星과 같이 있으면 한 평생 福이 많으며 死, 絕 등 약한 12運星과 동거하면 福이 없다.

日干	甲	戊	庚	乙	己	丙	丁	壬	癸	辛
貴人	丑	未		子	申	亥	酉	巳	酉	午寅

29. 天德貴人(천덕귀인) 및 月德貴人(월덕귀인)

天德貴人과 月德貴人이 둘 다 있으면 吉한 四柱는 더욱 길해지고 凶한 사주는 그 凶함이 감해진다. 그러나 刑冲되면 무력해져서 길조는 사라진다. 日柱나 時柱에 둘 다 있고 刑, 冲, 破, 害가 되지 아니하면 한 평생 형벌이나 도난을 당하지 아니한다. 女子가 둘 다 갖추면 성질이 온순하고 정조가 있으며 한 평생 産厄(산액)을 받지 아니한다.

月支	寅	卯	辰	巳	午	未	申	酉	戌	亥	子	丑
天德	丁	辛	壬	辛	癸	甲	癸	寅	丙	乙	巳	庚

月支	寅	午	戌	亥	卯	未	申	子	辰	巳	酉	丑
月德	丙			甲			壬			庚		

30. 將星(장성) 및 華蓋(화개)

將星(장성) 및 華蓋(화개)가 있으면 다음과 같은 운명이 작용한다. 將星이 四柱八字에 있으면 文武 겸비하여 높은 벼슬에 오른다. 일반적으로 將星이 있는 四柱는 官界에 출입하며, 將星과 偏官 또는 羊刃이 同柱하면 손에 生殺之權을 잡으며, 財星과 同柱하면 국가 재정을 장악한다.

華蓋가 四柱에 있으면 문장이나 예술에 능하며 지혜가 뛰어난다. 華蓋가 印綬와 同柱하면 큰 학자가 된다. 華蓋가 空亡을 만나면 총명하기는 하나 出家之人이 된다.

日支	寅	午	戌	亥	卯	未	申	子	辰	巳	酉	丑
將星		午			卯			子			酉	
華蓋		戌			未			辰			丑	

31. 三奇星(삼기성)

　三奇星(삼기성)이란 奇異한 秀氣를 발휘함으로 정신이 보통사람과 다르고 총명하며, 골동품등 기이한 것을 좋아하거나 큰 것을 崇尙하며, 학문과 재능이 탁월하여 四柱八字가 순성하고 成格이면 일단 범인을 넘어서 貴命이 될 수 있는 좋은 역할을 한다. 三奇星은 乙丙丁 天上三奇, 甲戊庚 地上三奇, 辛壬癸 人中三奇로 나뉘어 지는데 각자의 氣가 조금씩 다르다. 四柱八字에 乙丙丁 天上三奇가 있으면 총명하고 학문에 통달하며, 甲戊庚 地上三奇가 있으면 부귀와 장수를 누리며, 辛壬癸人中三奇는 神童이나 수재 소리는 듣는데 一得一失로 음란에 빠지기 쉽다.

　三奇星은 日干부터 시작하여 年干까지 순서대로 되어 있으면 최고 貴格으로 쳐주는데 예로 乙日, 丙月, 丁年이 되어야 한다. 최소 日干에 한 글자는 있어야 성립한다. 三奇星과 天乙貴人이 함께 있으면(특히 地上三奇의 경우) 더욱 길하여 포부가 크고 높으며 다재다능하고, 학문에도 능통하여 다른 사람을 돕거나 구해주어 그 이름을 널리 빛낼 수 있다. 그러나 刑, 冲 등의 凶殺을 만나면 貴氣가 무력해진다. 三奇星이 있고 三合을 이루면 국가의 주춧돌과 기둥감이 될 훌륭한 사주팔자(사주명식)이다. 三奇星이 있고 空亡이 함께 있으며 生旺하면 탈속초인(脫俗超人)으로 富나 權力에 아첨하거나 연연하지 않고 道의 일각을 이룬다. 三奇星과 劫殺(12神殺)이 함께 있으면, 기품(氣稟)은 원대하고 탁월하나 허욕이 많고 고집이 세고, 권력을 濫用하는 경우가 있다. 三奇星은 大運에도 적용된다. 예로 四柱八字(四柱命式)에 甲戊만 있을 경우 大運에서 庚을 만나는 경우(甲戊庚 地上三奇)가 이에 해당한다.

32. 수태일(임신된 날) 아는 법

日柱와 합이 되는 날이 受胎日(임신된 날)이다. 여기서는 자연분만일 경우이다. 日支에 따른 妊娠 기간은 다음과 같다.

日支			임신기간
子	午	:	276일
卯	酉	:	246일 또는 306일
寅	申	:	256일
巳	亥	:	286일
辰	戌	:	296일
丑	未	:	266일

예문) 乾(남자)

時	日	月	年
○	壬	○	○
○	子	○	○

丁壬合
子丑合

위 四柱八字는 1952. 7. 14.(음력)생으로 壬子 日柱라 임신기간이

276일이다. 출생일부터 소급하여 276일 되는 날은 정확히 1951. 11. 5.(음력)로서 수태일 일진은 丁丑이다.

33. 역마살, 도화살, 화개살

역마살이란 분주하게 돌아다니는 殺이며 冲剋을 받으면 밖으로 나돌아 다니게 되고 四柱 상 나쁘게 작용하면 교통사고의 위험이 커진다. 이 때 역마살은 地殺(12신살)과 연관이 되어 있는데 지살은 역마살과 冲剋을 이루고 있으며 四柱에 지살과 역마살이 같이 있으면 조업을 승계하지 못하고 분주히 돌아다니고 타향살이를 하게 된다.

年支나 日支를 기준해 역마살과 지살은 아래와 같다.

年支/日支	申子辰	寅午戌	亥卯未	巳酉丑
驛馬殺	寅	申	巳	亥
地 殺	申	寅	亥	巳

즉 역마살과 지살은 冲剋의 관계이며 四柱에 역마와 지살이 같이 있으면 나쁘게 작용한다.

예문) 인신 역마충과 인사신 삼형살

時	日	月	年
丙	丙	戊	己
申	子	寅	巳

寅申冲, 寅申巳 三刑

위의 四柱에서 寅과 申이 역마와 地殺(12신살)인데 해외로 나돌아 다니다 재산이 모이질 않고 탕진하게 되어 평생 떠돌아다니게 되었다. 또한 寅申巳 三刑까지 작용해 나쁘게 驛馬와 지살이 작용한다. 그러나 驛馬가 財星에 해당하면 무역업으로 크게 성공한다.

　도화살은 주색잡기에 빠질 우려가 있는 殺로 冲剋을 받으면 桃花殺이 발동한다.
　申子辰이 年支나 日支에 있는 경우 酉가 桃花이며,
　寅午戌이 年支나 日支에 있는 경우 卯가 桃花이며,
　亥卯未가 年支나 日支에 있는 경우 子가 도화이며,
　巳酉丑이 年支나 日支에 있는 경우 午가 도화살이다.
　예로 申子辰이 年支나 日支에 있는데 酉가 있다면 桃花殺인데 이때 卯酉冲을 이루면 桃花가 발동한다. 주색잡기에 빠진다.
　화개살은 일반적으로 吉星이나 冲剋을 받으면 화개로 인해 고통을 받는다. 申子辰이 年支나 日支에 있을 때 辰이, 寅午戌의 경우는 戌이, 亥卯未는 未가 巳酉丑은 丑이 華蓋殺인데 辰戌冲을 이루면 華蓋로 고통을 받는다.

제5장

刑冲會合破害

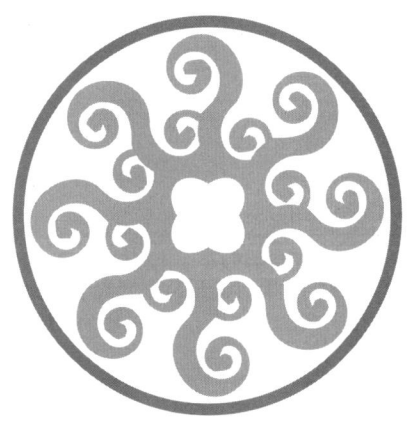

1. 형충회합파해 동력(작용력) 선후

1. 刑冲會合破害(형충회합파해) 동력(작용력) 선후

刑冲會合破害의 動力(작용력)先後는 다음과 같다.

一線	二線	三線	四線	五線	六線	七線
干合	三會	六合	刑	半合	破害	鬼門 怨嗔
	三刑	六冲 (支冲)				

刑冲會合이 왜 중요하냐면 매일, 매월, 매년 일어나는 일들을 알아낼 수 있기 때문이다. 즉 사주의 변화는 모두 刑冲會合에서 나온다고 할 수 있다.

三會 중 動力 先後는 方合 ≫ 三合이다. 六合=六冲은 그 힘의 세기가 서로 동등하여 동시에 존재하면 六合과 冲은 발생하지 않는다.

刑冲會合破害는 地支에서만 발생한다. 또한 方合에서는 半合이 없고 三合에서만 존재한다. 半合은 合作을 한다. 三合은 支藏干의 같은 五行으로 이루어져 본래의 五行 역할을 하지 않고 三合의 五行 역할만 한다.

六合을 冲하면 合生하고 冲해 온 한 글자만 開庫된다. 六冲을 合하면 六冲은 冲動하고 두 글자 모두 開庫된다. 즉 六冲을 六合이 해소하기는커녕 오히려 六冲을 촉발시킨다.

冲 및 合·破害 모두가 合을 動하게 한다. 그래서 合起, 冲起, 刑發과 같이 得이 된다. 단, 合動은 刑冲처럼 開庫 작용이 없어 成敗가 없다.

이미 合된 글자는 合運에 合이 動하여 묶인 것이 풀린다. 그럴지만 合이 안된 글자는 合運에 의해 合이 되면 合이 되는 글자는 묶여 失이 된다.

開庫는 刑沖에 의해서만 발생한다. 合은 開庫작용이 없다.

地支의 合 五行도 天干 合化와 마찬가지로 계절을 얻든지 大運의 地支를 얻으면 현실화 된다. 戌卯合化의 火氣는 계절이 火이던지 大運이 火運이면 된다.

1) 干合이 일어나는 순서는 다음과 같다.

① 元局(원국=原局) 合이 우선 적용이 된다.

　年干 ≫ 月干 ≫ 時干 순서로 진행된다.(根苗花實에 따른다)

② 大運의 合이 적용된다.

③ 歲運의 合이 적용된다.

④ 開庫된 支藏干의 合(暗合)이 적용된다.

⑤ 마지막은 日干과의 合이 적용된다.

예문) 干合이 일어나는 순서

時	日	月	年	
○	甲	己	○	甲木 大運
○	○	○	○	

元局에서는 日干 甲木이 己土를 얻어 得財한 상태이다

大運에서 甲木運이 오면 己土月干과 大運의 合이 적용된다

大運이나 歲運에서 甲木運이 찾아오면 己土를 甲己合去로 데리고 나간다. 즉 甲木日干은 己土 正財를 빼앗기는 현상이 된다.

歲運에서 冲, 刑을 하여 開庫가 되면 ① 우선 元局(年干 > 月干 > 時干)을 적용한다 ② 大運天干을 적용한다 ③ 歲運天干을 적용한다 ④ 支藏干을 적용한다 ⑤ 日干을 적용한다. 결국 元局에서 干合이 되어 있으면 爭合(쟁합) 등이 적용되지 않는다. 이것은 뺏어서 나간다는 뜻이다

즉 합이 합으로 풀린 후에 빼앗기는 현상이 발생한다.

그러나 地支는 干合과 다르다.

地支는 强弱의 법칙이 우선된다. 方合 ≫ 三合 ≫ 六合 ≫ 半合
그래서 같은 동종끼리 풀 수 있고, 上位의 합이 下位의 합을 푼다.

예문) 월간 갑목과 년간 기토가 합하여 일간은 합을 못한다.

時	日	月	年
○	甲	甲	○
○	○	○	○

甲己合土

年干 己土 財星이 月干 甲木과 合하므로 日干인 甲木에게는 차례가 오지 않는다. 己土 正財의 기능을 상실한다.

예문) 월간 기토가 년간 갑목과 합하여 일간은 합을 못한다.

時	日	月	年
○	甲	己	甲
○	○	○	○

甲己合土

月干 己土가 年干 甲木과 合하니 日干인 甲木에게는 차례가 오

지 않는다.

　순서에는 先後가 있으므로 妬合(투합=妬合)이나 爭合(쟁합)으로 論하지 않는다.

　예문) 爭合(二陽一陰)은 日干을 두고 다툴 때 해당된다.

時	日	月	年
壬	丁	壬	丙
○	○	○	○

丁壬合木은 眞合이 안된다.

　예문) 坤命(여자)妬合(二陰一陽)

時	日	月	年	
壬	丁	壬	丙	丁壬合木
○	○	○	○	

　日干 丁火는 동시에 2개의 壬水正官과 干合하고 있는 象으로 여자가 二夫(이부)를 맞게 되거나 두 남성과 교제하게 된다.

　예문) 乾命(남자) 확실한 쟁·투합이 아닌 경우

時	日	月	年
丙	丙	辛	甲
寅	戌	丑	寅

위 四柱는 확실한 爭合(二陽一陰)이 아니다. 日干 丙火는 月干 辛金 正財(처)와 干合한다. 時干丙火 比肩이 동시에 月干 辛金 正財(妻)와 干合하고 있다. 妻는 남편에 대해서 二心을 품고 있는 것으로 판단된다. 時干의 위치는 사이가 멀어서 화합하기 어렵고 爭·妬合이 되더라도 극히 초기에 그 상태가 야기되거나 인연이 박하다.

예문) 坤命(여자) 大運을 맞아 쟁·투합이 되는 경우

時	日	月	年
丁	辛	辛	甲
亥	丑	卯	戌

丙火 大運, 丙辛合水

四柱중에 比肩이 있는 것은 大運을 맞아 爭合이나 妬合의 運氣가 되므로 看命 시 잘 살펴야 한다. 四柱중에 比肩이 1개 있고 大運에서 丙火運을 맞을 경우 丙火 正官과 辛金은 각각 妬合(투합=二陰一陽)운을 맞는다. 즉 남편은 大運 기간에 다른 여자에게 애정을 쏟게 되므로 가정불화의 運으로 본다.

예문) 乾命(남자) 妬合(二陰一陽)

時	日	月	年
己	壬	丁	甲
亥	寅	卯	甲

丁火 大運, 丁壬合木

四柱중 日干 壬水와 月干 丁火 正財와 干合한다. 즉 평소에는 아

내와 화목하지만 다시 大運 丁火運에 正財의 干合運을 맞는다. 투합이 된다. 日干 壬水는 다른 丁火 여자에게 애정을 쏟는 運氣를 맞이하는 상태다. 심한 경우에는 이 大運中에 아내와 별거 또는 이별의 우환이 있다.

이 四柱는 丁壬干合하여 木象(목상)을 이루고 卯木月에 生하여 火木格(화목격)을 구성하나 日干의 투합운을 맞아 四柱가 濁命(탁명)으로 변화하므로 破格하는 運으로 본다.

四柱內에서 地支 藏干의 干合에는 月支에 연결된 干合과 日支에 연결된 干合의 두 가지로 구분한다.

예문) 坤命(여자) 지장간의 암합

時	日	月	年
己	丁	壬	辛
丑	亥	午	卯

亥水午火 支藏干中 丁壬干合

日支 亥水의 支藏干(戊甲壬)中 壬水 正官이 月支 午火의 支藏干(丙丁)中 丁火 比肩과 丁壬干合(暗合) 한다. 正官은 남편이고 比肩은 형제 또는 동성이다. 따라서 남편은 二心을 품고 있고 本妻에는 애정이 박하다. 日支는 배우자 궁이므로 사주의 日支가 이렇게 되는 것은 배우자의 품행 또한 바르지 않다.

예문) 乾命(남자) 월지 인목과 년지 기토의 지장간의 합

時	日	月	年
乙	己	壬	癸
丑	未	寅	丑

寅木丑土 支藏干中 甲己干合

月干 己土가 月支 寅月(戊丙甲)의 正氣(本氣)生으로 月支 正官格을 구성한다. 月支 寅木 支藏干(戊丙甲)中 甲木의 正官과 年支 丑土 支藏干(癸辛己)中 己土(本妻외 다른여자)와 甲己干合하여 日干 己土 本妻를 돌보지 않는다. 이것은 吉神이 干合하여 貴(귀)를 망각하는 원칙에 비추어 破格 사주이다.

吉神은 干合하여 貴를 망각하고 凶神은 干合하여 賤(천)을 망각한다. 예로 印綬가 干合하면 尊親(존친)의 사랑이나 將相(장상)의 후원을 기대할 수 없다. 偏印이 干合하면 慈育神(자육신)으로 변화하여 자신의 食祿(신록)을 지킨다.

2) 육친이 羈絆(기반)되었을 경우 일반적인 看法(통변)
① 食神이 干合하면 의식주가 궁하다.
② 財星이 干合하면 금전이 궁하다.
③ 官星이 干合하면 명예가 뜬 구름과 같다.
④ 劫財가 干合하면 재물을 빼앗기지 않는다.
⑤ 傷官이 干合하면 명예를 지킨다.
⑥ 偏官이 干合하면 나를 공격하는 일이 없다.
이것은 한 가지 단순한 간법일뿐 사주 전체의 견지에서 合의 변

화를 읽지 않으면 안 된다.

예문) 干合으로 기반 된 경우

時	日	月	年
辛	甲	癸	戊
巳	申	未	戌

戊癸合火

위 사주는 日干 甲木生으로 月干 癸水 印綬와 年支 戊土 偏財와 戊癸干合이다. 羈絆(기반)된 사주다. 왜? 癸水 印綬는 日干 甲木을 돌보지 않는다. 印綬가 他干과 合이 되어 부모덕이 약하다.

四柱 중에서 日干과 연결된 干合이 없고 大運을 맞이하여 日干이 干合하는 경우는 五行에서는 陽日生은 반드시 正財와 陰日生은 正官과 干合하게 된다.

예문) 일간과 대운과의 간합

時	日	月	年
丁	甲	癸	壬
卯	申	丑	子

己土(正財) 大運, 甲己合土

日干 甲木은 元局(원국=原局)에서 干合이 없다. 그래서 己土(正財) 大運을 맞아 甲己干合이 된다. 남자사주에서 正財運이 干合하는 것은 독신자는 이성의 강한 運氣로 婚期(혼기) 다가왔음을 알 수 있다. 기혼자는 더 한층 금슬이 좋아지는 運氣로 보나 偏財가 있으면 삼각관계 즉 이성문제의 갈등이 발생하기 쉬운 運氣다.

위 四柱는 日干 甲木生이 月支 丑土月에 生하여 己土(正財) 大運을 맞아 甲己干合하여 土象이 되고 거기다 月支 丑土月生이니 化氣格 中의 化土格(화토격)이다.

이렇게 하여 干合運을 맞아 가끔 化氣格을 구성하는 四柱가 있으므로 化氣格 성격의 조건을 알아 두는 것이 필요하다. 다만, 四柱 중에 比肩이 되는 甲이나 乙이 있으면 化土格을 구성하지 못한다.

日干과 歲運과의 干合은 독신자는 婚期도래로 보며(남자는 正財, 여자는 正官과의 干合運)연애관계가 생긴다. 기혼자는 타인과의 융합, 합병, 합동 등의 運으로 본다.

예문) 坤命(여자) 일간과 세운과의 간합

時	日	月	年
己	辛	癸	甲
丑	卯	巳	申

丙火 正官 歲運

日干 辛金이 元局(원국)에서 干合이 없다. 그래서 丙火 正官 歲運을 맞아 丙辛干合이 된다. 여자에게는 강한 婚期運이다. 참고로 남자 陽日生은 반드시 正財의 歲運과 干合한다. 예로 甲己, 丙辛, 戊癸干合이다.

四柱의 用神과 大運과의 干合 看法은 吉神格과 凶神格으로 양분한다. 吉神格은 干合運을 맞이하여 運中破格이 되고 凶神格은

干合運을 맞이하여 運中成格하여 吉命이 된다.

예문) 사주 용신과 대운과의 간합

時	日	月	年
甲	癸	辛	辛
寅	未	卯	巳

庚金 印綬 大運

日干 癸水가 月支 卯月(甲乙)의 正氣(本氣)生으로 卯月 支藏干(甲乙)中 乙木이 庚金 印綬 大運을 맞아 乙庚干合했다. 吉神이 干合하면 破格이 되고 凶神이 干合하면 成格이 된다.

예문) 사주내의 오행과 대운과의 간합

時	日	月	年
乙	甲	乙	癸
丑	子	丑	未

庚金 偏官 大運

日干 甲木은 月支 丑月로 正財格이다.

地支 글자가 冲으로 부딪쳐 開庫 되어야 새로운 일이 발생한다. 예로 子午冲이 일어나면 子午가 깨져 고달프지만 子(壬癸)水와 午(丙己丁)火의 支藏干 중 丁壬合이 合化(木)되면 새로운 성과물이 얻을 수 있다.

冲된 글자들은 이미 傷했으므로 통근처로서 의미가 없다. 冲된 地支 글자에 해당 十干이 통근하는 법은 없다. 그러나 辰戌丑未

墓庫支는 冲에서 土는 뿌리가 된다. 그 이유는 辰戌丑未 墓庫支는 冲이 된다고 쉽게 傷하지 않기 때문이다.

寅申巳亥 長生支 冲은 어린아이의 싸움 같아 양쪽 모두 地支 傷한다.

午子酉卯 旺支 冲은 승패가 뚜렷하다. 子午, 卯酉冲 되면 모두 깨진다.

戌辰丑未 墓庫支 冲은 朋冲(붕충)으로 친구 싸움 같아 土가 깨지지 않는다.

冲으로 開庫된 글자의 他干(타간) 合去로 해당 地支의 器物이 파괴되면 손실이 크다. 물상 결합한 六親까지 모두 無用해진다.

衰者가 旺神을 冲해 올 때는 旺神은 冲으로 發하고 衰者는 사라진다. 冲發은 刑發처럼 得이 있다.

辰戌冲은 辰(乙癸戊)중 戊癸合이 되어 冲의 충격에도 辰의 지장간은 보호된다. 그래서 辰戌冲으로 土氣나 水氣를 잃는 경우가 없다. 즉 지장간속 戊癸合 合去는 없다.

旺支冲인 子午冲과 卯酉冲은 他干과 合이 되면 하나의 기물 손상에 그친다. 그렇지 않으면 두 글자 기물이 파괴 된다. 그래서 旺支冲은 골육상쟁에 비유된다.

寅申刑冲 : 지장간이 他干과 合去 없으면 발전한다.

丑未刑冲 : 백호와 入墓 및 鬼門과 연동된다.

子午冲 : 두 개의 기물이 子水(壬癸)중 壬水와 午火(丙己丁)중 丁火가 丁壬合 合去로 두 개 기물 모두 파괴된다.

卯酉冲 : 두 개의 기물이 卯木(甲乙)중 乙木과 酉金(庚辛) 중 庚金과 乙庚合 合去로 두 개 기물 모두 파괴된다.

辰戌冲 : 土를 얻는다. 辰(乙癸戊)중 戊癸合은 풀리며 지장간속 戊癸合 合去는 없다.

巳亥冲 : 天干 陰干이어서 기물 파괴 가능성 있다.

冲이 되면 開庫되는데 四長生支(四生), 四旺支(四敗支), 四墓庫支(四庫支)가 모두 다르다.

四柱八字 卯木에 大運 戌土가 와서 戌卯合이 되었을 때 歲運에서 酉金이와도 이미 大運에서 합이 되었기 때문에 卯酉冲이 되지 않고 합이 해소된다. 卯木, 戌土, 酉金의 기물이 모두 온전하다. 물론 靜物(정물) 상태인 體의 영역(사주팔자를 말함)에서 그렇다.

두 개 글자가 하나의 글자를 冲하면 하나의 글자가 뽑혀 器物(기물)이 사라지니 失이다. 즉 四柱八字 寅申冲이 申을 만나면 寅이 뽑힌다.

하나의 글자가 합국을 冲하면 衰者는 뽑혀 器物이 사라지고 旺神은 發한다. 즉 寅午戌 火局 三合을 申으로 冲하면 申은 사라지고 寅午戌은 發한다.

하나의 글자가 두 개의 글자를 冲하면 즉 四柱八字 寅寅을 申이 冲하면 그냥 하나의 寅申冲으로 간주한다.

甲寅을 申이 寅申冲하면 冲 당하는 地支위에 있는 天干 甲은 冲起하고 冲을 당한 地支 申은 冲破되기 쉽다.

丁巳를 申이 와서 申巳刑이 되면 刑 당하는 地支 위에 있는 天干 丁火는 刑起하고 申은 刑破된다.

甲寅을 庚申이 冲하면 둘 다 모두 起發한다. 起는 天干 六親이 확연히 드러난 것을 말한다.

刑에는 三刑과 相刑 그리고 自刑이 있다. 三刑은 開庫 작용이 있어 合化의 생산 가능성 있다. 그러나 相刑과 自刑은 開庫가 없어 合化가 되지 않아 생산 기능이 없다.

3) 刑冲會合破害 개념

刑冲會合破害에서 쓰이는 용어의 뜻은 아래와 같다. 새로운 개념이니 꼭 暗記하고 활용해야 한다.

① 刑起(형기) : 刑의로 인해 더 발전하고 융성할 때
② 刑發(형발) : 刑으로 인해 더 발전하고 융성할 때
③ 冲起(충기) : 流年에서 四柱八字나 大運을 冲할 때 動한다. 이를 冲起라고 한다. 冲起하면 開庫되어 合化의 생산이나 기물 파괴의 손실 있다. 冲은 刑과 달리 合이나 合化없이 기물이 온전하더라도 보람은 없고 애만 쓴 결과를 발생한다.
④ 冲發(충발) : 土가 冲할 때 天干 戊己土의 六親이 發할 때만 쓴다. 戊己土는 地支 土 冲에 入庫가 아니라 發한다. 庫支가 刑冲을 당해도 發할때가 있다. 土가 그런 것이다.
⑤ 合起(합기) : 合으로 得함. 冲은 合을 動하게 한다. 冲으로 合이 動하여 合이 풀려 得이 된다. 팔자에 財가 合이 되어 있으면 冲運에 合이 動해 財가 들어온다.
⑥ 合絆(합반) : 合에 의해 묶여 잃는다.
⑦ 合去(합거) : 合이 되어 사라짐. 즉 失이 된다.
⑧ 冲去(충거) : 冲을 묶거나 무력화함
⑨ 冲破(충파) : 冲運에 고된 노력이 헛수고로 끝나거나 투자가 손실로 나타날 때
⑩ 刑破(형파) : 刑運에 고된 노력이 헛수고로 끝나거나 투자가

손실로 나타날 때
⑪ 開庫(개고) : 地支冲 작용으로 支藏干의 天干들이 쏟아져 나온 현상. 地支冲이 되면 충돌 開庫를 거쳐 기물 파괴 또는 손상이 일어난다.
⑫ 旺神(왕신) : 神이라는 용어는 天干을 표시할 때 쓰고, 地支에서는 會局일때만 쓴다.
⑬ 衰者(쇠자) : 衰神은 없다. 衰者라고만 한다.
⑭ 會(회) : 會局을 말함. 地支글자들이 모인다는 뜻. 여기에는 方合, 三合이 있다. 寅卯辰 方合은 각 글자의 기능이 살아있고, 亥卯未 三合은 각 글자의 기능이 상실되어 못쓴다.

四柱八字에 三會가 형성되면 八字의 가장 약한 五行의 글자의 顚倒(Reverse)(전도) 현상에 주안을 두고 通變(통변)한다. 八字에 三會를 짓고 三合 五行을 거스리는 五行의 글자가 天干에 투하면 일시에 가진 것을 다 잃을 수 있다. 예로 亥子丑 水局 方合인데 天干에 丁火가 있을 경우다.

四柱八字에 三合이 형성되면 해당 五行局의 合作과 暗神을 촉발하여 두 가지 물상을 얻는 기능이 있다.

三會의 得은 會發, 旺氣, 暗氣촉발, 倒冲氣(도충기)이고 三會의 失은 五行의 轉倒(전도), 合된 글자 유실, 反生, 反剋, 逆剋, 冲去이다.

三會는 冲할때와 刑할 때가 다르다. 冲運에는 衰者冲旺 旺神發(쇠자충왕 왕신발)하여 會發(회발)하지만 旺神을 冲한 글자는 없어진다. 그러나 刑運에는 會發은 물론이고 刑한 글자도 刑發하니 얻는게 많다.

三會와 三刑이 중복되면 동력 우선순위에서 刑에 해당하는 글자는 모두 開庫된다.

三合은 長生支(생지)와 墓庫支(고지)의 글자가 속성을 잃으므로(寅午戌 三合일 때 寅戌은 寅木과 戌土의 속성을 잃는다)合化와 같다. 干合도 合化다. 六合은 合化가 없다.

三合의 帝旺氣(왕기)는 원래 있는 것이다. 그래서 合化에서 오는 것과 다르다.

三合이 冲되면 衰者冲旺 旺神發한다. 冲으로 合이 動하여 합이 풀려 得이 된다. 그래서 冲으로 六合이 動하여 合이 풀려 得이 많다.

팔자 體(체)에 있는 冲은 대립상태로 있다가 動하면 冲이 일어나는 것이고 合은 묶여 있다가 動하면 풀려 사용한다.

⑮ 合作(합작) : 地支가 會局하는 상황. 合하여 生하는 것이다. 즉 합해서 생산(낳은 것)하는 것이다. 예) 甲己合土(土生産), 寅亥合木(木生産), 寅午戌三合(火生産).

⑯ 合化(합화) : 甲己合土에서 土를 얻으면 合化, 土를 얻지 못하면 不化이다. 즉 合化하면 得한다.

⑰ 器物(기물) : 子, 丑 등 하나하나가 器物이다.

⑱ 合生(합생) : 天干과 地支 支藏干의 天干하고 暗合하는 상황을 말한다. 가장 이상적인 合이다. 왜냐면 天干끼리의 干合은 합해서 서로 없어진다.

⑲ 物象(물상)의 나들이 : 얻고 잃는 것

⑳ 眞神(진신) : 四柱八字에서 가장 긴요한 六親이다. 眞神은 天干이기 때문에 眞神에 투출해야 하지만 여의치 않는 경우는

支藏干에라도 있어야 한다.
㉑ 體(체) : 사물의 본체, 근본적인 것, 마음을 통제하는 것
㉒ 用(용) : 사물의 작용 또는 현상, 실천하고 행하는 것
㉓ 動力轉移(동력전이) : 四柱의 어느 한 글자가 動하면 그것이 연쇄적으로 다른 글자를 동요시켜 나가는 국면
㉔ 半合(반합) : 方合(계절합)은 반합이 없다. 三合에만 반합이 있다. **삼합(반합)되면 五行이 바뀐다.**

< 方合과 三合을 같은 것끼리 묶어본 표 >

方合		三合		本氣
寅卯辰	=	亥卯未	=	木局
巳午未	=	寅午戌	=	火局
申酉戌	=	巳酉丑	=	金局
亥子丑	=	申子辰	=	水局

반합이 되려면 삼합의 旺氣 글자가 반드시 있어야 한다. 申辰, 寅戌 등도 슴은 되지만 局을 이룰 정도는 아니다.

이때 天干에 旺支 오행이 있으면 天干의 유인력으로 슴력이 강해진다. 三合 같은 강한 것은 아니다. 예로 地支에 寅戌이 있을 때 天干에 丙火가 있으면 三合 火局을 이룬다

午戌 半合에서 戌을 辰運에 辰戌沖하면 午戌 半合은 없어진다. 辰戌은 모두 開庫한다. 그러나 子運으로 旺支 午火를 冲하면 衰者가 旺神을 충하는 衰者冲旺(쇠자충왕)이 되어 子水가 없어진다. 물론 午火의 開庫는 없다.

半合의 長生(장)과 墓庫(묘고)의 글자는 六合 및 六冲보다 약하

다. 그러나 旺支(제왕지)글자는 三會의 글자와 같은 힘을 가져 合冲을 능가한다.

4) 刑冲會合破害(형충회합파해) 예문

예문) 合作(합작) 合하여 生하는 것

時	日	月	年
○	庚	○	○
○	寅	○	○

午年,

庚寅日柱에서 午年이 오면 寅午合作에 의해 寅午合火가 生한다. 寅午合化火이다.

예문) 방합과 육합이 함께 있을 때 방합이 발생한다.

時	日	月	年
○	甲	○	○
巳	申	酉	戌

申酉戌 方合과 巳申合水 六合이 발생하나 方合이 六合보다 강해 方合이 발생한다.

예문) 쟁합(二陰一陽)은 日干을 두고 다툴 때 해당한다.

時	日	月	年
○	○	○	○
亥	寅	亥	○

寅을 두고 두 개의 亥가 寅亥合 爭合(쟁합)이 발생하나 合은 성립하지 않는다. 合이 合을 없앤다(=묶임을 푼다). 묶이는 글자 없이 세 글자 모두 사용한다.

예문) 충과 삼합이 함께 있을 때 삼합이 발생한다.

時	日	月	年
○	○	○	○
戌	辰	子	申

申子辰 三合 水局이 辰戌冲으로 없어지지 않는다. 三合이 冲보다 강해 冲은 발생 안한다. 즉 三合이 발생한다.

예문) 육합과 반합이 함께 있을 때 육합이 발생한다.

時	日	月	年
○	○	○	○
亥	寅	午	○

寅亥合木 六合과 寅午合 半合이 발생하나 六合이 半合보다 강해 半合은 발생하지 않는다. 즉 六合이 발생한다.

예문) 육합과 육충이 함께 있을 때 합·충이 안 된다.

時	日	月	年
○	○	○	○
○	辰	戌	卯

辰戌冲과 戌卯合이 발생하나 冲과 合의 힘이 같아 상계되어 合과 冲이 발생하지 않는다.

合은 먼저 속박의 작용과 함께 보호의 기능을 한다. 冲은 合된 두 글자의 기물이 온전해져 두 글자 모두 취한다. 즉 合이 움직이는 원인은 冲이다.

예문) 육합과 육충이 함께 있을 때 합·충이 안 된다.

時	日	月	年
○	○	○	○
○	午	子	丑

冲과 合이 교차를 하면 冲과 合이 모두 발생하지 않는다. 子丑合 土 六合과 子午冲 六冲(칠살=편관)이 발생하나 六合과 六冲의 힘이 같아 상계되어 合과 冲이 발생하지 않는다. 그래서 年干 丁火는 午 火에 뿌리를 내린다.

예문) 육충과 방합의 반합과 함께 있을 때 충이 발생한다.

時	日	月	年
○	○	○	○
酉	卯	寅	○

卯酉冲과 寅卯合이 발생하나 方合에서는 半合이 발생하지 않아 寅卯合은 寅卯辰 方合을 못 갖추어 쓸 수 없다. 卯酉冲만 발생한다.

예문) 육합과 육충이 함께 있을 때 합·충이 안 된다.

時	日	月	年
○	○	○	○
○	丑	午	子

子午冲 六冲과 子丑合土 六合이 발생하나 六合과 六冲의 힘이 같아 상계되어 합과 冲이 발생하지 않는다.

예문) 육충과 삼합의 반합이 함께 있을 때 충이 발생한다.

時	日	月	年
○	○	○	○
○	午	子	申

申子 三合의 半合은 子午冲에 의해 없어진다. 子午冲이 半合보다 동력(작용력)이 크기 때문에 冲이 발생한다.

예문) 천간 경금과 삼합 수국이 함께 있을 때 신금이 사라진다.

時	日	月	年
○	○	○	庚
○	辰	子	申

年干 庚金의 뿌리 申金이 三合 申子辰 水局을 이뤄 申金이 사라졌다. 단, 半合이라면 뿌리로 인정한다.

예문) 日干 戊土와 半合이 함께 있을 때 격국이 달라진다.

時	日	月	年
○	戊	○	○
○	○	申	子

　三合 半合은 반드시 旺支가 있어야 한다. 半合도 三合처럼 四柱八字(원국=元局)에 강한 영향을 준다. 食神格이 財格으로 변했다.
　地支의 會局은 동일 五行의 干支 결합보다 더 강한 힘을 발휘하는데 이를 헨하는 天干의 글자가 하나라도 투출하면 格局을 해치게 되어 모든 것이 凶해진다.

예문) 삼합 반합과 세운이 와서 충이 될 때 충만 발생한다.

時	日	月	年
○	○	○	○
○	○	子	辰

午年

　合局이 가장 강한 힘을 발휘하고 六合과 地支冲의 힘은 같고 半合의 힘이 가장 약하다. 半合 子辰은 地支冲보다 동력(작용력)이 약하므로 午年에 子午冲만 발생한다.

예문) 삼합은 각 글자의 속성이 변하므로 뿌리 역할을 못할때도 있다.

時	日	月	年
○	○	○	庚
○	申	子	辰

申子辰 水局 三合이 있다. 三合은 각 글자의 속성이 변하므로 뿌리(申金)가 사라진다. 그래서 年干 庚金은 뿌리를 상실한다.

예문) 방합은 각 글자의 속성이 변하지 않는다. 그래서 천간의 뿌리 (比劫과 印星) 역할을 한다.

時	日	月	年
○	○	○	庚
○	亥	丑	子

亥子丑 方合(계절합) 水局이 있다. 方合은 속성이 변하지 않으니 年干 庚金은 丑土에 뿌리를 내린다.

예문) 육합과 세운 묘목을 맞아도 개고가 안되는 경우다.

時	日	月	年	
○	○	○	○	卯運, 卯酉冲
○	辰	酉	○	

四柱에 辰酉合을 이루고 合絆(합반=묶여있다)되어있다. 歲運에서 卯運이 와서 卯酉冲이 된다. 冲을 맞아 合은 풀리지만 辰土가 직접 冲을 맞지 않아 開庫는 이루어지지 않는다.

예문) 합은 충을 풀고 충은 합을 푼다.(合・冲은 힘이 같다)

時	日	月	年
○	○	○	辛
○	○	子	丑

丑土 支藏干(癸辛己)

子丑합이 되면 각각의 글자 속성이 변하지 않는다. 그래서 年干 辛金은 丑土 支藏干(癸辛己)中 辛金에 뿌리를 내린다.

예문) 합을 합이 푼다. 사주 합이 충 맞으면 들어오는 것이 개고된다.

時	日	月	年
○	庚	○	○
○	寅	亥	○

寅木偏財, 亥水食神

四柱에 寅亥合을 이루고 合絆(합반=묶여있다)되어있다. 즉 偏財와 食神이 合絆으로 묶여있다. 인생이 답답하다. 大(歲)運에서 寅木運이 오거나 亥水運이 오면 六合을 푼다. 寅亥合은 풀리면서 합기(합기)가 동시 수반된다. 그래서 재복과 먹을것이 생긴다.

또 大(歲)運에서 巳火가 들어와 巳亥冲이 된다. 그러면 寅亥合이 풀리면서 들어오는 巳火만 開庫된다.

예문) 사주의 자축합은 대(세)운에서 축토를 맞이하면 합이 풀린다.

時	日	月	年
○	甲	○	○
○	子	丑	○

丑土 歲運

四柱에 子丑합이 있다. 歲運에서 丑土를 맞이하면 묶여있던 합이 풀린다. 합을 합이 푼다.

예문) 합생 사주

時	日	月	年
○	甲	○	○
○	子	○	○

丑土 歲運

四柱에 日支와 月支의 합 또는 日支와 時支의 합(日支를 포함한 합)이 있고 大(歲)運에서 합이 되는 글자를 맞이하면 合生(합생)이라고 한다. 日支가 취하는 것으로 해석하여 得으로 본다. 羈絆(기반)으로 보지 않는다. 日支 子水가 歲運 丑土 財星運과 子丑합한다. 합생이 된다. 財星과 합을 이루어 妻와의 관계가 각별하다.

예문) 사주 자축합은 자수,축토,미토를 맞이하면 득재, 득인을 한다.

時	日	月	年
○	甲	○	○
○	○	子	丑

子丑合, 子年, 丑年, 未年

四柱에 子丑합이 있다. 子水는 印星이고 丑土는 財星이니 印星과 財星의 합이다. 문서로 존재하는 재산을 의미한다. 즉 부동산이나 연금 등이다. 이것을 현금화 하려면 子丑합 合絆을 풀어야 한다. 大(歲)運에서 子水, 丑土, 未土를 맞이하면 묶여 있던 子丑합이 풀린다. 이때 得財, 得印을 한다.

예문) 재성과 식신이 합하여 새로운 일로 재물을 소모한다.

時	日	月	年
○	庚	甲	○
○	○	寅	○

亥水 大(歲)運

月支 寅木 財星이 大(歲)運에서 亥水 食神을 맞이하여 寅亥合 木이 되었다. 財星과 食神이 합한 것이다. 맞이하는 亥水年은 새로운 일을 벌이면서 재물을 소모한다.

예문) 재성과 관성이 합하여 직업을 얻기 위해 재물을 소모한다.

時	日	月	年
○	庚	甲	○
○	○	寅	○

午火 大(歲)運

月支 寅木 財星이 大(歲)運에서 午火 正官을 맞이하여 寅午 半 合이 되었다. 財星과 正官이 합한 것이다. 맞이하는 午火年은 직업을 얻기 위해 재물을 소비한다.

예문) 坤命(여자) 결혼은 사주 인해합반을 충하는 신금, 사화 또는 인목, 해수를 맞이하는 年에 한다. 실제 戊寅年에 결혼했다.

時	日	月	年
○	丁	○	○
○	亥	寅	○

四柱에 寅亥合을 이루고 合絆(합반=묶여있다)되어있다. 즉 官星과 印星이 合絆으로 묶여있다. 여자에게는 官星이 남편이다. 寅亥合絆을 풀려면 寅申冲이나 巳亥冲이 되야한다. 또는 合이 合을 푼다. 그래서 寅木이나 亥水가 와도 된다. 즉 申年, 巳年, 寅年, 亥年에 結婚한다.

좀더 자세히 살펴보자면

① 申年은 寅申冲으로 亥水 官星이 자유롭다.
② 巳年은 巳亥冲과 寅巳刑(寅巳 六害殺)이 발생한다. 寅巳刑이라 亥水가 자유롭지만 巳亥冲이 되어 자유롭지 못하다. 巳亥冲으로 亥水 支藏干(戊甲壬)이 開庫된다. 支藏干 中 壬水 正官은 日干 丁火와 丁壬合(暗合, 암합)을 이룬다. 丁壬合으로 正官을 得하나 冲과 刑 동시에 發하여 壬水 正官을 得하는데 수반되는 口舌이나 희생이 크다.
③ 寅年은 寅亥合으로 기존의 合絆을 풀고 日支 亥水 官星을 온전히 얻는다. 결혼하기 제일 좋은 해이다. 亥水 官星을 직접 맞이하는 年度보다 寅年에 得官을 하는 해가 더 확실하게 結婚이 이루어진다.
④ 亥年도 寅亥合으로 기존의 合絆을 풀고 亥水 官星을 온전히 얻는다.

六合(육합)은 合絆(합반)으로 六親을 묶은 것이다. 五行이 묶였으므로 각 육친이 제 기능을 발휘하지 못한다. 생산이 안된다. 六合이 풀어지고 나서야 생산이 된다. 合解(합해)란 合으로 冲을 없애는 것이다. 干合과 六合은 공간의 合이고 三合은 평면의 合이다.

干合은 합이 합을 풀지 못한다. 大運에서 오는 干合은 四柱元局(원국=原局)의 합을 푸는 것이 아니라 강제로 빼앗아 나가는 상태다.

그러나 地支의 六合은 합으로 합을 풀 수 있다. 歲運에서 오는 동력은 四柱元局보다 힘이 2배이상 더 세다. 그래서 들어오는 힘으로 元局에 있는 合冲을 풀어버리고 새로운 合冲을 만든다.

예문) 육합과 육충이 함께 있을 때 합·충이 안 된다.

時	日	月	年
○	○	○	○
○	戌	卯	酉

戌卯合, 卯酉冲

元局에서 合冲이 동시에 있으면 冲도 아니고 合도 아니다. 이때에는 六合이 六冲을 푼다고 해석한다. 合冲으로 서로 상계되어 해소되는 경우는 四柱元局에서만 해당된다. 묶이는 글자 없이 세 글자 모두 사용한다.

예문) 사주에 육충이 있고 세운에 술토가 오면 유금이 動한다.

時	日	月	年
○	○	○	○
○	○	卯	酉

卯酉冲, 戌土 大(歲)運

四柱에 卯酉冲이 있다. 大(歲)運에서 戌土運을 맞이하여 戌卯合絆 되면서 酉金이 動한다. 즉 酉金 六親에 관한 일이 발생한다.(酉金이 생산한다)

예문) 사주에 육충이 있고 세운에 진토가 오면 묘목이 動한다.

時	日	月	年
○	○	○	○
○	○	卯	酉

卯酉冲, 辰土 大(歲)運

四柱에 卯酉冲이 있다. 大(歲)運에서 辰土運을 맞이하여 辰酉合 絆 되면서 卯木이 動한다. 즉 卯木 六親에 관한 일이 발생한다.(卯 木이 생산한다)

예문) 사주에 2개 육충이 있고 세운에 묘목이 오면 진진자형이 動한다.

時	日	月	年
○	○	○	○
○	辰	戌	辰

辰戌冲, 卯木 大(歲)運

四柱에 2개의 辰戌冲이 있다. 解冲(해충)으로 冲이 안된다. 大(歲)運에서 卯木運을 맞이하여 戌卯合絆 되면서 辰辰自刑의 刑 起가 일어난다.

寅申巳亥 四長生支 六冲은 총포물상이다. 寅申巳亥가 冲하면 動하는 것이 두렵다. 天干에 陽干만 존재하면 寅申冲은 支藏干이 모두 陽干이라 天干 器物(기물)과 合去(합거)현상은 없다. 따라서 대부분 冲發(충발)하여 吉하다. 그러나 반대로 암신이 기신에 해당 하면 암신 촉발이 凶하다. 巳亥冲은 반드시 器物이 파괴된다. 長

生支끼리의 冲은 습作(합작)이 일어나지 않는다. 바로 半合합작이 해소되며 풀린다.

長生支 冲은 소리物象이기도 해서 타악기나 현악기를 두들겨 주는 것이 액땜 방법이다.

예문) 사주에 인오반합이 있고 신금운을 맞아 인신충되면 반합의 합작이 풀려 생산 기능이 없어진다. 장생지충과 왕지충이 정반대다.

時	日	月	年
○	壬	○	○
○	午	寅	○

申金 大(歲)運

四柱에 寅午半合이 있다. 大(歲)運에서 申金運을 맞이하여 寅申冲이 되면서 寅午半合이 풀린다. 冲이 半合보다 强하다. 半合은 이미 合作하여 생산 중이므로 이것이 풀리면 생산 기능이 떨어진다. 寅木食神과 午火財星 合作이 풀리면서 먹을꺼리가 줄고 재물도 들어오지 않는다.

子午卯酉 四帝王支(四旺) 六冲은 旺支의 冲이며 현침물상이다. 酉金(庚辛)中 辛金을 현침글자로 본다. 子午卯酉의 충은 예측이 잘 안된다. 子午冲은 支藏干에 丁壬暗合이 형성이 되어 있으므로 冲出하더라도 다시 丁壬合去 되므로 器物이 파괴된다. 卯酉冲도 乙庚合去로 器物이 모두 파괴된다. 그러나 아래의 경우 살아남는 地支가 있을 수가 있다.

예문) 사주 월간 을목과 지지에 묘유충이 있다.

時	日	月	年
○	○	乙	○
○	○	卯	酉

卯酉冲

四柱에 卯酉冲이 있다. 酉金 支藏干(庚辛)中 庚金이 冲出되더라도 天干 乙木과 乙庚合去 된다. 卯木 支藏干(甲乙)中 乙木은 안전하다. 그래서 月支 卯木은 파괴되지 않는다.

예문) 사주 일간 임수와 지지에 인오반합이 있다. 자오충 왕지충으로 인오반합을 더욱 활발하게 만든다. 장생지충과 왕지충이 정반대다.

時	日	月	年
○	壬	○	○
○	午	寅	○

寅午半合, 子水 大(歲)運

四柱에 寅午半合이 있다. 大(歲)運에서 子水運을 맞이하여 子午 冲이 되면서 寅午半合이 풀린다. 冲이 半合보다 強하다. 특히 旺者끼리의 冲은 더 센 合局을 이룬다. 寅午半合은 合作으로 午火財星과 寅木食神이 더욱 활발하게 일어난다. 먹을꺼리와 재물이 더 왕성해 진다.

辰戌丑未 四墓庫支 六冲은 농사물상이다. 辰戌丑未는 土를 의미하므로 마땅히 열어야 한다. 농사를 짓던가 땅을 파야 물상대체

를 할 수 있다. 주말 농장을 다니던지, 골프를 치면서 잔디 흙을 파헤치면 흉신의 액땜이 가능하다. 헬스나 등산을 통해서도 물상대체가 가능하다. 辰戌冲은 水火入庫가 발생하고, 丑未冲은 天干에 陰干만 있으면 冲發한다.

예문) 사주 천간은 모두 음천간이고 지지는 축미충이다.

時	日	月	年	
○	丁	乙	癸	丑未冲
○	丑	未	○	

四柱 天干은 모두 陰天干이다. 四柱에 丑未冲이 있다. 丑未冲은 天干이 모두 陰天干이면 암신이 있어도 合去되지 않는다. 冲起가 일어난다. 冲出한 글자가 合去로 손상이 없으면 冲起로 본다. 刑起도 같다.

예문) 사주 천간 정화가 지장간 신금 재고를 깔고 앉아있어 부자이다.

時	日	月	年	
○	丁	○	○	未土 大(歲)運
○	丑	○	○	

四柱 日干 丁火는 丑土 支藏干(癸辛己)中 辛金 財星庫를 깔고 앉아있다. 부자이다. 丑土를 丑未冲하면 丑土 支藏干(癸辛己)中 辛金이 冲出되어 부자가 된다.

예문) 사주에 오술반합이 있고 진토운에 진술충 된다.

時	日	月	年
○	壬	○	○
戌	午	○	○

辰土 大(歲)運

四柱 日干 壬水다. 地支는 午戌半合이 있다. 大(歲)運에서 辰土 運을 맞이하여 辰戌冲이 되면서 辰과 戌 둘다 入庫현상이 일어난다. 水는 辰에 入庫되고 午火는 戌에 入庫된다. 旺支인 午火를 子水가 子午冲 하는 것은 좀 다르다. 旺神을 冲하는 것이 되므로 午戌半合은 器物 파괴가 없으면 冲起가 일어난다. 즉 午戌半合 合作이 더 가속화 된다.

旺神冲發 衰者拔

旺神이 冲하면 冲하여 發하고 衰者는 뽑힌다.

衰者冲旺 旺神發

旺神이란 合局이나 또는 두 글자 이상의 旺者(왕자)를 의미한다. 衰者는 合去와 관계없이 器物 파괴된다. 旺神은 發하고 三會의 경우 顚倒(전도)되어 많은 변화 일으킨다.

예문) 旺神冲發 衰者拔로 수국과 오화가 자오충 된 경우다.

時	日	月	年
○	丙	○	○
子	申	○	○

午火 大(歲)運

四柱 日干 丙火다. 地支는 申子半合(旺神)이 있다. 申子 水局을

이룬다. 大(歲)運에서 午火運을 맞이하여 子午冲 된다. 旺神冲 衰者拔로 申子 水局이 動하고 午火는 뽑힌다.

예문) 申子半합의 왕지인 자수가 충을 받지 않은 경우

時	日	月	年
○	丙	○	○
子	申	○	○

寅木 大(歲)運

四柱 日干 丙火다. 地支는 申子半合(旺神)이 있다. 申子 水局을 이룬다. 大(歲)運에서 寅木運을 맞이하여 寅申冲 된다. 寅申冲은 자수 왕지를 충하는 것이 아니므로 申子半合이 풀린다. 冲이 半合보다 강하다. 申子半合의 合作생산이 풀린다. 만약 半합의 旺支를 冲하면 寅木이 뽑힌다.

예문) 신자신 삼합 수국이 술토와 충하면 쇠자 술토는 개고되지 않고 뽑힌다.

時	日	月	年
○	丙	○	○
○	申	子	辰

戌土 大(歲)運

四柱 日干 丙火다. 地支는 申子辰 三合 水局이 있다. 申子辰 三合 水局이 大(歲)運에서 戌土 大(歲)運을 맞이하여 辰戌冲한다. 辰戌冲하면 戌土가 開庫되는 것이 아니라 戌은 衰者로 뽑힌다.

예문) 왕자인 寅寅은 발하고 쇠자인 申은 뽑힌다. 즉 왕신충 쇠자발이다.

時	日	月	年
○	○	○	○
○	○	寅	寅

申金 大(歲)運

地支는 寅寅이 두 글자로 旺字인 旺神이 있다. 大(歲)運에서 申金運을 맞이하여 寅申冲 된다. 寅申冲되면 旺字인 寅寅은 發하고 衰者인 申은 뽑힌다. 그러나 申金이 實字(실자)로 존재하지 않을 때에는 허자를 불러온다. 도충허자 申金을 불러 오고 合來(합래)해 오는 亥水가 존재한다. 寅亥合木으로 合來한다.

예문) 旺神 子水가 子午冲이 되면 왕신충발 쇠자발이다.

時	日	月	年
○	○	○	○
○	○	子	子

午火 大(歲)運

地支는 子子인 旺字 두 글자가 있다. 旺神 子水가 大(歲)運에서 午火運을 맞이하여 子午冲이 된다. 子午冲이 되면 旺神인 子水는 發하고 衰者 午火는 뽑힌다. 즉 旺神冲發 衰者拔이다.

예문) 년간 己土가 사유축 삼합 금국에 통근하지 못한다.

時	日	月	年
○	○	○	己
○	巳	酉	丑

四柱 年干 己土다. 地支는 巳酉丑 三合 金局이 있다. 己土는 丑土가 土 본연의 성질을 버리고 金局의 성질로 변하기 때문에 通根하지 못한다. 이유는? 三合은 각 五行이 자기의 성질을 버리고 三合五行으로 변하기 때문이다. 巳酉丑 三合 金局은 巳火(戊庚丙)中 庚金과 酉金(庚金)中 庚辛金과 丑土(癸辛己)中 辛金 등 支藏干의 庚金辛金이 모여 이루어진 金局이다.

예문) 巳酉半합이 천간 신금이 투출되어 회국을 이룬다.

時	日	月	年
○	○	○	辛
○	○	巳	酉

四柱 年干 辛金이다. 地支는 巳酉半合(반합은 合作을 한다)있다. 酉金 支藏干(庚辛)中 辛金이 天干에 透出하고 있다. 巳酉半合이 되면 會局을 짓는다. 회국이란 巳酉丑 三合 金局을 말한다.

刑(형)이 가해지면 극렬해진다. 刑은 과도한 氣가 주입된 형세이다. 刑이란 고무풍선이 점점 부풀어 터지는 物象과 같다. 四柱에 있는 刑은 刑대로 物象이 나타난다. 身厄(신액)을 당하는 것이고 인생에서 고달픈 훈련과정이 있다. 身厄이란 질병, 질액을 뜻하며 감금, 폭행, 囚人 등의 형태로 나타난다. 운동을 극렬하게 하여 身厄을 액땜할 수 있다. 몸에 일단 문신자국이나 수술자국이 있으면 刑이 액땜 된 것으로 본다. 귀문, 원진에 刑이 가해질 때 더욱 극명하게 나타난다. 귀문에 刑이 있는 사람은 변태가 많고 괴기스러운 행동을 많이 한다.

六刑殺은 三刑殺에서 나온다.

寅申巳 三刑殺에서 寅申刑, 寅巳刑, 申巳刑이 된다. 그리고 丑戌未 三刑殺에서 丑戌刑, 丑未刑, 戌未刑이 된다

怨鬼 = 怨嗔殺(원진살) + 鬼門關殺(귀문관살)

怨嗔殺					
子未	寅酉	丑午	卯申	辰亥	巳戌
鬼門關殺					
子酉	寅未	丑午	卯申	辰亥	巳戌

六破殺(육파살)에는 子酉, 丑辰, 寅亥, 午卯, 巳申, 未戌, 辰未임

예문) 자묘상형살과 신묘원진과 동시에 있음면 변태짓 한다.

時	日	月	年
○	○	○	○
○	子	卯	申

四柱 地支에 子卯相刑殺과 申卯怨嗔殺이 동시에 있다. 怨嗔에 刑冲이 같이 있으면 변태 괴기스러운 짓을 많이 한다.

예문) 자오충과 축오원진과 동시에 있으면 변태짓 한다.

時	日	月	年
○	○	○	○
○	축	오	자

四柱 地支에 子午冲과 丑午怨嗔殺이 동시에 있다. 怨嗔에 刑 冲이 같이 있으면 변태 괴기스러운 짓을 많이 한다.

예문) 인사는 형이 되면 旺해져서 겁살이면 재물을 극한다.

時	日	月	年
○	○	○	○
○	寅	巳	○

四柱 地支에 寅巳刑(寅巳 六害殺)이 있다. 刑이 되면 寅巳는 旺한 것이다. 이 寅巳가 劫殺(12신살)이면 겁살이 旺하니 재물을 剋하게 되고, 傷官이라면 상관이 刑으로 旺해지니 官星을 剋하게 되어 관록(12운성)을 단절시킨다.

예문) 자묘형 수술물상. 장생이 합을 하면 병이 낫는다.

時	日	月	年
○	壬	○	○
○	子	卯	○

申金 大(歲)運

四柱 日干 壬水다. 地支는 子卯相刑殺이 있다. 大(歲)運에서 申

金運을 맞이하여 申子半合이 된다. 申子半合으로 子卯刑이 動한다. 子卯刑이 動하면 두들겨 맞기도 하고, 채찍질 당하기도 하고, 수술하기도 한다. 子卯刑은 手術物象으로 申年이 오면 病이 낫는다. 왜? 壬日干의 長生(12運星)은 申이다. 申金 長生이 子水와 合을 하기 때문이다. (申子辰 三合 水局) 合을 하면 子卯刑이 動한다,

예문) 신자반합, 자묘형, 오묘파가 있어도 장생때 병이 낫는다.

時	日	月	年
○	壬	○	○
申	子	卯	○

午火 大(歲)運

四柱 日干 壬水다. 地支는 申子半合과 子卯相刑殺이 있다. 大(歲)運에서 午火運을 맞이하여 子午冲 된다. 子午冲이 되면 旺神인 申子半合이 動한다. 그리고 子卯刑도 動한다. 午卯破도 동한다. 手術物象이 나타난다. 壬日干의 長生(12運星)은 申金이다. 長生에 手術하면 완쾌된다. 長生이 아니면 단순 手術物象으로만 나타나는데 찢고 짜르는 수술로 끝난다.

예문) 일간 무토와 오오자형살과의 육친 문제

時	日	月	年
○	戊	○	○
○	○	午	午

四柱 日干 戊土다. 地支는 午午自刑殺이 있다. 午午自刑은 암컷

을 두고 사슴끼리 경쟁하는 쟁탈 物象이다. 피를 부르고 찢는 物象을 가진다. 어머니와 이모가 서로 재산을 두고 싸운다.

예문) 乾命(男子) 일간경금과 오오자형살과의 육친 문제

時	日	月	年
○	庚	○	○
午	午	○	○

四柱 日干 庚金이다. 地支는 午午自刑殺이 있다. 午午自刑은 官星으로 자녀에 해당한다. 아버지 재산을 놓고 형제들이 쟁탈하는 物象이다.

地支가 三合局을 이루면 地支에 根이 없는 허약한 五行이 자빠지게 된다. 이 때 반드시 약신이 있어야 구제될 수가 있다.
- 木局을 이루면 약신은 庚金이 된다.
- 火局을 이루면 약신은 壬水가 된다.
- 土局을 이루면 약신은 甲木이 된다.
- 金局을 이루면 약신은 丁火가 된다.
- 水局을 이루면 약신은 戊土가 된다.

예문) 일간 임수와 신자진 삼합 수국일 때 약신 무토가 필요

時	日	月	年
○	壬	○	戊
申	子	辰	○

四柱 日干 壬水이다. 地支는 申子辰 三合 水局이 있다. 申子辰 三合 水局이 있으면 약신인 戊土가 있어야 吉하다. 三合이 되면 암신과 허신을 촉발시킨다. 그래서 無官 四柱인 여자가 제 때에 남편을 만나 結婚을 하는 것은 四柱에 財星局을 이루면 암신인 官星을 불러 온다고 생각할 수가 있다. 순간 三合局을 이루면 合化한 五行이 旺해져서 生해주는 食神을 불러오는 것이다.

- 官星局을 이루면 旺한 官星이 印星을 끌고 오게 된다.
- 食神局을 이루면 旺한 食神이 財星을 끌고 오게 된다.
- 財星局을 이루면 旺한 財星이 官星을 끌고 오게 된다.
- 比肩局을 이루면 旺한 比肩이 食神을 끌고 오게 된다.
- 印星局을 이루면 旺한 印星이 比肩을 끌고 오게 된다.

예문) 일간 정화에 세운 임오년이 와서 합과 충을 한다.

時	日	月	年
○	丁	○	○
○	未	○	子

天干 壬水, 地支 午火年

四柱 日干 丁火이다. 地支는 子未怨嗔이 있다. 大(歲)運에서 午火運을 맞이하여 子午冲 된다. 午火支藏干(丙己丁)中 丁火는 日干 丁火의 친구이다. 이 丁火 친구는 大(歲)運에서 壬水運을 맞이하여 丁壬明暗合한다. 歲運 壬午年에 壬水를 데리고 찾아와서 日干 丁火에게 소개 시켜준다. 그러자 子午冲이 되면서 午火支藏干(丙己丁)中 丁火가 丁壬合去로 壬水가 사라진다. 歲運 壬午年에 소개받은 壬水는 日干 丁火가 데리고 도로 떠났다.

예문) 미술형에 월간 병화가 입고하여 재성 또는 처성에 문제가 발생한다.

時	日	月	年
○	壬	丙	○
○	○	戌	○

未土 大(歲)運

四柱 日干 壬水다. 日干 壬水가 月干 丙火와 丙壬沖한다. 地支는 月支 戌土가 있다. 月支 戌土는 大(歲)運에서 未土運을 맞이하여 未戌刑이 된다. 未戌刑이 되면 月干 丙火가 戌土 支藏干(辛丁戊)중 丁火에 入庫한다. 丁火는 財星入庫이니 재물 손재수가 있거나 妻星에 문제가 발생한다.

예문) 미술형에 년간 계수가 무계합거로 사라진다.

時	日	月	年
○	壬	○	癸
○	○	戌	○

未土 大(歲)運

四柱 日干 壬水다. 地支는 月支 戌土가 있다. 月支 戌土는 大(歲)運에서 未土運을 맞이하여 未戌刑이 된다. 未戌刑이 되면 戌土 支藏干(辛丁戊)中 戊土가 年干 癸水와 戊癸合한다. 戊癸合은 戊癸合去로 사라진다. 戌土는 器物파괴를 한다. 戊癸合去로 사라지는 癸水가 忌神이라면 吉할 것이다. 癸水가 喜神이라면 凶할 것이다. 戌土도 파괴되므로 戌土 官星에 문제가 발생한다.

예문) 시지 축토중 기토가 세운 갑목과 갑기합생 한다.

時	日	月	年
○	庚	○	○
丑	寅	○	○

甲木 大(歲)運

四柱 日干 庚金이다. 大(歲)運에서 甲木運을 맞이하여 甲庚冲 된다. 大(歲)運의 甲木은 日支 寅木에서 건록이 된다.

(陽甲木의 長生은 亥水, 12運星표 - 陽干巡行)

長生	목욕	관대	건록	帝旺	쇠	병	사	墓	절	태	양
亥	子	丑	寅	卯	辰	巳	午	未	申	酉	戌

大(歲)運의 甲木은 丑土의 支藏干(癸辛己)中 己土와 甲己明暗合으로 合生하여 들어오면 돈이 들어온다. 大(歲)運 甲木의 입장에서 己土는 財星이다.

예문) 일간 을목이 신왕재왕해도 갑목이 들어와 합작해야 돈이 들어온다.

時	日	月	年
○	乙	己	○
○	未	己	○

四柱 日干 乙木이다. 日干 乙木은 未土 支藏干(丁乙己)中 乙木을 깔고 앉아 있어 뿌리를 내렸다. 月干 己土와 日支 未土는 財星이다. 身旺財旺해도 合生이 안되는 구조라면 큰 돈을 벌지 못한다.

이 四柱는 合生할 수 있는 甲木이 필요하다.

예문) 대(세)운 병화와 시지 축토중 신금이 병신합생 한다.

時	日	月	年
○	壬	○	○
丑	○	○	巳

天干 丙火, 地支 戌土年

四柱 日干 壬水다. 地支는 時支 丑土가 있다. 丑土는 大(歲)運에서 戌土運을 맞이하여 丑戌刑이 된다. 丑戌刑이 되면 丑土 支藏干(癸辛己)中 辛金과 大(歲)運에서 丙火運을 맞이하여 丙辛合生이 된다. 丙辛合生이 되면서 丙火가 戌土에 入庫된다. 丙戌年에 손재수가 일어난다.

예문) 일간 경금이 미술형을 만나 미토의 을목과 을경합생하여 을목 재성을 얻어 득재한다.

時	日	月	年
○	庚	○	○
未	申	○	○

戌土 大(歲)運

四柱 日干 庚金이다. 地支는 時支 未土가 있다. 未土는 大(歲)運에서 戌土運을 맞이하여 未戌刑이 된다. 未戌刑이 되면 未土 支藏干(丁乙己)中 乙木이 冲出하면서 日干 庚金과 乙庚合生한다. 日干 庚金에서 未土中 乙木은 財星이라 得財한다.

예문) 일지 축토는 축미충이 되어 갑목이 입고되어 성취를 못하는 해가 된다.

時	日	月	年
○	丁	甲	○
○	未	○	○

丑土 大(歲)運

四柱 日干 丁火다. 地支는 日支 未土가 있다. 未土는 大(歲)運에서 丑土運을 맞이하여 丑未冲이 된다. 丑未冲이 되면 甲木이 未土에 入庫 된다. 진신인 甲木이 사라지므로 丑年에는 성취하기 어렵다. 丑土(癸辛己)라는 땅에 未土(丁乙己)라는 전봇대를 박던지, 丑土(癸辛己)라는 자궁에 未土(丁乙己)라는 수술물상이 이루어지면 액땜이 된다.

예문) 일지 미토중 정화가 임수를 만나 정임합거 한다.

時	日	月	年
○	丁	○	○
○	未	○	○

天干 壬水, 地支 辰土年

四柱 日干 丁火이다. 地支는 日支 未土가 있다. 大(歲)運에서 辰土運을 맞이하여 辰未破가 된다. 辰未破가 되면 未土 支藏干(丁乙己)中 丁火가 大(歲)運에서 壬水運을 맞이하여 丁壬合去로 壬水가 사라진다. 日干 丁火에서 보면 未土는 관대(12운성)이다.

(陰丁火己土의 死는 寅木, 12運星表 - 陰干逆行)

死	墓	절	태	양	장생	목욕	관대	건록	帝旺	쇠	병
寅	丑	子	亥	戌	酉	申	未	午	巳	辰	卯

未土 관대속에 있는 丁火는 친구이다. 이 친구가 丁壬合으로 壬水를 끌고 오므로 日干 丁火에게 소개 시켜 주는 것이다. 그런데 辰未破가 되어 친구가 壬水를 더 좋아해서 데리고 떠나게 된다.

合起(합기)는 합한 것을 건드렸을 때 일어나는 運이고, 冲起(충기)는 冲으로 건드렸을 때 일어나는 運이다. 즉 冲 했을 때에 충출이 된 六親이 合去 등으로 器物파괴가 일어나지 않으면 冲起라고 하여 吉하게 본다. 刑起도 마찬가지 이다

예문) 坤命(여자) 관성이 4개로 신약하다.

時	日	月	年
乙	戊	丁	乙
卯	寅	亥	未

木 4개 + 水 1 = 木이旺함

여자 사주이며 23세 丁巳年에 서울 발령. 35세 己巳年에 대학원 입학. 현재 기관장으로 근무 중이다.

四柱 日干 戊土이다. 五行중 木이 많아 旺하다. 亥未는 旺支 卯木이 時支에 있어 三合을 이루기 어렵다. 그러나 亥未合作은 한다. 巳亥冲이 되면 寅亥合인 旺神 木을 冲하는 것이다. 목이 강한 가종격이다. 그렇지 않으면 巳亥冲으로 寅亥合이 풀린다. 巳火는 冲으

로 뽑히는 旺神冲發 衰者拔이다.

23세 丁巳年에는 丁巳가 專者(전자)로 오니 뽑히지는 않겠고 巳火가 開庫된다. 즉 丁火印綬가 巳亥冲으로 巳火 건록을 충하므로 丁火가 흔들리니 직위을 박탈하는 형국이다. 前 직장에서 보직발령 대기로 있었다.

(陽丙火戊土의 長生은 寅木, 12運星표 – 陽干巡行)

長生	목욕	관대	건록	帝旺	쇠	병	死	墓	절	태	양
寅	卯	辰	巳	午	未	申	酉	戌	亥	子	丑

巳火 支藏干(戊庚丙)中 丙火가 충출하여 새 印星(문서-보직발령 받는 문서로 봄)을 얻으니 새 직위를 발령 받는다. 寅亥合인 官運도 함께 動해서 보직 관련이 된 문서로 통변한다. 旺神冲이 일어나면 寅亥合이 木氣이니 木 官星이 발동하는 것이다. 官星에 관련된 일들이 발생한다.

예문) 일간 갑목이 대운 묘목을 만나 득령했다.

時	日	月	年
己	甲	己	壬
巳	戌	酉	辰

大運 乙卯, 歲運 丁亥

四柱 日干 甲木이다. 歲運 丁火 傷官이 年干 壬水 偏印을 丁壬合으로 데려간다. 丁火 傷官과 壬水 偏印이 없어진다. 진로 막히고 지위도 잃는 형국이다. 그러나 日干 甲木이 大運 卯木을 만나 得令(득령)했다. 즉 세월을 얻었으므로 合化하여 새로운 木을 생산해

낸다. 새로운 比劫이 나타나므로 당해 년도에 학원을 등록하여 새로운 동료들을 만난다. 比劫의 생산은 새로운 동료를 얻거나 세력의 확장을 의미한다. 이것을 得比(득비)라고 한다.

地支로는 亥水가 卯木과 亥卯半合아여 卯木을 촉발시킨다. 그런 후에 卯木이 다시 酉金과 卯酉冲으로 동요시킨다. 즉 辰酉合이 合起한다. 辰酉合이 合起하면서 辰戌冲이 유발된다. 辰戌冲이 되면 辰土는 풀리지만 戌土는 開庫가 되어 入庫 현상이 나타난다. 즉 巳火가 戌土에 入庫된다. 巳戌怨鬼를 굴렁쇠 入庫物象이라 한다.

예문) 지지 인해합반이 세운 사화운에 사해충되어 인해합반이 풀려 인목과 해수가 합기한다.

時	日	月	年
○	庚	○	○
○	寅	亥	○

巳火 大(歲)運

四柱 日干 庚金이다. 地支는 寅亥合絆이 되어있다. 亥水는 大(歲)運에서 巳火運을 맞이하여 巳亥冲이 된다. 巳亥冲이 되면 巳火는 開庫가 된다. 亥水는 寅亥合으로 보호되어 開庫되지 못하지만 巳亥冲으로 寅亥合絆은 풀린다. 合絆되었던 寅木과 亥水가 살아난다. 寅亥合絆이 풀리기 전에 寅亥合起가 발생한다. 즉 寅亥合絆이 풀리면서 생산이 일어난다. 寅木인 偏財이고 亥水가 食傷이니 食財가 살아난다.

고서에 合으로 묶여 있으면 좋다고 하는데 이를 合起(합기)라고 한다. 특히 천을귀인이 合이 되어 있는 경우에 合 또는 冲이 오면

合起가 일어나 천을귀인이 발현한다.

日干	甲 戊 庚	乙 己	丙 丁	壬 癸	辛
天乙貴人	丑 未	子 申	亥 酉	巳 酉	午 寅

예문) 삼합의 반합은 합작이 된다.

時	日	月	年
○	壬	○	○
○	子	卯	○

申金 大(歲)運

四柱 日干 壬水이다. 地支는 子卯相刑殺이 되어있다. 大(歲)運에서 申金運을 맞이하여 申子半合이 된다. 申子半合으로 子卯刑이 풀린다. 子卯刑이 풀리면서 子卯刑이 動하면서 刑起가 발생한다. 子卯刑은 현침이라 수술물상이 나타날 수 있다. 日干 壬水에서 보면 大(歲)運 申金年은 長生(生意)(12운성)이다. 그래서 申金年에 수술하면 완쾌된다. 子卯刑起가 되면 보험으로 들었던 건강 상해보험금을 수령한다. 子卯刑起 발생이 안되고 흉신으로 작용하면 수술하지만 보험에 가입하지 않아 보험금 수령을 못하여 수술비를 빚지게 된다.

(陽壬水의 長生은 申金, 12運星표 – 陽干巡行)

長生	목욕	관대	건록	帝旺	쇠	병	사	墓	절	태	양
申	酉	戌	亥	子	丑	寅	卯	辰	巳	午	未

예문) 신자합반 수국 왕신이 세운과 충 또는 합이 되면 풀린다.

時	日	月	年
○	○	○	○
○	○	子	申

午年, 寅年, 巳年이 올 경우

① 地支는 申子合絆이 되어있다. 月支 旺支 子水와 결합하여 申子合絆 水局을 이룬다. 旺神인 子水를 午火가 冲하면 旺神은 發하고 午火는 開庫되거나 뽑힌다. 즉 旺神冲發 衰者發이다. 旺支의 冲은 대부분 發起한다.

② 地支가 申子合絆일 때 丑土가 오면 旺神인 子水를 丑土가 합할려고 한다. 그래서 申子合起가 발생한다.

③ 地支가 申子合絆일 때 寅木年이 오면 寅申冲이 된다. 申子合絆에서 子水는 독립적으로 활동한다. * 四長生支 寅申巳亥 冲은 대부분 합을 풀어 버린다.

④ 地支가 申子合絆일 때 巳火年이 오면 巳申刑이나 申子合絆으로 刑이 풀리고 申子合絆도 풀린다. 다시 巳申合絆만 되면 申金은 묶이고 子水만 독자적으로 활동한다.

⑤ 旺支는 月支가 아니라도 상관없다.

예문) 육합과 자묘상형살이 함께 있으면 육합만 발생한다.

時	日	月	年
○	○	○	○
○	戌	卯	子

地支 日支 戌土와 月支 卯木이 戌卯合絆을 이룬다. 동시에 月支 卯木과 年支 子水가 子卯相刑殺이 이룬다. 六合이 刑보다 작용력(동력)이 강하기 때문에 戌卯合絆만 발생한다. 그러나 時支에서 寅木 또는 午火가 있다면 寅午戌 三合이 되나 寅戌合絆 또는 午戌合絆이 되면 子卯刑이 부활한다. 왜? 刑은 半合보다 작용력(動力)이 강하기 때문이다.

예문) 육충과 자묘상형살이 함께 있으면 육충만 발생한다.

時	日	月	年
○	○	○	○
酉	卯	子	○

地支 日支 卯木과 月支 子水가 子卯相刑殺이 이룬다. 동시에 地支 日支 卯木과 時支 酉金이 卯酉冲을 이룬다. 冲이 刑보다 작용력(동력)이 강하기 때문에 子卯刑은 발생하지 않고 卯酉冲만 발생한다.

예문) 坤命(여자) 묘유충과 월지유가 세운유운을 만나 자형이 되어 묘유충이 동한다. 즉 개고된다.

時	日	月	年	
癸	丁	庚	辛	酉年
卯	酉	子	丑	

四柱 日干 丁火이다. 地支에 卯酉冲이 있다. 그러나 體(체)의

靜的(정적)상태이니 動하지 않는다. 酉運에 酉酉自刑으로 酉金이 動한다. 刑으로 소동은 있지만 得財는 아니다. 自刑으로 動하면 得보다는 財貪(재탐)하는 상황으로 심신이 고단해진다. 왜? 재물을 얻으려면 그 만큼 심신을 써야하니깐. 酉酉自刑이 卯酉冲을 動하게 한다. 開庫된 卯(甲, 乙)中 乙木이 乙庚合去 된다. 合去는 得이 없다. 合化로 得이 되려면 月令(월지), 大運의 地支를 얻거나 또는 地支 會局이 되야 한다. 즉 月支 子水는 겨울인데 乙庚合金은 가을이라 月支(월령)을 얻지 못했다. 得이 없으므로 財貪하여 들인 功이 헛수고로 끝난다.

예문) 坤命(여자) 원국 방합이 대운과 충이 되고 세운과 원진이 된다.

時	日	月	年
壬	甲	癸	壬
申	辰	卯	寅

大運 戊戌, 歲運 亥年

四柱 日干 甲木이다. 地支에 寅卯辰 方合이 있다. 大運에서 戊土運을 맞이하여 辰戌冲이 된다. 體(체)에서 寅卯辰 方合이 있으니 六合 戌卯合은 동력 선후에 의해 성립 안한다. 그래서 六合 戌卯合은 없고 大運에 辰戌冲만 발생한다. 합과 冲이 동시 발생하면 用(용)의 영역에선 세 글자 모두 동요한다. 亥年에 辰亥 鬼門이 動한다. 辰亥 鬼門이 動하여 辰戌冲이 일어난다. 辰戌冲에 의해 수화토의 入墓(입묘)가 발생한다. 天干의 戊癸合이 合絆되에 辰戌冲일 때 土의 六親이 入墓가 된다. 왜? 合이 묶여 힘을 못쓰니 冲이 入墓한다. 만약 合이 될 때 冲이 오면 開庫가 된다. 冲에 의해 開庫된

戊土도 合化가 없어 심각한 六親 손상을 있다.

地支冲	地支六合			六害殺			
子 午	子	丑	合 土	子	未	丑	午
丑 未	寅	亥	合 木	寅	巳	申	亥
寅 申	卯	戌	合 火	酉	戌	卯	辰
卯 酉	辰	酉	合 金	酉	戌	卯	辰
辰 戌	巳	申	合 水	寅	巳	申	亥
巳 亥	午	未	合 無	子	未	丑	午

怨嗔殺					
子未	寅酉	丑午	卯申	辰亥	巳戌

鬼門關殺					
子酉	寅未	丑午	卯申	辰亥	巳戌

예문) 乾命(남자) 삼합이 형충되면 動(동)한다.

時	日	月	年
辛	庚	庚	庚
巳	午	辰	子

大運 甲申, 歲運 辰年

 四柱 日干 庚金이다. 大運에서 申金運을 맞이하여 申子辰 三合 水局이 되었다. 申子辰 세 글자를 刑冲하거나 같은 글자가 겹치면 會(방합 및 삼합)가 動한다. 會가 動하게 되면 삶의 극심한 변화가 발생한다. 歲運 辰年에 申子辰 三合 水局을 건들면 旺한 水에 大運

甲木이 휩쓸려간다. 즉 日干 庚金 입장에서 甲木인 財星이 날라간다. 그러나 申子辰 三合 水局이 水生木하여 다시 木을 생하여 蓄財(축재)하게 된다. 즉 가진 것은 다 잃고 새로운 財貨(재화)를 얻는다.

형충회합파해 해법은 ① 辰戌丑未 四庫의 財官을 刑冲破로 開庫시킨다 ② 天干과 地支 支藏干의 天干하고 暗合(財星 또는 官星이 合이 되어야 한다) 해야 한다(이를 합생이라 한다).

예문) 원국 시지 미토가 행운술토와 미술파를 이루고 개고되었다.

時	日	月	年
○	庚	○	○
未	申	○	○

戌運 ⇒ 未戌破

四柱 日干 庚金이다. 時支 未土가 行運에서 戌土運을 맞이하여 未戌破가 되어 開庫됐다. 日支 申金(戊壬庚)中의 庚金과 未土(丁乙己)中의 乙木(財星)이 乙庚合金으로 暗合(支藏干끼리의 合)하면 돈이 들어온다.

예문) 命主(명주=日干) : 천간 일간 정화의 진신 갑목이 있어야 길하다. 일지 미토와 행운 축토와 축미충되어 개고되었다.

時	日	月	年
○	丁	甲	○
○	未	○	○

丑年 ⇒ 丑未冲

四柱 日干 丁火이다. 丁火日에 태어난 사람이 기본적인 부귀와

품격을 누리기 위해서는 丁火는 타야 하므로 丁火를 生해주는 甲木이 있어야 하는데 甲木이 眞神이다.

이 四柱八字는 日柱 未土가 행운에서 丑土運을 맞이하여 丑未 冲이 되어 開庫시켰다. 未(丁乙己)中의 己土가 開庫되어서 天干의 甲木과 甲己合土 한다. 그러나 드러난 天干과 합하면 甲己合土가 合絆되어 묶여서 合去되어 없어진다. 眞神(진신) 甲木이 없어진 것이다. 그러면 行運 丑年에는 성취할 수 없다. 丑年에 합격이냐 아니냐는 冲이 되어서 不合格이 아니라 眞神 甲木이 合去(합거)를 당해 不合格한 것이다.

예문) 坤命(女子) 정미일주가 행운의 진토와 진술충이 되어 개고된다.

時	日	月	年
○	丁	○	○
○	未	○	○

壬辰年 ⇒ 辰未破

四柱 日干 丁火이다. 丁未日柱 女命이 壬水가 들어오면 官(男子)이 들어오는 것이다. 남자가 들어오는데 그냥 남자가 생긴다고 하면 안 된다. 남자가 왔다가 잠시 있다 다시 나갈 수 있기 때문이다. 未(丁乙己)中 丁火와 합해서 들어오기 때문에 壬水가 들어오는 것이다. 실제 四柱八字 해석 시 未中丁火를 내 친구로 본다. 내 친구가 남자를 소개시켜 줘서 남자가 들어 온다고 본다. 그래서 친구(未中丁火)도 생기고 남자(壬水)도 생긴다. 丁火日干의 未土는 冠帶(관대)이다. 冠帶에 있는 丁火 比肩은 내 친구 중에 공무원, 선생, 간호사, 옷 잘 입는 친구 등으로 해석한다.

(陰丁火己土의 死는 寅木, 12運星표 - 陰干逆行)

死	墓	절	태	양	장생	목욕	관대	건록	帝旺	쇠	병
寅	丑	子	亥	戌	酉	申	未	午	巳	辰	卯

辰土가 들어오면 辰未破가 되어 未가 다시 開庫되면서 丁火가 튕겨 나와 壬과 丁壬合으로 合해서 合去된다. 결국 내 친구가 소개시켜 주어 놓고 시샘하고 이간해서 내 친구와 둘이 빠져 나간다.

예문) 乾命(男子)지지 축미충과 오미합이 동시에 없어지나 행운의 축토운이 오면 축미충과 오미합을 일으킨다.

時	日	月	年	
壬	乙	辛	丙	丑年
午	未	丑	午	

四柱 日干 乙木이다. 원국 地支에 丑未冲과 午未合이 되어있다. 사주원국 體(체) 靜物(정물)에서는 합과 충의 힘의 크기가 같아 합 충이 없어진다. 行運에서 丑土運을 맞이하여 丑午 鬼門에 이어 丑土가 겹치면 丑未冲이 動하고 2개의 丑土가 未土를 공격한다. 丑土는 冲發하여 得財하고 未土는 뽑혀 失財한다. 이때 午未合이 動하여 깨지려는 未土를 묶는다. 靜的(정적)인 體의 元局에 합이 없으니 합으로 묶는다. 합과 충의 힘은 대등하다. 그래서 원국의 丑未冲과 午未合은 발생하지 않는다. 그런데 丑土年이 靜的인 丑未冲을 일으키니 덩달아 靜的인 午未合도 일어난다.

예문) 원국 신자 반합 왕지는 행운 축토와 자축합을 이루나 신자반합 만 활성화 되고 자축합은 성립이 안된다.

時	日	月	年
○	○	○	○
○	○	子	申

丑運

元局 地支에 申子半合이 되어있다. 行運에서 丑土運을 맞이하여 子丑合을 이루나 성립이 안된다. 왜? 子水는 旺支이기 때문이다. 만약 申金 長生支 및 辰土 墓庫支라면 독립적인 개체라서 合이 된다. 旺支 子水는 申子가 動하여 會發하여 申子 半合이 활성화된다.

예문) 坤命(女子) 사주 두 개의 자수가 행운 오화를 맞이하여 자오충하여 쇠자충왕 왕신發하였다.

時	日	月	年
戊	丙	庚	辛
子	子	寅	亥

午運

四柱(원국)에 두 개의 子水가 있어 旺神이 되었다. 子水가 行運에서 午火運을 맞이하여 午運에 午火 衰者가 강한 子水를 冲한다. 衰者冲旺 旺神發이다. 旺神 子水 官星이 發하여 새로운 직업을 구했다.

5) 형충회합파해 실제 응용 사례

예문) 乾命(남자) 사주 투합은 합이 성립이 되지 않는다. 진유합의 육친과 12운성을 따져 현재 직장에서의 위치를 안다.

時	日	月	年
己	甲	己	壬
巳	戌	酉	辰

酉金月에 태어난 日干 甲木이다. 日干 甲木과 月干 및 時干의 두 개의 己土로 甲己合이 妬合(투합)으로 합이 성립하지 않는다. 命造 地支 月支 酉金 正官이 年支 辰土 偏財와 辰酉合한다. 日干 甲木에서 보면 月支 酉金 正官은 12운성에서 胎支(태지)이다. * 胎는 뱃속의 태아이다.

(陽甲木의 長生은 亥水, 12運星표 - 陽干巡行)

長生	목욕	관대	건록	帝旺	쇠	병	사	墓	절	태	양
亥	子	丑	寅	卯	辰	巳	午	未	申	酉	戌

月支 酉金 正官이 胎支라는 것은 갇혀 있는 직업을 뜻한다. 年支 辰土 偏財와 辰酉合이 되니 재물이 나오는 안정된 직장을 말한다. 時支 巳火는 12運星 病支(병지)로 驛馬이다. 驛馬支에 支藏干(戊庚丙)中 庚金 偏官이 있고 戊土 偏財가 있다. 그래서 말년에는 해외에서 근무하는 부서를 맡게 된다. 초년에는 국내에서 근무하다가 중년인 현재 파리자사 지사장으로 근무하고 있다.

위 四柱에 行運 子水年을 맞이할 경우는 아래와 같이 해석한다.
위 四柱에서 年支 辰土가 行運 子水年을 맞이하면 子申半合 三

合을 이룬다. 辰酉合을 動하게 만들어 합기가 된다. 즉 辰酉合이 動하면서 巳酉半合 三合 合生이 된다. 다시 合生이 되면서 辰戌 冲을 일으킨다. 辰은 풀리고 戌은 入墓支로 작용하게 되어 巳火가 戌土에 入庫한다. 巳戌怨嗔 寅木運에는 寅戌合作이 일어난다.

예문) 사주 사화가 행운 유금을 만나 사유반합 합작한다. 그리고 시간 천간 경금은 을목을 만나 을경합하여 새로운 금을 탄생시킨다. 편재와 인수가 합작하니 큰 돈을 번다.

時	日	月	年
庚	壬	○	己
戌	子	申	巳

乙酉 歲運

申金月에 태어난 日干 壬水이다. 年支 巳火 偏財가 行運에서 酉金運 印綬를 맞이하여 巳酉半合 三合 合作이 이루어진다. 巳火 偏財와 酉金 印綬가 합작한다. 즉 문서로 인한 得財가 발생한다. 天干 時干의 庚金 印綬가 乙木運 傷官을 맞이하여 乙庚合이 되면 月令을 得한 合은 合化가 되기 때문에 새로운 金 印星이 탄생하게 된다. 乙酉 歲運에서 법인투자로 큰 돈이 들어왔다. 즉 문서운이 왔다.

위 四柱에 行運 丑土年을 맞이할 경우는 아래와 같이 해석한다
時支 戌土 偏官이 行運에서 丑土運 正官을 맞이하여 丑戌刑이 발생한다. 그래서 時支 戌土는 開庫되어 年支 巳火가 入庫된다. 年支 巳火 偏財가 入庫되므로 사회적 침체기가 된다

예문) 乾命(남자) 천간은 합생하고 지지는 생동시킨다.

時	日	月	年
丙	壬	丁	癸
午	申	巳	丑

巳火月에 태어난 日干 壬水이다. 현재 대형은행에 근무하고 있으며 돈을 많이 벌고 있다.

① 일어나는 시기를 알아 보는 법 : 年月은 상반기로 본다. 日時는 하반기로 본다.

年支 丑土 正官은 月支 巳火와 巳酉丑半合 三合과 合作이 된다. 상반기인 丑月, 巳月에 合作이 발생하게 된다. 酉月은 하반기에 해당되어 해당사항이 없다. 時支 午火는 寅午戌 三合과 合作하므로 하반기인 戌月에 合作이 발생한다.

② 甲年의 운세

日干 壬水 입장에서 甲木 歲運은 食神이다. 衣食住를 의미한다. 喜神이냐 忌神이냐의 문제는 나중에 따진다. 문제는 衣食이 생겨 나느냐 그렇지 않으냐를 따져야 한다. 甲木 食神이 生産할려면 己土가 필요하다. 年支 丑土 支藏干(癸辛己)中 己土가 歲運 甲木과 甲己明暗合하여 合生해야 하는 것이다. 日干 壬水에게 丑土는 官星이고 攀鞍(반안)에 해당한다. 직책이 높은 위치에 있다고 본다. 甲己合은 食神과 官星의 合作을 하므로 진로가 열리면서 높은 직위에 오른다. 月支 巳火 偏財와 年支 丑土 正官이 巳酉丑半合 三

合이 合作을 한다. 이때에는 年支 丑土 支藏干(癸辛己)中 己土 正官이 재물을 끌고 오는 것이다. 그 다음엔 午火 支藏干(丙己丁)中 己土와 합한다. 午火는 12運星에서 胎支(태지)에 해당한다.

(陽壬水의 長生은 申金, 12運星表 - 陽干巡行)

長生	목욕	관대	건록	帝旺	쇠	병	사	墓	절	태	양
申	酉	戌	亥	子	丑	寅	卯	辰	巳	午	未

* 胎는 뱃속의 태아이다.

　年支 丑土 支藏干(癸辛己)中 己土 正官은 갇혀 지내는 직업物象이다. 이런 물상은 특수한 지역에 배치되는 사람이 많은데 사단장이 위수지역을 이탈하면 안되는 것이고 사병이 근무지를 벗어날 수 없는 것이니 갇혀 지내는데 이것이 胎支(태지)物象이다. 日干 壬水 입장에서 時支 午火는 財星이니 財星속 己土 官星이 재물과 함께 온다. 그러므로 歲運 甲木運에는 得食이 되는 해이고 甲己合으로 食官合作이 된다. 이로인해 높은 직위에 발령을 받게 되고 巳丑合作과 午火財星으로 得財도 같이 얻는 吉한 해이다.

　③ 乙年의 운세

　日干 壬水 입장에서 乙木 歲運은 傷官이다. 月支 巳火 支藏干(戊庚丙)中 庚金이 歲運 乙木과 乙庚合을 한다. 月支 巳火는 12운성에서 絕支(절지)에 해당한다. 月支 巳火 支藏干(戊庚丙)中 庚金은 絕支안에 있는 印綬가 되므로 조용히 진로를 진행한다. 그러다가 日支 申金 支藏干(戊壬庚)中 庚金과 乙庚合生한다. 日支 申金은 12운성에서 長生이니 長生支에 있는 庚金은 후견인이 되어 적극적

으로 돕게 된다.

④ 丙年의 운세

日干 壬水 입장에서 丙火 歲運은 偏財이다. 丙火가 재물이 되어 들어오게 하려면 年支 丑土는 반안 支藏干(癸辛己)中 辛金이 歲運 丙火와 丙辛明暗合하여 合生해야 한다. 그런데 年支 丑土는 攀鞍(반안)이고 丑土는 攀鞍의 支藏干(癸辛己)中 辛金은 印綬이다. 丙火 재물과 辛金 印綬가 丙辛合生한다. 이때 재물의 크기를 보려면 丙火가 地支를 얻던가 月支 巳火月令(월지)을 얻어 專者(전자)로 오면 재물의 크기가 매우 크다고 본다.

⑤ 丁年의 운세

日干 壬水 입장에서 丁火 歲運은 正財이다. 日支 申金 支藏干(戊壬庚)中 壬水와 丁壬合生한다. 日支 申金은 12운성에서 長生支이다. 申金 支藏干(戊壬庚)中 壬水는 長生支안에 있는 支藏干이다. 申金 長生支에 있는 壬水 比肩은 日干 壬水인 나를 도와주는 후견인이면서 귀인이다. 이 동료가 丁火 歲運인 正財인 큰 돈을 끌고 와서 투자 요청을 하게 된다. 月支 巳火月令(월지)을 득한 丁은 丁巳 專者(전자)가 되어 매우 큰 돈 이다. 申金이 하반기에 있으므로 하반기에 나타난다.

⑥ 戊年의 운세

日干 壬水 입장에서 戊土 歲運은 偏官이다. 官星은 새로운 직책인데 月支 巳火月令(월지)에 뿌리를 내렸다. 戊土 歲運은 得令(득령)

하였으므로 강력한 힘이 있다. 즉 작은 제안이 아니고 높은 직책의 스카웃이 들어온다. 年干 天干 癸水 比劫은 윗사람에 해당된다. 歲運 戊土는 年干 天干 癸水와 戊癸合하니 윗사람이 제안해 오는 것이다. 그러나 戊癸合으로 戊土 歲運 偏官이 사라지니 불발로 끝난다. 戊癸合이 月支 巳火月令(월지)을 얻어 合火가 되므로 官職은 불발로 끝나지만 새로운 財星을 만들어 내므로 財星적 성취는 있었다. 만약에 戊寅年이라면 官을 끌고 오는 寅木 食神은 日干 壬水입장에서 12운성으로 病支로 驛馬에 해당된다. 즉 외국 발령 제의로 스카웃이 들어왔다. 戊寅年에 寅巳刑이 되면 動해서 들어오는 寅木이 먼저 開庫된다. 寅木 支藏干(戊丙甲)中 무토가 年干 天干 癸水와 戊癸合去로 새로운 제의는 불발로 끝난다. 윗사람인 癸水가 제안한 戊土 官職運은 불발된다. 그 다음에 寅申冲하여 申金 支藏干(戊壬庚)中 壬水가 天干 月干 丁火와 丁壬合去로 丁火 正財가 손실되므로 재물의 損財數(손재수)가 있다. 또한, 申金도 器物파괴가 되어 손상을 당하니 후견인의 재정적 도움이 사라지는 것을 의미한다. 寅申冲이 되니 巳丑合作이 다시 일어나게 된다. 財官의 合作이니 전 직장에서 급여가 오르면서 그대로 봉직하게 된다.

⑦ 己年의 운세

日干 壬水 입장에서 己土 歲運은 正官이다. 官職運이 나타나는데 己土 歲運은 月支 巳火月令(월지)에 뿌리를 내렸다. 己土 歲運은 得令(득령)하였으므로 강력한 힘이 있다. 그래서 官에 대한 욕심이 생기게 된다. 그러나 己土는 支藏干의 갑목을 보아야만 성취할 수 있다. 貧官無依(빈관무의)로 끝난다. 己土 歲運에는 官職은 없다.

⑧ 庚年의 운세

日干 壬水 입장에서 庚金 歲運은 偏印이다. 庚金 歲運은 偏印運인데 생산이 일어 날려면 支藏干의 乙木이 있어야 한다. 만약에 未土가 있어서 未土 支藏干(丁乙己)中 乙木이 歲運 庚金과 乙庚合生이 일어나서 食傷과 寅星의 合作이 일어난다. 그러나 元局에 合作하는 地支가 없다. 無爲로 끝난다.

⑨ 辛年의 운세

日干 壬水 입장에서 辛金 歲運은 正印이다. 天干 時干 丙火와 歲運 辛金은 丙辛合絆되거나 합동이 된다.

⑩ 壬年의 운세

日干 壬水 입장에서 壬水 歲運은 比肩이다. 天干 月干 丁火와 歲運 壬水는 丁壬合絆되거나 합동이 일어난다. 月令(월지)을 얻지 못하여 불화한다.

⑪ 癸年의 운세

日干 壬水 입장에서 癸水 歲運은 劫財이다. 月支 巳火 支藏干(戊庚丙)中 戊土와 歲運 癸水가 戊癸合生한다. 月支 巳火가 財星이라 比劫의 세력 확장으로 財物적 성취가 있다.

⑫ 子年의 운세

日干 壬水 입장에서 子水 歲運은 劫財이다. 天干 月干 丁火가 生動한다. 歲運 子水 支藏干(壬癸)中 壬水가 丁壬合生한다. 月干

丁火를 動하게 하므로 得財가 일어난다. 年支 丑土와 歲運 子水가 子丑合으로 丑土가 묶인다. 기존의 官星 年支 丑土를 경쟁자인 子水가 와서 빼앗아간다. 그리고 月支 巳火와 日支 申金에 巳申刑이 일어난다. 日支 申金 支藏干(戊壬庚)中 壬水가 丁壬合去로 사라져 후견인을 잃고 재정적 손실을 당한다.

⑬ 丑年의 운세

日干 壬水 입장에서 丑土 歲運은 正官이다. 月支 巳火는 歲運 丑土와 巳丑半合 三合이 되어 合作이 된다. 年支 丑土를 넘겨주고 새로운 月支 巳火와 歲運 丑土가 巳丑합作한다. 이것은 기존 보직(官)을 넘겨주고 다른 보직으로 변동을 의미한다. 月支 巳火는 偏財다. 그래서 巳火(偏財)로 새 녹봉을 받는 丑土(正官) 보직이 생겨난다. 月支 巳火 支藏干(戊庚丙)中 丙火 偏財와 歲運 丑土 支藏干(癸辛己)中 辛金이 丙辛合生한다. 丙火가 動하여 일어난다. 그러므로 歲運 丑土가 올 때 年支 丑土는 넘겨주고, 새로운 歲運 丑土 正官과 月支 巳火 支藏干(戊庚丙)中 丙火 偏財가 合作하면서 丙火 偏財가 일어나는 것이다.

⑭ 寅年의 운세

日干 壬水 입장에서 寅木 歲運은 食神이다. 歲運 寅木運이 오면 寅木 支藏干(戊丙甲)中 戊土 偏官이 元局 年干 癸水 劫財를 戊癸合作으로 生動시키므로 윗사람이 나에게 좋은 관직을 제안해 오게 된다. 歲運 寅木 食神은 日干 壬水입장에서 12운성으로 病支로 驛馬에 해당된다. 해외 발령지이다.

長生	목욕	관대	건록	帝旺	쇠	병	사	墓	절	태	양
申	酉	戌	亥	子	丑	寅	卯	辰	巳	午	未

歲運 寅木運과 月支 巳火가 寅巳刑이 되면서 寅木 支藏干(戊丙甲)中 戊土가 月支 巳火 支藏干(戊庚丙)中 戊土와 開庫된다. 寅木 支藏干(戊丙甲)中 戊土는 元局 天干 癸水와 戊癸合去 되어 사라지면 寅木은 器物파괴가 된다. 그 해 윗사람의 제안은 불발로 끝이 난다. 月支 巳火 支藏干(戊庚丙)中 戊土는 元局 年干 癸水가 合去로 사라진 상태이므로 合去 될 상황이 없어져 月支 巳火는 器物파괴가 안되므로 巳火와 日支 申金이 巳申刑起가 일어난다. 巳申刑起가 일어나면서 月支 巳火와 年支 丑土가 巳丑合作을 시도한다. 年支 丑土 正官과 합하므로 기존의 직장을 사퇴하지 않고 그대로 머무른다. 다시 月支 巳火와 日支 申金이 巳申合刑이 일어난다. 日支 申金 支藏干(戊壬庚)中 壬水가 元局 月干 丁火와 丁壬合去로 사라져 元局 月干 丁火 正財가 없어지고 日支 申金 偏印은 器物파괴가 일어난다. 후견인인 日支 申金의 물질적 도움이 없어진다.

⑮ 卯年의 운세

日干 壬水 입장에서 卯木 歲運은 傷官이다. 歲運 卯木運에는 生動하는 기물(글자)이 없으므로 별 다른 일이 발생하지 않는다. 그러나 歲運 卯木 支藏干(甲乙)中 乙木과 日支 申金 支藏干(戊壬庚)中 庚金이 乙庚暗合으로 合作하고 있지만 暗合의 활동은 天干에 드러나지 않기 때문에 별 소득 생산이 일어나지 않는다. 생산을 위해 남 몰래 준비하는 과정이라고 보면 된다. 歲運 卯木과 時支 午火가

午卯破가 된다. 午卯破에 수술하는 일이 발생하고 완쾌가 어렵고 수술자국이 심하게 남는다. 午卯破가 발생하는 歲運 卯木運에 수술하려면 子水月에 해야한다. 申子半合 三合 合作이 발생한다. 申子가 合作하여 生意가 강하게 되고 수술 후 완쾌가 빠르다. 日支 申金은 日干 壬水입장에서 12運星으로 長生이 된다.

長生	목욕	관대	건록	帝旺	쇠	병	사	墓	절	태	양
申	酉	戌	亥	子	丑	寅	卯	辰	巳	午	未

⑯ 辰年의 운세

日干 壬水 입장에서 辰土 歲運은 偏官이다. 歲運 辰土 支藏干(乙癸戊) 자체가 戊癸暗合이 되어 있는 특별한 器物(글자)이다. 그래서 歲運 辰土 支藏干(乙癸戊)中 戊土가 年干 癸水와 戊癸合作하지 못한다. 그래서 年干 癸水가 生動하지 못한다. 歲運 辰土가 年支 丑土와 辰丑破를 일으킨다. 年干 癸水가 歲運 辰土 支藏干(乙癸戊)에 入庫가 된다. 年干 癸水는 日干 壬水 입장에서 劫財이다. 동료를 잃게 되거나 죽을 수도 있다. 年支 丑土 支藏干(癸辛己)에 日支 申金이 入庫 된다. 日支 申金이 攀鞍(반안)으로 달려가는 것은 나쁘지 않다. 사람을 잃을 수가 있지만 명예로운 일이 일어난다.

⑰ 巳年의 운세

日干 壬水 입장에서 巳火 歲運은 偏財이다. 歲運 巳火가 들어오면 巳火 支藏干(戊庚丙)中 戊土가 元局 年干 癸水와 戊癸合하므로 癸水를 生動시킨다. 歲運 巳火가 年支 丑土가 巳丑半合 三合 合

作으로 기존의 月支 巳火 財星을 버리고 歲運 巳火 偏財가 年支 丑土 正官과 巳丑合作한다. 그렇게 되면 歲運 巳火와 日支 申金이 巳申刑을 이룬다. 日支 申金 支藏干(戊壬庚)中 壬水가 月干 丁火와 丁壬合去하여 申金을 잃게 된다. 즉 후견인의 도움을 버리고 새로운 이직을 결심하는 것이다.

⑱ 午年의 운세

日干 壬水 입장에서 午火 歲運은 正財이다. 歲運 午火가 들어오면 天干을 生動하는 五行이 있는가를 살펴봐야 한다. 生動하는 合이 없으므로 地支만으로 살핀다. 月干 丁火가 時支 午火의 專者(전자)를 보니 月干 丁火가 生旺하는 것을 알 수 있다. 年支 丑土와 時支 午火가 丑午鬼門이 된다. 그래서 年支 丑土와 月支 巳火가 巳丑合作을 건들일 수가 있어서 合作 生産이 더욱 세게 일어난다.

⑲ 未年의 운세

日干 壬水 입장에서 未土 歲運은 正官이다. 歲運 未土가 들어오면 天干을 生動하는 合生은 없다. 歲運 未土가 年支 丑土와 丑未冲을 이룬다. 그런데 月支 巳火와 年支 丑土가 巳丑合作이 되어 年支 丑土는 열리지 않고 歲運 未土만 열리는 것으로 본다. 이 때에는 丑未冲이 冲起로 작용한다고 본다. 入庫설은 오행의 입고설을 사용하는 것이며 陰포태를 적용하는 것이 아니다. 즉 年柱 癸丑이 墓支에 있어서(丑土가 4墓庫이다) 年干 癸水가 年支 丑土(癸辛己)에 入庫할 수가 없는 것이다. 年支 丑土는 五行의 입고설을 사용하므로 金 五行만이 入庫가 된다.

⑳ 申年의 운세

日干 壬水 입장에서 申金 歲運은 偏印이다. 歲運 申金이 들어오면 歲運 申金 支藏干(戊壬庚)中 壬水와 月干 丁火가 丁壬合生으로 月干 丁火가 生動하고 月支 巳火와 日支 申金이 巳申再刑이 일어난다. 후견인이 月干 丁火 正財(돈)를 들고 찾아온다. 巳申刑이 되어 있는 상태에서 歲運에서 다시 申金이 들어와 巳火를 再刑하는 것이다. 月支 巳火는 開庫되어 열리고 巳火 支藏干(戊庚丙)中 戊土가 年干 癸水와 戊癸合去로 날라 간다. 歲運 申金 支藏干(戊壬庚)中 壬水와 月干 丁火가 丁壬合去로 歲運 申金은 기물파괴 된다. 그러나 日支 申金은 무사하다. 이때 天干에는 年干 癸水와 月干 丁火가 날라가 버리고 地支로는 歲運 申金과 月支 巳火가 모두 없어지므로 매우 불리하다. 月支 巳火 偏財로 재물 잃고 歲運 申金 偏印으로 후견인도 잃게 된다.

㉑ 酉年의 운세

日干 壬水 입장에서 酉金 歲運은 正印이다. 歲運 酉金이 들어오면 歲運 酉金 支藏干(庚辛)中 辛金과 時干 丙火와 丙辛合生이 되고 時干 丙火가 動한다. 年支 丑土와 月支 巳火가 歲運 酉金을 만나 巳酉丑 金局 三合을 이룬다. 三合으로 전도현상이 일어나므로 약신이 필요하다. 三合 金局의 弱神은 月干 丁火이다. 만약 약신이 없었다면 干支 배반으로 매우 凶하게 될 수 있다.

㉒ 戌年의 운세

日干 壬水 입장에서 戌土 歲運은 偏官이다. 歲運 戌土가 들어오

면 歲運 戌土 支藏干(辛丁戊)中 戊土가 年干 癸水와 戊癸合生한다. 年干 癸水를 動하게 만든다. 또한 歲運 戌土 支藏干(辛丁戊)中 辛金이 時干 丙火와 丙辛合生이 되고 時干 丙火가 動한다. 歲運 戌土는 年支 丑土와 丑戌刑을 이룬다. 歲運 戌土(辛丁戊)가 열리면서 月干 丁火와 時干 丙火가 먼저 入庫된다. 그런 후에 歲運 戌土 支藏干(辛丁戊)中 戊土가 투간해 年干 癸水와 戊癸合去로 사라진다. 年支 丑土와 月支 巳火가 巳丑半合 三合 合作으로 인해 보호되어 열리지 못한다. 그래서 年支 丑土는 유실이 되지 않는다. 求生(구생)이 된 것이다.

㉓ 亥年의 운세

日干 壬水 입장에서 亥水 歲運은 比肩이다. 歲運 亥水가 들어오면 歲運 亥水 支藏干(戊甲壬)中 壬水가 月干 丁火와 丁壬合生으로 月干 丁火가 動한다. 歲運 亥水와 月支 巳火가 巳亥冲한다. 年支 丑土와 月支 巳火가 巳丑半合 三合 合作으로 인해 보호되어 열리지 못한다. 歲運 亥水만 열린다. 歲運 亥水 支藏干(戊甲壬)中 壬水와 月干 丁火가 丁壬合去로 사라져 歲運 亥水가 器物파괴가 된다. 歲運 亥水는 12運星의 建祿(건록)에 해당된다. 그래서 내 수입이 단절이 된다.

長生	목욕	관대	건록	帝旺	쇠	병	사	墓	절	태	양
申	酉	戌	亥	子	丑	寅	卯	辰	巳	午	未

6) 干合 物象(간합 물상)

예문) 乾命(남자)

時	日	月	年
己	丙	辛	乙
丑	戌	巳	巳

丙戌年

乙巳生은 歲運 丙戌年에 月干 辛金과 丙辛合으로 四柱의 月干 辛金 正財가 분리되었다. 이 해에 부친이 죽었다. 日支 戌土(辛丁戊)와 時支 丑土(癸辛己)가 丑戌刑을 이룬다. 그래서 開庫된 丑土(癸辛己)中 辛金 하나를 日干 丙火와 丙辛合하여 일부 유산을 분배 받았다. 合이 되면 命의 글자를 기준으로 없어지고 分離(분리)되는 현상을 실감하게 된다. 즉 합이란 들어와서 나가는 양상을 뜻한다. 반면 刑과 冲은 나가고 들어오는 현상으로 나타나기 쉽다. 다시 말해 합에는 剋의 요소가 있고(合去하여 강탈해 나감) 冲에는 합의 요소가 있다(開庫로 얻음)는 뜻이다. 子午가 冲하면 子水(壬 癸)中 壬水와 午火(丙己丁)中 丁火가 丁壬合作이 된다. 이렇게 六親(부친)과 사별함으로써 이 사람의 妻財는 무탈했다. 또한 丙辛合이 내포하는 질병, 이를테면 고혈압, 신경정신계, 소장, 뇌혈관, 폐 계통에 아무런 이상도 나타나지 않았다. 만약 이와 동일한 사주가 있어 어떤 경우에는 六親(부친)은 건재하고, 크게 損財(손재)하는 현상으로 나타날 수도 있다. 이때는 財貨(재화)가 代替物象(대체물상)이 되는 것이다. 혹은 호흡기에 질환이 발생하면서 代替物象의 효과로 妻財는 무탈할 수 있다.

예문) 乾命(남자)

時	日	月	年
壬	甲	丙	己
申	寅	寅	酉

甲申年

寅月에 태어난 甲寅日柱 남자이다. 歲運 甲申年의 甲木이 年干 己土와 甲己合을 이룬다. 合으로 인해 妻(배우자)가 집을 나갔다. 年干 己土의 입장에서 보면 甲木을 合한 것이다. 日干 甲木의 입장에서 보면 歲運 甲木이 들어와 年干 己土 正財(妻)를 데리고 나간 것이고, 年干 己土의 입장에서 보면 歲運 甲木 正官(남자)이 나타나 日干 甲木 正官(남편)을 떠난 것이다. 또한 歲運 甲申年의 申金(戊壬庚)은 月支 寅木(戊丙甲) 및 日支 寅木과 寅申冲을 이룬다. 寅申冲으로 開庫된 甲木은 己土를 끌고 온다. 甲木은 보이지 않는 己土를 지니고 있다. 甲木이 靜(정)하면 그것은 甲木에 불과하지만 일단 甲木이 動하면 己土를 드러낸다. 즉 歲運 甲申年에 妻가 나가면 새로운 상대 또한 분명히 있다. 그러나 이도저도 아니라면 甲己合作의 土 物象인 부동산이 代替物로 작동한다. 이와 같이 干合과 支冲이 동시에 발생하면 매우 복잡한 양상으로 물상의 나들이가 진행된다. 국면을 잘 살펴 신중하게 판단해야 한다. 예로 日干 甲木의 남자는 己土年(正財)에 혼사가 이루어지기도 하지만, 반대로 破婚(파혼)하거나 離別하는 경우도 많다. 이것은 모두 地支의 작용과 연관이 있다.

예문) 乾命(남자)

時	日	月	年
己	乙	癸	甲
卯	未	酉	午

甲子年, 乙丑年

酉月에 태어난 乙未 日柱 남자이다. 歲運 甲子年에 甲木이 年干 己土와 甲己合去를 이룬다. 甲己合去는 年干 己土를 강탈해 간 것이다. 그래서 日干 乙木의 妻가 家出하였다. 日干 乙木 남자는 歲運 乙丑年에 離婚(이혼)하였다. 그 이유는 日支 未土(丁乙己)와 歲運 丑土(癸辛己)가 丑未冲을 이룬다. 그리고 日支 未土(丁乙己)中 己土가 年干 甲木과 甲己合去 하였다. 甲己合去로 時干 己土 正財(妻)를 노리던 年干 甲木을 제거하였다. 日干 乙木 남자는 당해에 남은 時干 己土 正財(妻)를 얻어 再婚(재혼)하였다. 만일 甲午年生이 이 시기에 수족이나 간, 두통, 위장 등에 큰 질환으로 극심한 고통을 겪었거나, 혹은 전답이나 주택을 처분하는 행위로 代替되는 일이 있어 막심한 損財(손재)를 보았다면 이별은 면했을 것이다.

7) 干合合作 代替物象(간합합작 대체물상)

干合 五行을 萬象에 비유해보면 甲己는 大地, 乙庚은 木製(목제), 丙辛은 金型, 丁壬은 電氣, 戊癸는 火山으로 볼 수 있다. 대개 移徙(이사)나 交通事故 등의 상황에는 干合의 合作 物象이 내포하는 속성들이 얼추 다 담겨 있으므로 앞으로 닥쳐올 厄을 비교적 가벼운 困難(곤란)으로 미리 겪음으로써 무사히 넘기는 대표적인 현상으로 간주할 수 있다. 복잡한 현대사회에서 物象의 범위는 보다 확장

되므로 直觀(직관)이 통할 여지는 점점 줄어들기 마련인데 어째든 代替되는 物象을 직업으로 삼게 되면 禍厄(화액)의 대부분을 減(감)하게 된다. 종종 가벼운 物象의 나들이는 日辰(일진)에서도 응용되곤 하는데 이를테면 면도나 이발 같은 행위는 乙庚合의 物象으로, 용접이나 방전 등은 어둠과 밝음의 合作인 丁壬合의 物象이 되어 야기될 부정적인 사건을 미리 예방하는 작용을 하는 식이다.

(干合合作 代替物象 표)

干合 合作	萬象비유	대체물상 (질병)
갑기 합토	전답, 건축물, 신축, 개축	수족, 하체, 간, 위, 뇌, 안질, 두통
을경 합금	의류, 지물, 실내장식	치아, 간, 대장
병신 합수	금속, 자동차, 항공기, 선박	혈압, 신경, 정신, 폐, 소장, 호흡기
정임 합목	암흑, 화재, 벼락	심장, 우울, 빈혈, 방광, 뇌혈관
무계 합화	화산, 온천, 인테리어	신장, 방광, 골수, 척추

제6장

격국 및 용신

1. 격국(내격과 외격)
2. 사주해석 시 필요한 개념
3. 용신 정하는 방법

1. 格局(격국, 내격과 외격)

格局에서 格이란 日干인 자기를 뜻하며 局이란 月支를 말한다. 四柱에서 가장 중요한 것이 日干과 月支이다.

1) 內格(내격)을 정하는 방법은 다음과 같다

① 月支의 支藏干 중에서 透出(투출)한 天干을 日干과 대비하여 어떤 六親인가를 파악한 후 그 六親으로 格局을 정한다.
② 月支의 支藏干 중 正氣(정기, 本氣)가 透出하면 우선 먼저 격국으로 정한다.
   예로 日干 甲木이 巳月에 태어났는데 巳月(戊庚丙)의 正氣에 해당하는 丙火가 年月時의 天干에 투출하면 日干 甲木을 기준으로 正氣(본기)인 丙火가 六親으로는 食神이므로 食神格이 된다.
③ 月支의 支藏干 중 正氣가 透出하지 않고 여기(初氣)나 中氣에 해당하는 天干이 透出하면 그 투출한 天干의 六親을 격국으로 정한다.
   예로 日干 甲木이 未月에 태어났는데 未月(丁乙己)의 正氣인 己土가 투출하지 않고 여기(初氣)인 丁火가 투출하였다면 日干 甲木을 기준으로 丁火가 六親으로는 傷官이므로 傷官格이 된다.
④ 月支의 여기(初氣)와 中氣가 동시에 透出한 경우는 사주 전체의 상황을 살펴서 여기(초기)와 중기 중에서 강한 것으로 격국을 정한다. 즉 月支에서 무엇이 司令(사령)했는지 보고, 또 주변에 生助하는 五行이 있는가를 파악하여 힘이 있는 六

親으로 격국을 정한다.

⑤ 月支의 支藏干 중에서 比肩이나 劫財는 투출하더라도 격국으로 정하지 않는다.

⑥ 月支의 支藏干의 여기(초기)나 중기 및 正氣(정기, 本氣)가 모두 天干에 透出되지 않았으면 月支의 支藏干 중 正氣(정기, 本氣)로 격국을 정한다.

예로 日干 甲木이 申月에 태어났는데 申月(戊壬庚)의 여기(戊土),중기(壬水), 정기(庚金) 중 하나도 투출하지 않았으면 日干 甲木을 기준으로 正氣인 庚金이 六親으로는 偏官이므로 偏官格(편관격)이 된다.

⑦ 月令(월지)을 포함해 地支에서 三合을 이루는 경우 三合의 五行으로 격국을 정한다.

⑧ 月支가 子午卯酉인 경우에 支藏干의 正氣(정기, 本氣)가 透出하지 않았더라도 정기(본기)의 六親을 가지고 격국으로 바로 정한다.

예로 日干 甲木이 酉月에 태어나고 辛金이 투출되어 있으면 日干 甲木을 기준으로 辛金이 六親으로는 正官이므로 正官格이 된다. 그러나 정기(본기)인 辛金이 투출하지 않았더라도 日干 甲木을 기준으로 正氣(本氣)인 辛金이 六親으로는 正官이므로 正官格이 된다.

⑨ 月支가 辰戌丑未인 경우에 支藏干이 透出(투출)하지 않고 그 支藏干과 같은 오행이 투출하였을 경우 그 六親으로 格局을 정한다.

예로 日干 甲木이 辰月에 태어났는데 辰月(乙癸戊) 중 癸水(

중기)나 戊土(정기,본기)가 투출하지 않고 정기와 같은 오행인 己土가 투출하였다면 日干 甲木을 기준으로 己土가 六親으로는 正財이므로 正財格이 된다.

⑩ 月支의 正氣(정기, 本氣)가 아닌 여기(초기)와 중기가 투출하였더라도 合이나 冲剋이 되어 무력한 경우나 세력이 약할 경우에는 격국으로 정하지 않는다.

格局은 크게 내격과 외격 으로 구분한다.

內格(내격)은 月支 중심으로 형성된 격국으로 正格, 八正格, 十正格, 正八格, 常格이라고도 한다.

六親을 위주로 식신격, 상관격, 정재격, 편재격, 정관격, 편관격, 정인격, 편인격, 양인격, 건록격으로 구분한다. 月支가 羊刃이면 양인격, 建祿이면 건록격이라 한다.

예문) 正印格(정인격, 印綬格)

時	日	月	年
壬	庚	己	癸
午	寅	未	亥

未 支藏干(丁乙己)

月支 未의 支藏干(丁乙己)중 정기(본기)인 己土가 月干 己土로 透出하여 日干 庚金을 기준하여 己土가 六親으로는 正印이므로 정인격(인수격)이 된다.

예문) 偏財格(편재격)

時	日	月	年
戊	辛	乙	丙
子	酉	未	寅

未 支藏干(丁乙己)

月支 未의 支藏干(丁乙己)중 中氣인 乙木이 月干에 투출하여 日干 辛金을 기준으로 乙木이 六親으로는 偏財이므로 偏財格이 된다.

2) 內格의 의미는 다음과 같다.
① 食神格(식신격)은 日干이 月支를 生하고 陰陽이 같은 경우다.

食神格은 본래 신약해지는 조건이라 아무리 좋은 길신이라도 내 몸이 健旺(건왕)해야 식신을 이용하고 빛낼수 있으니 무조건 身强(신왕)해야 한다.

食神格은 日干의 기운이 왕성하고 食神의 기운을 받아 주는 財星이 있어야 上格이다. 財星이 중요한 것은 食神의 흐름을 이어주는 것도 있고, 偏印으로부터 倒食(도식)을 막아주는 역할도 한다.

食神格은 日柱의 강약을 떠나 무조건 財星을 用神으로 한다. 食神과 財星의 강약을 구별한 다음 日柱의 능력을 판단하여 成敗를 논한다. 財星을 用神으로 정했을 경우, 官星이 튼튼해야 법을 중시한다. 日柱가 身弱하여 比劫을 喜神으로 할때는 법과 질서를 무시하고 매사를 사조직처럼 운영하여 문제를 일으킨다.

食神의 재물은 正財와 偏財와 다르게 자신이 힘을 쓰지 않아도 저절로 자연스럽게 무리 없이 취할 수 있다

食神格의 사람은 대체로 근심 걱정이 적은 命으로 세상 물정을 잘 모르는 순진성, 순수성을 가지고 있다.

木火食神格은 木火通明(통명)이 되어 총명, 博學(박학)하여 이름을 날린다. 건축토목이나 설비생산 제조업에 인연이 많다. 火土食神格은 方正(방정)하나 항상 막힘이 많다. 잡기 식신으로 변화가 많은 편이나 대체로 임대사업이나 건축토목 사업에 인연이 많다. 土金食神格은 理財(이재)에 집착하는 경향이 있고 다재다능하다. 유통, 水業, 주류업, 운송, 해운, 기계생산, 제조업 등에 인연이 많다. 金水食神格은 총명하고 다재다능하며 학문이 넓다. 정밀기계나 섬유, 식품제조가공, 농산물유통 등에 인연이 많다. 水木食神格은 淸秀(청수)하고 明快(명쾌)하며 매사에 능통하다. 의류 및 섬유업 또는 식품업에 인연 많다.

식신이 편중되면 印星이 가장 필요하게 되는데 인성이 무력하거나 制化(제화)가 부족하게 되면 파격으로 격이 떨어진다.

직업적 성향이 일정하지 못하며, 여러 가지 재주는 많으나 한 가지 제대로 이루기 어렵다.

말 때문에 화를 부르기 쉬우며 女子(여명)는 자식 걱정으로 한 세월 보내기 쉽다. 돌출된 행동으로 부모를 놀라게 하거나 남편과 인연이 박하다. 男子(남명)는 여자로 인한 관재, 구설, 시비 등이 따라다니며 이루지 못할 꿈만 커서 실속이 없다.

財星이 많아 食神格이 약해지면 지나친 욕심으로 파산하기 쉬우며 노력하여 얻기보다 횡재 등의 일확천금을 노리게 되니 쉽게 얻고 쉽게 잃는다.

食神은 뛰어난 머리와 文昌, 덕망, 智明(지명)을 지녔다. 두뇌를 활용하는 지식산업에 인연이 많다. 문학, 교육, 경제, 예술, 문인, 작가, 회계, 통역, 외교, 방송, 언론, 정보 등이 해당한다.

食神格이 正財를 보면 정직한 물질업 또는 금융회사나 기업체의 경리부서 근무도 좋고, 기술과 관계되는 자영사업이나 봉급생활을 하면 좋다.

食神格이 偏財를 보면 대체로 활동적인 분야인 무역이나 항공회사의 경리 등 스케일이 큰 직업을 갖는다.

食神格이 財星과 함께 있고 신강(身旺)한 사주팔자(명조)는 여러 사람의 신망과 사랑으로 성공하게 되고, 특히 음식장사나 식품사업을 하면 좋다. 음식 솜씨가 아주 좋다.

食神格에 인성이 중요한 역할을 하게 되면 강사, 교수, 교육 등의 관련업종에 유능한 인재가 된다. 육영사업도 적성에 맞다.

여자(女命)에 食神이 태과하거나 旺하면 色情이 깊어 자칫 花柳界(화류계)로 나갈 가능성이 크다.

② 傷官格(상관격)은 日干이 月支를 生하고 陰陽이 다른 경우다.

傷官格이 成格되어 中和를 이루면 기민하고 순발력이 뛰어나 기회 포착에 능력을 발휘하게 된다. 총명하고 영리하며 아이디어와 감각적인 면이 매우 뛰어난 다재다능한 사람이다.

傷官格의 사람은 대체로 화술이 좋다고는 하지만 말을 함부로 하는 경우가 많고, 말속에 뼈를 담고 있어 남의 속을 뒤집어 놓는다.

傷官格은 柱中에 도화살이 없어도 바람을 피우게 되는데 男命은 부하나 딸같은 여자를 좋아하고, 女命은 애교가 적은 편에 속하고 대체로 눈높은 사람이 많다. 특히 파격적인 이성교제나 결혼을 하는 여성이 많다.

傷官格의 사람은 개성이 강하고 매사 지속성이 없어 변동이 심한 모습을 잘 보이며, 학력의 고하를 떠나 자신의 부족함을 잘 알면서도 더 이상 배우려 하지 않는 것이 특징이다. 자기보다 수준이 높은 사람을 좋아하거나 시기하면서도 겉으로는 매우 꺼리는 경향을 많이 보인다.

傷官格은 항상 말조심하며 공부에 열중하고 지출을 줄여야 하며 배신과 모략은 금물이요 교육계에 입신하여 착실히 정진해야 한다.

印星에 의해 약해진 경우에는 傷官傷盡(상관상진) 또는 倒食이 된다. 이때 공상만 많고 실천력은 부족하며 우유부단하여 기회를 놓치기 쉽다. 女命은 자식을 두기 어려우며 있어도 흠이 생기기 쉽고 생식기능에 문제가 발생한다. 상관상진이란 傷官은 正官을 傷하게 하는 오행이다. 사주에 傷官이 있으면 正官이 있으면 안된다는 뜻이다.

傷官格에 財星이 태과하여 약해지면 재주는 많으나 결실을 맺기 어려우며, 직업적인 변화가 심하고 매사에 싫증을 빨리 느낀다. 男命은 한 직장 한 여자에 만족하기 어려우며 과욕으로 일을 그르치기 쉽다.

傷官이 生財하면 사업가 쪽에 소질이 있고, 印星을 쓰면 교육, 언론 쪽으로 발전한다. 財星이나 印星이 둘 다 없는 사람은 예술이나 예능 쪽에 소질이 있다. 또한 예지력이 영리함 또는 화술을 필요로 하는 업무에 모두 소질이 있고 양호하다.

傷官格에 印星이 중요하게 쓰이게 되면 교수, 박사 등 교육 관련 분야에서 빛난다.

　傷官格에 재성이 쓰이는 경우 어떤 직업이든 적응을 잘하며 적극적이고, 진취적이다. 기술을 바탕으로 하는 사업에 크게 두각을 나타내며 교육이나 문화, 예능, 스포츠, 변호사, 중개 등의 분야에 특히 잘 어울린다.

　男命이 傷官格인데 偏官을 훼하면 경찰이나 무관이 될 수 있다. 또한 傷官格에 羊刃(양인)과 傷官이 있어 조화를 이루면 군인으로 크게 출세한다.

　傷官格은 직업 변화가 많으며 남의 지배를 싫어하는 까닭에 자영업이나 자유직업을 갖은 경우가 많다. 차라리 그것이 낫다.

　比劫(비겁)이 많아 身强(신강)한 사주가 傷官이 없을 때 傷官格과 동업을 하면 매우 좋다.

　金水傷官格은 傷官格중 가장 으뜸이다. 傷官의 특성 중 좋은 점은 다 갖추고 있다. 傷官格중 가장 머리가 좋고 말하는 스타일도 깔끔하다. 博學多才(박학다재)하며, 言辯(언변) 또한 매우 좋고 미남미녀가 많다.

　金水傷官格은 반드시 官星을 있어야 한다. 조후작용으로 사주를 中和시킨다.

　직업으로는 의사, 약사, 변호사. 판·검사 등 사회적으로 인정받는 계통에 종사한다. 작가나 학자, 교사 등 학문 계통에도 소질이 있다.

　남을 다스리는 힘도 좋고 카리스마적인 기질이 있어 교주가 되는 경우도 있다. 술이나 유흥, 도박, 色情(색정) 등으로 패가 망신할 염려가 있는 사람이다. 특히 官星인 火가 없을 때 심하게 나타난다.

金水傷官格은 正印(인수)이 있어야지 偏印이 있으면 도중에 장애가 많이 온다.

　木火傷官格은 지혜가 뛰어나며 문명과 문화예술을 상징한다. 총명하여 남에게 인기도 좋고 정열적이고 명랑하다.

　튀는 성격으로 화려한 것을 좋아해 허영심이나 사치심이 많다. 호걸적인 기질이 많다. 미남미녀가 많지만 야한 편에 속한다. 남을 이용하는 재주는 좋다. 반면에 속에 있는 말을 감추지 못하고 비밀을 잘 지키지 못한다. 매사 뒤끝은 없다.

　水木傷官格은 지혜와 덕을 겸비해 속이 제법 깊다. 성품은 직선적이고 대범한 듯 하면서도 순리와 원칙을 많이 따진다. 말을 물 흐르듯 매우 잘하는 능변이나 말에 가시가 많고 정치적적인 기질이 많다. 인품도 준수하다. 오만불손한 경우가 많고 자화자찬을 잘한다. 소년시절에 대체로 고생을 많이 한다. 사주에 水가 많을 경우 官星인 土가 있어야 木이 안 떠내려간다. 水生木을 했으나 財星인 火가 없으면 꽃을 못 피우니 실속이 없는 사람이 된다. 유난히 계산이 빠르고 대가를 좋아한다. 傷官運이 올 때 특히 재액이 많은 命이다.

　火土傷官格은 재주도 있고 머리는 좋으나 세상에 나와 써먹기가 힘든 어려움이 많다. 매사 정열적이고 추진력은 있으나 뒤끝이 약하다. 타인을 무시하고 성미도 불같다. 융통성도 없다. 유달리 官을 싫어하고 官과의 마찰이 잦거나 비협조적이고 官과의 시비 구설로 대립이 많다.

　土金傷官格은 매우 솔직하고 정직하나 비판적인 면이 많아 야당 인사와도 같다. 성격은 겁이 별로 없고 의협심이 매우 강하며 자립심과 자존심이 강하다. 자수성가형 스타일이다. 특히 財星이 사주에 있으면 좋다. 財를 生하는 재주가 많아 알부자가 많다. 官星이 사주에 있으면 災殃(재앙)이 많다. 머리 또는 얼굴에 상처나 결함이 있다.

③ 正財格(정재격)은 日干이 月支를 剋하고 陰陽이 다른 경우다.

正財格은 食傷과 官星이 正財를 중심으로 다투지 않고 기운이 모여 있어야 上格이 된다. 食傷은 比劫의 기운을 財로 통관시켜 강하게 만든다. 官星의 역할은 財星을 겁탈하는 比劫으로부터 보호하는 역할을 한다.

四吉格중의 하나인 正財格은 身强(신강)함을 필요로 하고, 다스릴 수 있는 한도내에서 격의 왕함도 좋다. 正財格은 偏財格보다 日干이 더 강해야 발복할 수 있다. 正財格은 身强하고 比劫(비겁)이 많음을 꺼린다. 또한 食傷(식상)이 많아 탁해짐을 싫어한다.

正財格을 이룬 상태에서 正官과 正印이 함께 있으면 三貴가 되어 貴命이 된다.

正財格은 매우 성실하고 영리한 편이다. 근검절약 정신이 매우 강하다. 명예와 신용이 좋다. 자산과 복록이 함께한다. 정의와 公論(공론)을 존중하고 是非(시비) 또한 분명하다.

正財格으로 구성된 命은 대체로 결혼전보다 결혼이후에 성공하거나 발복하기 쉽고 妻의 복덕이 크다.

正財格에 식상의 있으면 치밀하고 계산적이며 경제에 뛰어난 감각이 있다. 財를 축적하나 만족을 느끼기 어려우며 地支에만 財가 있는 경우 구두쇠 소리를 듣기 쉽다. 실속있는 부자다.

正財格에 官이 있으면 관리 면에서 능력을 발휘하게 되고 특히 경제, 금융, 재무, 행정 등의 관리업무에 두각을 나타낸다.

正財格에 印星이 있으면 사업이 망하기 쉽다. 금융관리사나 재정기획, 교직 등의 직장생활이 유익하다.

正財格에 比劫이 있으면 財가 많아 身弱한 사주로 형제나 친구의 도움이 크다. 그러나 동업은 오래 가지 못한다.

財는 남자에게는 妻이며 또 財物이니 특별한 상황이 아니고는 財의 透出(투출)은 안 좋다.

財가 투출된 사람의 성격은 화려하고 재미는 있을지 몰라도 실속은 없다.

正財格은 인간미가 넘치고 가장 모범적인 사람이라 할 수 있지만 劫財나 羊刃 등에 破剋되면 성격이 편굴해지고 보통 이하의 命이 된다.

正財가 格을 이루었으나 財星이 편중되거나 혼잡되어 旺하면 오히려 경제적 관념이 부족하다. 부모의 덕을 보기 어렵고 억세거나 강한 妻를 만난다. 食傷이 없으면 손 안대고 코풀려고 한다. 게으르고 남을 시키기 좋아한다. 겉은 화려하나 실속이 없다. 사치와 낭비를 심하게 한다.

正財가 태과해도 어느 정도 身强(신왕)하면 비록 조급하기는 하나 맺고 끊는 결단력이 있지만, 身弱하면 동작이 느리고 우유부단한 성격이다.

사주에 財가 태과하면 財에 대한 집착이 매우 강하다. 거기에다 身弱하면서 偏官이 같이 있으면 돈으로 인해 여러 가지 어려움이 발생한다. 또한 청년시절에 色情으로 인한 災厄(재액)을 당하기 쉽다.

　比劫이 많아 財格이 훼을 받게 되면 群劫爭財(군겁쟁재)가 되어 매사에 손재가 따르고 성사되는 일이 없게 된다.

　官이 많아 財가 약해지면 허세나 명예 때문에 財를 지키지 못하는 경우로 食傷의 도움이나 印星의 구조가 없게 되면 財는 곧 殺이 되어 나를 훼하게 되니 재물 욕심은 오히려 자기 몸을 망칠 수가 있다. 소심하고 쉽게 포기하며 타인에 대한 피해의식이 강하다.

　正財格인 사람은 총명한데 정재가 태과한 중 比劫의 억제가 없으면 사람은 건실하나 곧음을 넘어서서 완고하고 우매하기 쉽다. 한편 正財格이 힘이 없거나 正財가 不及(불급)인 사람은 인격에 힘이 없고 역경이나 곤경에 부딪히는 경우가 많으며, 시기심이 강하고 체념을 잘하여 소심해 진다.

　正財格은 정당한 대가·이윤을 받는 업이나 직업이 좋다. 투기성이 있는 직업이나 사업에는 소질이 없다. 특히 사주에 比劫이 많을 경우에는 위험하다. 특히 사채놀이나 증권투자와 같은 투기성이 짙은 관련업은 좋지 않다.

　食傷生財格이 구성된 命은 기술을 바탕으로 하는 업무에도 소질이 있다. 나름대로 格의 상태를 보아 안전한 자유업은 할 수 있으니, 약사나 의사, 미용사와 같은 자격증을 가진 자유업이 좋다. 꼼꼼하고 빈틈없는 일처리와 정직한 성격으로서 직접 돈과 직결되는 업무에도 용이하니 금융업도 좋다.

　正財格이 잘 구성된 사람은 기업의 경영자와 같은 실업가로서도 성공할 수 있으나 평범한 직장 셀러리맨으로 적합하다. 財多身弱하면 자신의 일은 못하고 남의 일을 도와가며 살아가는 인생으로 셧터맨 신세가 된다. 즉 妻를 外助하는 命이니 후덕한 여인을 아내로 맞이해야 일생이 편안하다.

食傷이 太過(태과)하면 여러 가지 일을 벌리기는 하는데 제대로 거두지 못하고, 직업의 변동이 심하여 한곳에 정착하지 못한다.

④ 偏財格(편재격)은 日干이 月支를 剋하고 陰陽이 같은 경우다.

偏財를 무력하게 하는 것은 比劫과 空亡이다. 이런 사람은 어떤 분야에 종사하더라도 功을 이루기가 힘들고, 財星이 冲刑되면 사기,도둑질 등으로 남의 손가락질을 당한다.

陰日生의 偏財格이 正官과 正印이 사주(命造)에 없으면 꿈만 부풀어 있는 평생 백면서생으로 지내는 경우가 많다.

財星이 四柱(명조)에 겹쳐 태과한데 食傷이 있어 財星을 생해주면 각종 질병으로 고생한다.

時上偏財格은 偏財가 하나 정도 있는 것이 좋다. 身强하다면 時柱 전체가 偏財가 되어도 괜찮다. 破剋되지만 않는다면 大富의 命이 될 수 있다. 그러나 比劫의 剋制(극제)가 심하거나 冲刑이 되면 실속 없는 命이 되고 배우자를 傷하게 하며, 명예를 잃게 되거나 치욕적인 일을 당한다.

偏財가 合이되어 喜神 역할을 하면 자수성가한다. 偏財와 比劫이 干支에 나란히 있으면 아버지와 뜻이 맞지 않고 일찍 死別할 가능성이 높다.

偏財格은 매사에 빈틈이 적고 기교가 뛰어나며 화술도 좋고 사람들과의 사교성도 좋아 인기 좋다. 매사에 요령 또한 좋고 교묘한 수단을 잘 부리며 문제 해결도 잘한다.

偏財가 格을 이루고 中和가 되어 있으면 처세의 능력이 뛰어나다. 偏財는 驛馬적인 성향을 갖고 있어 활동적이며 한곳에 머무르지 못하고 분주하다.

偏財格은 남다른 소질과 취미도 다양하고 개척자적인 성격도 강하며, 의리도 좋아 남의 일을 내 일같이 도와준다. 특히 도움을 받는 것보다 베푸는 것을 더 좋아하고 공치사도 빠뜨리지 않는다.

偏財格은 돈을 모으는데는 수단과 방법을 안 가리며 편굴함과 便法(편법)적인 면이 있다. 프로정신이 강할 뿐 악의는 없으며 돈을 쓸 때는 화끈하게 잘 쓴다지만 쓸데없이 헤픈 경향도 많다.

偏財格인 사람은 금전관계나 거래는 깨끗한 경우가 많으며 담백하다.

偏財格은 직장보다 사업에 관심이 많으나 열심히 벌어 남 좋은 일 하기 쉽다. 일확천금을 노리다보니 성패의 부침이 심하다.

偏財는 財를 이용하고 응용하는 분야에 더 관심이 있다. 그래서 부동산, 증권, 무역, 금융 등에 어울린다. 命과 運이 적절히 조화를 이루면 신흥재벌로써 명성을 얻는다.

偏財格은 통신관계, 교통관계의 생산 및 판매업도 좋다. 활동적이고 많이 돌아다니면서 하는 판매업, 영업직에 좋다. 그 외 의·약업이나 정치, 세무관리, 역술인 등에 좋다.

偏財와 官星이 적당하면 금융계통의 관리직으로 성공할 수 있다. 또한 부동산, 사채놀이, 증권투자, 밀수 등과 같은 투기성이 매우 강한 업무에 종사한다. 그러나 格과 用神이 부실하고 運이 좋지 않은 사람은 사회악을 조장하는 마약, 절도, 사기, 매춘, 도박 등으로 떼돈을 벌려고 한다.

偏財格에 印星이 중요하게 되면 직장생활에 적합하다.

偏財格에 食傷을 쓰면 사업적 수완이나 자기표현 능력이 뛰어나며 경제계통에 두각을 나타낸다. 그러나 과시와 욕심으로 성패의 부침이 있다.

偏財格에 財의 쓰임이 중요하게 되면 소유욕이 대단하다. 맘에 드는 것은 무조건 취하려는 성향이 강하고 재물을 취하는 탁월한 능력이 있다.

⑤ 正官格(정관격)은 日干을 月支가 剋하고 陰陽이 다른 경우다.

正官格이나 偏官格 모두 食傷의 변화를 주시해야 하는데 官을 중심으로 財星과 印星이 싸우지 않고 자리하면 제대로 된 正官格으로 부귀가 보장된 사주이다.

財星은 官星을 剋하는 食傷의 기운을 洩氣(설기)하여 官星의 힘을 키우고 印星은 食傷으로부터의 官星을 보호하고 日干을 生한다. 正官格을 이루었으나 財星과 印星의 도움이 없으면 孤官無保(고관무보)라 하여 쓸모없는 官星이 되기 쉽다.

正官格이 刑沖이 되면 소인배와 같이 싸우거나 다투는 모습이 되니 체면과 명예의 손상을 의미하며 空亡이 되면 능력이 약화되므로 제 기능을 다 발휘할 수 없게 된다.

같은 正官이라도 四正(桃花沖)인 子午卯酉가 正官이 된 것이 가장 으뜸이고 貴(귀)가 크다

正官格은 자신의 生父인 財星(偏財 月支 卯木이 正官일 때 亥水偏財 = 亥卯未 三合 木局)을 좋아하는데 財官格에는 무조건 身强(신왕)함을 필요로 한다.

正官格은 질서와 예의를 존중하고 명예를 따르며 책임과 준법정신이 좋다. 남자은 명예가 있어야 행복하고, 여자는 財가 실속이 있어야 편안한 命이 된다.

正官格에 印星의 쓰임이 중요시되면 官印相生되어 청렴하고 원칙을 고수하는 관료로 이름을 높인다.

正官格에 財星의 쓰임이 중요하면 財星을 취해 명예를 얻는 것으로, 妻의 덕이 크고 처세에 능한 반면 財星으로 인한 불협화음도 따라 다닌다. 妻의 대외적 활동이 지나쳐 禍(화)를 자초하는 경우도 있다.

正官格에 食傷이 쓰이게 되면 비판적 시각으로 불평과 불만이 많고 두뇌회전이 빠르며, 언어에 가식 없어 직언하기 쉬우니 참모나 기획 등의 업무에 임하면 능력을 발휘한다.

여자는 官殺混雜으로 남자의 인연이 많게 되고 색으로 인해 패가망신한다. 또한 여자는 강제 결혼하기 쉬우며 한번 결혼으로 안주하기 어렵다. 또한 남편에 대해 끊임없는 불평과 불만을 갖게 된다. 남편은 허울뿐인 명예를 쫓을 뿐 실속이 없고, 사회에 대한 피해 의식을 갖기 쉬우며 구설 시비가 따른다.

正官格이 陽刃을 보던가 自刑을 되면서 잘 구성되면 법조인으로서 명성을 얻는다.

正官格에 食神이나 正印 등이 서로 吉한 작용을 하면 학계에서 이름을 떨친다. 또한 기업체나 군·경찰 등의 분야에서 수뇌부로 올라가기 전 참모나 기획실 등을 거쳐 발돋음하는 것이 좋다.

⑥ 偏官格(편관격)은 日干을 月支가 剋하고 陰陽이 같은 경우다.

四凶格인 偏官格은 日干이 身强(신왕)해야 좋다. 日干이 太弱(태약)하면 아무리 좋은 正官도 凶작용을 하고, 아무리 凶한 偏官도 日干이 身强해야 대응할 수 있으면 吉작용으로 변한다.

偏官은 일명 七殺(칠살)이라고도 하는데 制化(제화)된 命造나 身强(신왕)한 命造에서는 七殺이라고 부르지 않고 偏官이라고 하며, 身弱한 命에서만 七殺 작용을 한다.

- 殺印相生(살인상생) : 旺한 七殺의 기운을 印星으로 순화시켜 日干을 돕게 하는 방법으로 印星이 日干과 가까이 있으면서 도와야 제 구실을 하며, 七殺이 化하여 내게로 오는 것이 느리기 때문에 결과가 늦게 나타나게 되니 성급하면 일을 그르친다.

- 合殺(합살) : 日干이 陽干일 경우 劫財가 陽刃이 되는데 七殺과 合하여 순화시키는 것이고, 陰干일 경우에는 傷官과 七殺이 合하여 순화되는 것을 뜻한다.

- 食神制殺(식신제살) : 食神으로 강한 七殺의 기운을 제압하는 것으로 결과가 빠르나 日干의 뿌리가 없으면 사용하기 어렵다. 또한 지나치면 制殺太過(제살태과)가 되어 七殺이 무력하게 되면 오히려 쓸모없게 되니 힘의 輕重을 살펴야 한다.

偏官格이라 함은 이미 七殺이 制化가 되어 官으로 역할을 하는 경우를 말한다. 偏官으로 格을 이루고 中和가 되어 있으면 正官보다 추진력이나 통솔력이 뛰어나니 그릇이 다르다. 殺印相生, 合殺, 食神制殺 등이 적당하면 七殺이 변하여 正官으로 작용하게 된다.

身弱한 偏官格에 官殺이 혼잡되면 남자는 결혼 후에 더욱 불길하게 된다.

命造에 官殺이 있을 때 食傷은 항시 日柱의 편에 서는 경우가 많으며 보이지 않는 뿌리로서 도움을 준다.

偏官을 物象論(물상론)으로 예를 들면 원광석과 같이 우직스럽고, 못생겼고, 날카롭기도 하는 등 그야말로 野性的인 상태다. 하지만 원석 안에서 금은이나 철 등 품위가 있는 값진 보물들이 나올 수 있으니 어떻게 제련하며 다스려 주느냐에 따라 많은 변수가 있다.

七殺은 적당히 制化(제화)되어 중화를 이루면 偏官格으로 성격이 되는데 正官格이 관료적 성향이라면 偏官格은 보스 기질이 강하다. 義俠心(의협심)이 강하여 불의를 보면 참지 못하며 직선적이며 위압적이다. 성질이 조급하고 편굴한 편이나 강자에게는 반항하고 약자는 돕는다.

偏官格은 법관, 군인, 경찰 등 生殺權을 행사하는 직업에 적당하다.

偏官格이 陽刃을 보고 陽刃格이 구성되면 위엄과 권위가 있다.

偏官格에서 財星은 양면성을 띤다. 즉 身强殺弱의 경우 財星은 靈藥(영약)이 되어 좋지만 身弱殺强의 경우 財星은 독약이 되어 貧寒(빈한)하거나 요절한다.

偏官格은 日柱가 심히 太弱한 자는 매사에 겁이 많고 자신감이 없으며 항상 위축되어 있거나 열등감에 빠져 자학을 많이 하며, 건강도 좋지 못하여 잔병이 많고 심하면 불구가 되는 경우도 있다. 또한 神病이 잘 든다.

꿈은 크고 노력이 부족하니 매사를 이루기 힘들고 인내로서 이겨내고 살고자 하나 주위 환경이 따라주지 않는다. 소외와 열등의

식이 있는 반면 지나치게 강한 용맹이나 무모한 경향도 있다. 몸은 항시 피곤하니 건강에 지장이 많은 편이다. 수명은 남보다 길지 못하니 힘든 인생이다.

偏官格이 印星을 보아 制化가 잘 되어있는 殺印相生이 되면 법관이나 국회의원 등 고위직도 가능하고, 기업체의 간부나 기술분야에서 대성할 수 있다. 또한 교수 사회운동가·협회장·단체임원·중간보스·별정직·별정직공무원·문화 예술계종사·공무원·매니저·감독 등을 한다.

合殺은 偏官과 傷官, 陽刃의 능력이 배가 되니 각 방면에서 두각을 나타낸다. 재주가 팔방미인이고 고위직에 오를만큼 능력이 있으나, 運에서 침해가 심하니 기복이 크게 나타난다. 직업으로는 殺生職과 筆舌職(필설직)의 종사자가 많다. 格局과 用神이 양호하면 대성공을 이루는데 偏官格이 陽刃을 보고 양호하면, 검사는 부장검사로 군인은 장성급까지는 문제없다. 合殺을 이루면 학원강사. 자영업, 기획컨설팅, 로비스트, 중개업, 판매원, 藥師(약사), 디자이너, 미용,이발, 재단사, 요리사, 조각가 등을 한다.

偏官格이 食神制殺을 이루면 殺職(살직)으로는 군인, 경찰, 법관 등이고 生職으로는 의사, 약사, 요리사 등이고 筆직으로는 기자, 작가, 언론, 방송, 조각가 등이 있다. 舌職으로는 종교인, 교수, 상담, 음악인 등이 있다.

偏官格에 制化가 부족하면 직위가 낮은 경찰, 검찰계통, 군인 등의 무관계통이 알맞다. 偏官格이 강하고 制化가 안되어 身弱한 사람은 강도, 깡패, 사기꾼, 소매치기 정도의 직을 갖는다.

偏官格이 조금 약한 듯 하면서 印星이 2-3개 있으면 文人으로 출세하는 경우도 있다. 食傷도 같이 있게 되면 연예인으로 빛을 볼 수 있다. 七殺이 너무 약하고 印星이 있으면 춥고 배고픈 학자가 된다.

偏官格이 偏印(효신, 도식)을 보게 되면 비생산적인 업무에 종사하게 된다. 또 制化가 약한 가운데 偏官과 偏印이 同柱하게 되면 외국으로 이민을 가든지 타향살이에 행상인이 된다.

⑦ 正印格(정인격)은 月支가 日干을 生하고 陰陽이 다른 경우다.

正印格은 四吉格中의 하나이며 日干(나)을 직접적으로 도와주는 六親이기 때문에 太弱하지 않는 한 正印(인수)이 지나치게 왕성하면 좋지 않다. 다른 吉星은 모두 日柱의 身强(신왕)을 조건으로 하고 身弱은 싫어하는 반면, 正印格은 조건만 잘 가지고 있으면 어느 정도 身弱해도 富貴의 命으로 추명한다. 正印格은 吉神이므로 建旺(건왕)함이 좋고, 太過하지 않는 한 生扶(생부)의 神인 官星을 좋아한다. 그러나 官殺이 혼잡되거나 太過한 命은 吉星인 正印을 탁해지게 하고 기고만장한 성격을 이룬다. 이때 食傷이 있어 官殺 中 어느 하나를 제거해 주면 正印은 淸(청)하게 되는 동시에 양호한 格을 갖추게 된다.

正印格은 刑冲이나 空亡 등 破剋됨을 싫어하며 干合되는 꺼린다. 干合된 正印은 貴氣가 없어지고 凶으로 변할 수 있다. 正印格이나 偏印格은 財의 경중에 의해 쓰임이 결정되게 된다. 財와의 관계가 적당해야 하니 잘못되면 貧財壞印(빈재괴인)으로 사람 볼품이 없어지고 사업도 성공하기 어렵다.

官의 역할은 印星을 剋하는 財의 기운을 化하여 印星으로 인도

하는 중요한 작용을 하며 比劫은 투출되지 않고 地支로 根이 되는 것이 좋다.

正印格을 이루고 中和가 되면 가정교육이 잘된 집안으로 부모의 덕이 있고 인품이 정직하고 순박하여 사람들의 모범이 된다. 선량한 성품으로 이해심이 많고 사려도 깊어 지혜롭고 총명하며 정신 또한 명랑하고 여유가 있는 사람이다.

正印格은 학문을 즐기게 되며 전형적인 학자풍의 선비라 할 수 있는데 지나칠 정도로 깔끔한 것이 흠이 되기도 하며 고집이 세고 자기 위주로 생각하기 쉽다. 도량이 넓고 의리도 있으며 살신성인의 기풍이 있는 사람으로서 格이 양호하게 구성된 命은 일생동안 災難이 적은 경우가 많으며 대체로 건강하고 장수한다.

正印格은 사물을 수용하는 힘이 좋고 호기심도 왕성하여 탐구에 대한 욕심이 많으며 많이 아는 것을 좋아한다. 또한 지성과 정조·지조가 발달되어 있으며 구체적이고 체계적인 면을 많이 따르며 현실감각이 좋은 사람이다.

남자는 대체로 건강하며 장수하는 경향이 많고 식성이 까다로우며 妻와의 사이가 좋지 않으니 正印格에는 正財가 자칫하면 忌神이 되기 쉽다. 正印格은 대체로 財(妻)를 싫어하는 경우가 많으며 만약 財에 대해 욕심을 내게 되면 나쁜 결과가 오는 날이 많다. (貪財壞印) 또한 命造(사주)에서 財星과 印星이 서로 대치하여 다투게 되면 배우자(妻)와 어머니가 다투는 형상으로 가정이 평안하지 않으며 항시 근심걱정이 따르게 된다.

여자는 한국적인 현모양처이며 인자한 어머니와도 같은 사람이다. 正印格이 잘 구성되면 음식 솜씨가 좋은 편인데 正印이 太

過(태과)한 사람은 식성이 까다롭고 먹는 것을 많이 가리거나 多食한다.

正印格은 財를 탐하면 문제가 발생하니 財는 자연적으로 따라오게 하는 것이 正印格의 바른 도리다. 正印이 취급하는 財는 正偏財처럼 스스로 지배하고 다스리며 운용하는 財가 아니라 자연적으로 들어오는 財이기에 움직임은 그리 크지 않다고 본다. 자신이 직접 財를 취할 수 없으니 절약, 검소한 생활이 돈버는 것이라고 생각하는 사람이기에 약간은 보수적이다.

正印이 財星에 의해 破剋이 되거나 冲刑을 겸하게 되면 선비의 命으로 태어나 돈에 쪼들리는 생활을 하게 되고 심지어는 일생동안 노동일을 하게 된다. 正印이 弱하고 身弱한 가운데 財星을 보게 되면 얄팍한 잔꾀나 부리는 소인이나 다름없고 身强하고 正印도 淸(청)하면 人格도 고귀해지고 家運도 번영하게 한다.

正印格에 比劫의 쓰임이 중요하면 어떤 일이든지 처음에는 실수와 실패가 따른다. 눈썰미가 좋아 한번 했던 일은 완벽하게 해낸다. 財를 얻으면 病을 얻기 쉽고 妻福이 없다.

正印格에 財의 쓰임이 중요하면 印星의 목적이 財에 있다. 工夫는 財를 얻는 수단에 불과하다. 취재하는 능력이 탁월하며 비상한 두뇌와 뛰어난 통솔력과 독립심이 강하여 기회포착이 빠르고 생각을 실천으로 옮기는 것도 빠르다.

正印格에 食傷이 중요하게 되면 배워서 가르치는데 탁월하니 하나를 배우면 열을 써먹는 재주가 있다. 머리가 좋고 가르치는 재주가 탁월하니 박사의 스승이라 할 수 있다. 어학과 설계에 능력을 보이며 실천력이 뛰어나고 풍류적 기질도 보인다. 교육관련 업무나 육영사업 등이 어울린다.

正印格에 官이 중요하면 겉으로는 부드러우나 매사에 치밀하고 목적의식이 뚜렷하여 결과를 얻을 때까지 멈추지 않는다. 명예를 중시하고 관직에 인연이 많다.

正印으로 格을 이루었으나 태과하여 편중되면 母旺子衰(모왕자쇠) 또는 母慈滅子(모자멸자)가 되기 쉽다. 자기 본위적이고 의타심이 강하며 생각과 번민만 무성할 뿐 실천이 없다. 무사안일주으로 게으르고 나태한 모습이 보인다. 이론적인 연구심은 깊으나 이해하고 추리하는 부분은 약하다. 여자는 출산에 문제가 생기며 有始無終이 되기 쉽고 귀가 얇아 타인에게 속기 쉬우나 충고는 잘 받아들이지 않는다. 계획에 일관성이 없으며 건강도 부실하고 신앙에 맹신하는 성향도 있다. 부모를 떠나 자립하기 어려우며 결단력이 부족하여 눈치만 살피다가 기회를 잃는다. 財에 의해 正印이 破剋되어 약해지면 선비가 구차하게 재물 걱정을 하게 되고 日干마저 약하면 잔꾀나 술수로 처세하려 한다.

正印格은 학문과 가장 인연이 깊다. 그러므로 어떤 분야든 학문성을 바탕으로 하는 직업을 갖게 되면 성공할 수 있다. 正印의 인자한 성격은 교육자·종교인으로서 적합하다.

正印格이 정관의 뿌리가 있으면 대학자, 문교계통, 학구적인 정치인, 학원장 등 남을 교육하거나 지배하고 다스리는 수뇌부 기질을 발휘하게 된다.

正印格이 偏官의 뿌리가 있으면 군인, 법관, 기술 분야의 고위직 또는 경영자가 된다.

正印格이 양호하지 못할 때에는 기술, 문화, 교육, 예술 등의 분야에서 봉급생활이 좋다.

正印格이 다른 곳에 偏印가 겹쳐 있으면 두 가지 업무를 보게 되고 正印과 羊刃이 동주해 있고 官星이 命造에 있으면 官界로 진출하여 고위직에 오른다.

正印이 12운성의 墓支에 達하면 종교인이 될 가능성이 많고 正印이 華蓋와 同柱하면 종교인이나 예술인으로서 명성을 얻는다.

⑧ 偏印格(편인격)은 月支가 日干을 生하고 陰陽이 같은 경우다.

偏印格은 正印格과 같이 묶어 印綬格으로 통칭하는 경우도 있으나 正印格과 偏印格은 실제로 많은 차이를 보인다. 偏印은 四凶神 中의 하나로서 그대로 사용할 수는 없고 制化 시켜야 좋은 역할을 한다. 身强한 偏印格은 官殺을 보아 生扶하는 힘이 크면 매우 좋지 않으며 필히 財星을 봐야 한다. 身弱한 四柱에는 비록 凶神이지만 偏印까지 弱하면 좋지 않다. 따라서 身弱한 命造에서는 財官이 함께 있는 것이 좋다. 偏印은 하나만 있고 힘이 있으면 正印格과 동일하게 格을 취용할 수 있다. 조금이라도 强하면 먼저 財星에 의한 적절한 制化가 있어야 한다. 官과 比劫의 조화 또한 중요하다. 偏印格은 制化, 合, 空亡 등을 좋아하고 刑冲을 싫어한다.

偏印格을 이루고 중화를 얻으면 임기응변이 강하고 눈치가 빨라 기회주의적인 성격으로 기회포착의 능력이 뛰어나다. 머리회전이 빠르고 순발력이 좋으나 잘 들어내지 않는다. 타인을 의식하지 않고 자신의 만족을 위해 노력하는 형이다. 선천적으로 우수한 두뇌를 가지고 있는 사람이 많으며 食傷과 달리 드러난 표현과 표출 방식이 결여되어 있을 뿐 잠재된 재능은 뛰어나며 특히 호기심이 대단히 많아 연구력과 사물을 수용하고 이해하는데 소질이 많다. 偏印格의 성격은 남이 뭐라 해도 자기만 좋으면 만족을 하는 경향이 많고 느리기도 하며 때로는 조급하기도 해서 종잡을 수 없는 타입이다. 일반적으로 꾀나 요령을 잘 부리며 게으른 사람이 많고 매사에 시작은 남보다 먼저 하지만 끝맺음은 잘 하지 못하여 有始無終하는 경우가 많다. 처음에는 제대로 일을 추진해도 계획이 자주 바뀌며 뚝심과 인내력이 약하니 결과가 제대로 나오지 않고 매사를 스스로 판단하고 스스로 포기하는 즉 자신의 머리를 너무 과신하는 스타일이다. 재물을 별로 중요시 않는 듯 보이며, 돈만 많고 인격이 갖추어지지 않은 사람이나 무식한 사람, 예의 없는 사람 등을 매우 경멸한다. 偏印格은 겉과 속이 달라 예의가 바른 듯 하면서도 천박하고 선한 듯하면서도 악하고 직업도 겸업을 많이 하며 야누스의 형상과 같이 양면성을 지녔다.

 偏印格에 羊刃과 劫財가 겹쳐 있으면 겉으로는 예의 바르고 성인군자 같으나 속은 각박하고 대단히 냉혹한 사람이 많다.

 偏印格에 偏印이 중첩하면 음식을 매우 탐하는 경우가 많으며 대식가이고 음식으로 인한 질병이 있을 수 있으며 체격이나 용모가 추하고 볼품없는 경우가 많다.

 偏印格은 재능이 많고 명쾌하지만 正印과 혼잡되어 있거나 너무 旺하면 인색하고 매사 어려움 많고 의지가 천박하고 부정하며, 身弱한 偏印은 인정이 없다.

 偏印格이 偏財를 보고 길이 잘 들여지면 正印을 능가하는 차분한 성격이다. 偏印格이 財星이 없으면 지혜와 문필과 명망은 있으나 貧寒(빈한)하고 偏印이 중첩한 가운데 財星이 없으면 유행병에 걸리기 쉽다.

偏印格에 官殺이 겹쳐 있으면 일생동안 成敗가 심하고 과로로 건강을 해치기 쉽다.

偏印格은 대체적으로 신비주의에 관심이 많고 학문도 그런 쪽에 관심이 많다. 치우친 생각이나 고독한 성분을 내포하고 있으며 이러한 것에 의해 철학적 사색을 즐긴다.

偏印格은 대부분 正印格이나 偏印格의 편중된 모습은 같게 나타난다. 음식을 탐하고 인색하고 집착하는 성향이며 게으르고 자신의 판단을 스스로 의심하여 쉽게 결정을 내리지 못한다. 직장에 근무하는 기간이 짧으며 오래 다니려고 해도 회사가 부실해지는 경우가 많다. 자영업 또한 일정한 종목에 오래 종사를 못하고 이일 저일 두루 해본다. 여자는 가장의 책무를 타고났으니 남편대신 생업에 종사하며 시댁을 위하여 한평생을 희생하며 살아야 하고 시댁갈등이 심하게 나타나는 불행한 命이다. 財星의 制化를 받지 못한 偏印이 倒食(도식)한다면 하는 일마다 실패하니 소득이 생길리가 없다. 다른 사람의 충고나 조언도 아랑곳하지 않고 그저 열심히 꾸준하게 자기 일에 최선을 다하지만 소득은 없다. 배운 것을 쓰지 못하는 자와 같은 것이다. 이런 命은 건강관리에 특히 유의해야 하며 유행병이 떠나지 않는다. 여자는 자식의 안위가 걱정이다. 財星의 制化를 받지 못한 偏印이 劫財를 生하면 동업이나 대리투자 등으로 재산을 날릴 수 있다. 노동을 기피하고 남을 시키는 것과 같으니 타인의 運에 자신의 재산이 달려있으니 특히 배반과 사기를 조심해야 한다.

偏印이 弱한 경우에는 집념이 약하고 어려운 일에는 망설이는 사람이다. 시키는 일에는 잘 할 수 있으나 자기 개성을 살릴 수는 없다. 특히 偏印은 弱한데 財星이 冲剋하면 진로와 전공이 자주 바뀌는 경우가 많다. 수시로 맘이 변하고 변덕이 발생하며 자주 권태감을 느낀다. 運에서 財星(여자에게 財星은 시어머니이다)을 만나다면 고부갈등이나 인생에 대한 비관, 종교나 어른과 부모에 대한 갈등으로 회의감에 빠진다. 학구열이 떨어지고 배움에 회의를 느낀다.

偏印을 梟神(효신)에 비유하는데 올빼미는 낮엔 자고 밤엔 활동한다. 그래서 偏印格은 일반의 인간사보다는 밤에 활동하는 인간사에 빠진다.

偏印格은 대체로 교육, 문학, 종교, 예술 등에 두각을 나타낸다. 정보, 조사, 고전연구, 철학 등의 부문에서도 일가를 이루거나 취재, 탐색, 인권운동 등에 활약이 많다. 또한 스포츠, 전문기술, 의학 분야에서 취미와 소질을 발휘하며, 또한 역술, 무속, 침술, 氣功(기공), 韓藥 등 및 연예인, 요리업, 여관업, 유흥업, 이·미용업 등 다방면에 두각을 나타낸다.

3) 外格(외격)을 정하는 방법은 다음과 같다.

外格(외격)은 격국 이론에서 내격으로 볼수 없는 특별한 경우가 많은데 이를 특별격 또는 외격으로 구분한다.

내격은 日干을 기준해 뿌리가 있는 경우가 일반적이다. 즉 甲木이나 乙木일때는 地支의 寅卯辰이나 亥卯未가 뿌리가 된다. 丙火나 丁火 또는 戊土나 己土일때는 巳午未나 寅午戌이 뿌리가 된다. 庚金이나 辛金일때는 申酉戌이나 巳酉丑이 뿌리가 된다. 壬水나 癸水일때는 亥子丑이나 申子辰이 뿌리가 된다. 이때 日干의 뿌리가 없어 내격으로 분류하기가 어렵거나 또는 日干의 힘이 한 쪽으로만 强할 경우 내격보다는 특별격으로 정해 用神을 잡는다. 이렇듯 내격으로 보기 어려운 경우는 모두 특별격으로 정해 用神을 잡는다. 특별격의 조건이 갖추어지면 반드시 특별격으로 봐야 한다.(특별격 우선의 법칙)

外格 즉 특별격에는 從格(종격), 化氣格(화기격), 一行得氣格(일행득기격), 兩申相生格(양신상생격), 建祿格(건록격), 暗冲格(암충격) 등 여러 종류로 분류되는데 먼저 外格을 알아보고 그 나머지는 모두 내격으로 파악해 用神을 잡는다. 外格은 그 조건이 맞으면 用神이 정해져 있기 때문에 外格에 해당하는 四柱는 用神을 잡기가 쉽다. 따라서 外格의 경우 그 성립조건을 반드시 알아야만 한다.

4) 外格(외격)의 종류
가. 從格(종격) : 비겁과 인성이 전혀 없는 고립무원이다.

從格이란 日干인 내 힘이 약해 他 五行에 완전히 굴복하는 경우를 말한다. 이런 從格에는 從官殺格, 從財格, 從食傷格 등이 있다. 從格은 엄격히 구분하면 眞從格과 假從格으로 구분되는데 眞從格만이 원칙적으로 從格이다. 그러나 완전치는 못해도 불안정하나마 從格에 따르는 假從格도 從格으로 보는데 가종격은 진종격보다 사주 구성이 한 단계 하급이 되며 종격이 되려면 철저히 從格이 되는 것이 좋다. 가종격은 진종격보다 나쁜 운이 오면 더 나쁜 특성을 갖고 있다.

眞從格(진종격)이 되려면 日干이 고립무원이어서 내 힘이 전혀 없어야 한다. 즉 日干의 뿌리가 전혀 없어야 한다. 조금이라도 있으면 從格이 되지 않는다. 通根하지 말아야 한다. 天干에 내 편인 印星과 比劫이 전혀 없어야 한다.

① 從官殺格(종관살격) - 官이 用神이다.
從官殺格이 되려면 日干의 힘이 전혀 없는 從格으로서 官殺에 종속하는 四柱를 말한다. 즉 地支에 日干의 뿌리가 전혀 없고, 天干에도 印星이나 比劫이 전혀 없고, 地支가 官殺로만 구성되면 日干은 官殺에 의존할 수밖에 없다.

예문) 乾命(남자) : 從官殺格이며 官인 火가 用神이다.

時	日	月	年
丙	庚	壬	丁
戌	午	寅	卯

丁壬合木, 寅午戌三合

乙	丙	丁	戊	己	庚	辛	壬
未	申	酉	戌	亥	子	丑	寅
65	55	45	35	25	15	5	대운수

위 四柱는 日干 庚金 地支에 寅午戌 三合 火局이되어 뿌리인 비겁과 인성이 없고 天干은 丁壬合木을 이루고 뿌리인 比劫과 印星이 없다. 日干 庚金과 强한 火局으로 이루어져 있다. 즉 火剋金인 官殺로 四柱가 구성되어 있다. 따라서 官에 종속하는게 좋다. 戊戌大運(35~44세)에서 公職에 등극하여 공직으로 出世하였다. 丁酉大運(45세)부터 酉申金 大運이 들어와 比劫運이 되어 빛을 못보고 丙申大運에서 공직에서 물러났다.

從官殺格인 위 四柱의 用神은 火인 官이고 用神을 생해주는 木이 喜神이다. 土金水는 忌神이다. 결론적으로 從格은 日干의 힘이 弱할수록 좋다.

예문) 假從官殺格 사례로 日干 庚金을 생해주는 토운이 오는 경우다. 인성인 토운이 나쁘게 작용한다.

時	日	月	年
丙	庚	壬	丁
戌	午	寅	未

위 四柱는 丁未年 출생인데 四柱 地支가 寅午戌 三合 火局이나 未土 支藏干(丁乙己)中에 己土가 있어 日干 庚金을 생해주는 印星이 들어있어 眞從官殺格이 안 되고 假從官殺格이 되어 진종관살격보다 格이 떨어지는 四柱가 된다. 大運이나 歲運에서 戊己 土運이 오면 日干 庚金의 힘이 세져 나를 剋하기 때문에 나쁘게 작용한다. 假從格은 眞從格보다 하급이며 破格으로 인성운이나 비겁운이 오면 眞從格보다 더 나쁘게 작용한다.

② 從財格(종재격) - 財星이 用神이다.

從財格이 되려면 日干의 힘이 전혀 없는 從格으로서 地支가 財星으로만 구성되고 天干에 食傷이 있어 財星을 生하면 더 좋은 從財格 四柱가 된다. 日干이 財星에 종속하는 四柱다.

예문) 乾命(남자) : 從財格이며 財星인 金이 用神이고 토식상이 희신이다.

時	日	月	年
己	丙	乙	庚
丑	申	酉	戌

乙輕合金, 申酉戌方合

壬	辛	庚	己	戊	丁	丙	乙
辰	卯	寅	丑	子	亥	戌	酉
65	55	45	35	25	15	5	대운수

위 四柱는 日干 丙火 天干은 乙庚合金이 된다. 地支는 申酉戌 方合(계절합) 金局을 이룬다. 日干 丙火의 힘이 전혀 없다. 天干 己土는 金 財星을 생해준다. 時支 丑土도 金 財星을 생해준다. 日干 丙火의 用神은 金인 財星이고 土인 食傷이 喜神이다. 金土運이 오면 사업운이 온다. 忌神은 木인 印星과 火인 比劫이다. 水 官星은 閑神(한신)이다. 閑神은 無害無得하다.

위 四柱는 己丑大運(35~44세)에 사업운이 오고 庚寅大運에서 日干 丙火입장에서 大運 庚金은 財星運이며 日支 申金과 大運 寅木이 寅申 驛馬冲이 되어 무역업으로 성공했다. 이때 만약 地支 支藏干에 甲乙 木이나 丙丁 火가 들어있다면 破格으로 假從財格(가종재격)이 되는데 이 때는 眞從財格만 못하고 忌神인 木火 大運이 오면 파탄을 맞는다. 즉 時柱가 己未라면 未土(丁乙己)中 乙木이 살아나 假從財格으로 진종재격보다 못하다.

③ 從食傷格(종식상격 從兒格=종아격) - 食傷이 用神이다.

從食傷格이 되려면 日干의 힘이 없고 즉 通根되지 못하고 地支가 食傷으로만 구성된 四柱다. 從食傷格은 일을 하니 힘이 필요하여 印星이 있어도 좋다. 즉 印星이 있어 내 힘을 보태야 하기 때문이다. 그러나 印星 보다는 比劫이 있는게 더 좋다. 그 이유는 印星은 食傷을 剋하는 작용을 하기 때문이다. 따라서 인성보다는 비겁이 있어 내 힘이 강한 상태에서 從食傷格이 되는 것이 최고로 좋다. 從食傷格은 食傷이 강해 食傷에 종속하기 때문에 食傷을 죽이는 오행은 나쁘다.

예문) 乾命(남자) : 從食傷格이며 食傷인 木이 用神이고 財星인 火가 喜神이다.

時	日	月	年
丙	癸	壬	丁
辰	卯	寅	卯

丁壬合木, 寅卯辰方合

乙	丙	丁	戊	己	庚	辛	壬
未	申	酉	戌	亥	子	丑	寅
63	53	43	33	23	13	3	대운수

위 四柱는 日干 癸水 天干은 丁壬合木이 된다. 地支는 寅卯辰 方合(계절합) 木局을 이룬다. 日干 癸水 입장에선 木은 食傷이다. 水生木하는 從食傷格 四柱다. 年支 卯木과 己亥大運에서 亥水가 亥卯 半合 三合으로 木局을 이룬다. 그래서 이때부터 사업운이 들어와 성공한다. 用神은 食傷인 木이고 喜神은 財星인 火가 된다. 즉

일을 해서 재물을 얻으니 喜神이 된다. 忌神은 金과 土이다.

日干 癸水 입장에서 時干의 丙火는 財星이라 좋다. 年干 丁火와 月干 壬水는 丁壬合木이 되어 木局인 食傷으로 구성되어 眞從食傷格 四柱가 되었다. 만약 地支 支藏干에 金이나 水가 들어있다면 진종식상격이 못되고 下格인 假從食傷格이 되는데 이 때는 金水運이 오면 眞從食傷格보다 더 나쁜 영향을 받는다.

나. 化氣格(화기격) : 日干이 合이 되어 五行이 변한 경우다

化氣格이란 日干이 합이 되어 五行이 변하는 경우다. 이런 化氣格에는 日干이 土로 변한 化土格, 金으로 변하면 化金格, 水로 변하면 化水格, 火로 변하면 化火格이 된다.

化氣格이 되려면 반드시 천간이 나란히 붙어있어야 하고 뿌리가 확실해야 한다. 예로 化土格이면 土의 뿌리가 通根해야한다.

① 化土格(화토격) : 甲己合土(중정지합) 用神이 土이다.

化土格은 甲木이나 己土 日干이 甲己合土가 되는 경우다.

化土格이 되려면 甲木 日柱로 己土가 月干이나 時干에 있거나, 己土 日柱로 甲木이 月干이나 時干에 있고 반드시 月支에 辰戌丑未의 土 五行이 와야 한다. 즉 日干이 甲木일 경우 月支에 己未 또는 己丑이 와야 하고, 日干이 己土일 경우 月支에 甲戌 또는 甲辰이 와야 한다. 이때 가장 중요한 포인트는 天干과 地支 모두에 土를 剋하는 木이 없어야 한다.

化土格의 用神은 土이고 喜神은 土를 生하는 火이다. 金은 閑神이고 水와 木은 忌神이 된다.

예문) 乾命(남자) : 化土格의 용신은 토이고 희신은 토를 생하는 화이다. 용신 토를 극하는 목이 없어야 한다.

時	日	月	年
己	甲	戊	戊
巳	辰	戌	辰

甲己合土, 丑運

化土格에는 天干과 地支 모두에 土를 剋하는 木이 없어야 한다.
위 四柱는 日干 甲木이 戌土月 태생이다. 戌土 支藏干(辛丁戊) 中에 木이 없고 辰土 支藏干(乙癸戊)中 乙木이 있다. 그러나 辰戌 冲이 되어 乙木은 日干 甲木의 뿌리가 되지 못한다. 天干과 地支 모두에 木이 없어 甲己合土의 化土格이 되었다. 化土格은 用神은 土이고 喜神은 土를 生하는 火이다. 그래서 火土運이 좋다. 忌神은 木과 水이다. 金은 閑神이다. 日干 甲木이 行運 丑土運이 와서 고시에 합격하였다.

② 化金格(화금격) : 乙庚合金(인의지합) 用神이 金이다.

化金格은 乙木이나 庚金 日干이 乙庚合金이 되는 경우다.

化土格이 되려면 日干이 乙木이나 庚金이면서 乙庚合金으로 구성되어 있고, 時支 특히 月支가 申酉戌 方合이나 巳酉丑 三合 金局을 이루고 있어야 한다. 이때 가장 중요한 포인트는 天干과 地支 모두에 金를 剋하는 火가 없어야 한다.

化金格의 用神은 金이고 喜神은 金를 生하는 土이다. 水는 閑神이고 火와 木은 忌神이 된다.

예문) 乾命(남자) : 化金格의 용신은 금이고 희신은 금를 생하는 토이다. 용신 금을 극하는 화이 없어야 한다.

時	日	月	年
庚	乙	壬	戊
辰	酉	戌	申

乙庚合金

化金格에는 天干과 地支 모두에 金를 剋하는 火가 없어야 한다. 위 四柱는 日干 乙木이 戌土月 태생이다. 日干 乙木이 時干 庚金과 乙庚合金이 된다. 地支는 申酉戌 方合 金局으로 되어있다. 戌土 支藏干(辛丁戊)中에 丁火가 있다. 丁火는 申酉戌 方合보다 우선순위에 밀려(흡수되어) 사용하지 못한다. 그래서 日干 乙木의 乙庚合金이 地支 申酉戌 方合에 확실히 뿌리 내리고 있어(通根) 化金格이 되었다.

③ 化水格(화수격) : 丙辛合水(위엄지합) 用神이 水이다.

化水格은 丙火나 辛金 日干이 丙辛合水가 되는 경우다.

化水格이 되려면 日干이 丙火나 辛金이면서 丙辛合水로 구성되어 있고, 時支 특히 月支가 亥子丑 方合이나 申子辰 三合 水局을 이루고 있어야 한다. 이때 가장 중요한 포인트는 天干과 地支 모두에 水를 剋하는 土가 없어야 한다.

化水格의 用神은 水이고 喜神은 水를 生하는 金과 木이다. 日干 辛金 입장에서 金生水, 水生木하여 傷官과 正財의 의미를 갖는다. 土와 火은 忌神이 된다. 大運의 戊土나 己土運이 오면 나쁘다.

예문) 乾命(남자) : 化水格의 용신은 수이고 희신은 수를 생하는 금과 목이다. 용신 수을 극하는 목이 없어야 한다.

時	日	月	年
壬	辛	丙	甲
辰	丑	子	申

丙辛合水

癸	壬	辛	庚	己	戊	丁	丙
未	午	巳	辰	卯	寅	丑	子
63	53	43	33	23	13	3	대운수

化水格에는 天干과 地支 모두에 水를 剋하는 土가 없어야 한다.

위 四柱는 日干 辛金이 子水月 태생이다. 日干 辛金이 月干 丙火와 丙辛合水가 된다. 地支는 申子辰 三合 水局으로 되어있다. 丑土 支藏干(癸辛己)中에 木이 없다. 그래서 日干 辛金이 丙辛合水로 地支 申子辰 三合 水局에 확실히 뿌리 내리고 있어(通根) 化水格이 되었다.

④ 化木格(화목격) : 丁壬合木(인수지합) 用神이 木이다.

化木格은 丁火나 壬水 日干이 丁壬合木이 되는 경우다.

化木格이 되려면 日干이 丁火나 壬水이면서 丁壬合木으로 구성되어 있고, 時支 특히 月支가 寅卯辰 方合이나 亥卯未 三合 木局을 이루고 있어야 한다. 이때 가장 중요한 포인트는 天干과 地支 모두에 木을 剋하는 金이 없어야 한다.

化木格의 用神은 木이고 喜神은 木를 生하는 水와 火이다. 日干 壬水 입장에서 火는 水生木, 木生火하여 食神과 財星의 의미를 갖기 때문에 喜神으로 배우자運이 좋다는 뜻이다. 丁壬合木인 경우 여자는 이쁘나 끼가 있고 질투심이 심하다.(학문을 하는게 좋다) 金과 土는 忌神이 된다.

예문) 乾命(남자) : 化木格의 용신은 목이고 희신은 수와 화이다. 용신 목을 극하는 금이 없어야 한다.

時	日	月	年
甲	壬	丁	甲
辰	午	卯	寅

丁壬合木, 寅卯辰方合

化木格에는 天干과 地支 모두에 木를 剋하는 金이 없어야 한다.
위 四柱는 日干 壬水가 卯木月 태생이다. 日干 壬水가 月干 丁火와 丁壬合木이 된다. 地支는 寅卯辰 方合 木局으로 되어있다. 그래서 日干 壬水가 丁壬合木이 되어 地支 寅卯辰 方合 木局에 확실히 뿌리 내리고 있어(通根) 化木格이 되었다.

⑤ 化火格(화화격) : 戊癸合火(無情之合) 用神이 火이다.

化火格은 戊土나 癸水 日干이 戊癸合火가 되는 경우다.

化火格이 되려면 日干이 戊土나 癸水이면서 戊癸合火로 구성되어 있고, 時支 특히 月支가 巳午未 方合이나 寅午戌 三合 火局을 이루고 있어야 한다. 이때 가장 중요한 포인트는 天干과 地支 모두에 火을 剋하는 水가 없어야 한다.

化火格의 用神은 火이고 喜神은 火를 生하는 木과 土이다. 日干 癸水 입장에서 土는 木生火, 火生土하여 財星과 官星 및 印星의 의

미를 갖는다. 戊癸合火는 이쁘고 총명한 경우가 일반적이다. 水와 金은 忌神이 된다.

예문) 乾命(남자) : 化火格의 용신은 화이고 희신은 화와 토 이다. 용신 화를 극하는 수가 없어야 한다.

時	日	月	年
甲	癸	戊	丙
寅	巳	戌	戌

戊癸合火, 寅午戌 半合 三合

化火格에는 天干과 地支 모두에 火를 剋하는 水가 없어야 한다. 위 四柱는 日干 癸水가 戊土月 태생이다. 日干 癸水가 月干 戊土와 戊癸合火가 된다. 地支는 寅午戌 半合 三合 火局으로 되어있다. 그래서 日干 癸水가 戊癸合火가 되어 地支 寅午戌 半合 三合 火局에 확실히 뿌리 내리고 있어(通根) 化火格이 되었다.

⑥ 化氣格(화기격)의 파격

化氣格의 파격이란 化氣格을 구성하나 剋하는 오행이 있어 化氣格이 깨지는 경우와 妬合(투합=1陽2陰=쌍합)하여 싸우는 경우, 다른 합이 있어 化氣格이 무너지는 경우이다. 파격이 되면 아주 나쁘다.

⑥-1 化氣格이 剋으로 합화가 깨지는 경우이다.

예문) 日干 辛金이 丙辛合水이고 지지가 해자축으로 화수격이나 월간 무토가 용신인 수를 극하여 화수격이 파격된다.

時	日	月	年
丙	辛	戊	乙
申	亥	子	丑

丙辛合水, 亥子丑方合

위 四柱는 日干 辛金이 子水月 태생이다. 日干 辛金은 時干 丙火와 丙辛合水를 이룬다. 化水格이다. 日干 辛金은 丙辛合水를 이룬다. 地支는 亥子丑 方合 水局이 된다.

化水格은 時支 특히 月支가 亥子丑 方合이나 申子辰 三合 水局을 이루고 있어야 한다. 이때 가장 중요한 포인트는 天干과 地支 모두에 水를 剋하는 土가 없어야 한다.

化水格의 用神은 水이고 喜神은 水를 生하는 金과 木이다. 그러나 天干의 戊土 및 地支의 申金 支藏干(戊壬庚)中 戊土가 用神인 水를 剋하고 있어 化水格이 되지 못한다. 化水格이 깨져 破格이 되면 戊土나 己土運이 오면 化水格보다 더 나쁘게 運에 작용한다.

⑥-2 化氣格이 妬合(쌍합)으로 合化가 깨지는 경우이다.

예문) 日干 壬水가 丁壬合木이고 지지가 묘미 반합 삼합 목국으로 화목격이나 日干 壬水가 月干 및 時干의 두 개의 丁火를 놓고 妬合하는 형상이라 化木格이라도 등급이 낮은 破格이 된다.

時	日	月	年
丁	壬	丁	己
未	午	卯	巳

丁壬合木, 亥卯未半合三合

위 四柱는 日干 壬水가 卯木月 태생이다. 日干 壬水는 月干 丁火와 時干 丁火 두 개의 丁火와 丁壬合木을 이룬다. 化木格이다. 日干 壬水는 丁壬合木을 이룬다. 地支는 卯未 半合 三合 木局이 된다.

化木格은 時支 특히 月支가 寅卯辰 方合이나 亥卯未 三合 木局을 이루고 있어야 한다. 이때 가장 중요한 포인트는 天干과 地

支 모두에 木을 剋하는 金이 없어야 한다.

化木格의 用神은 木이고 喜神은 木를 生하는 水와 火이다. 日干 壬水 입장에서 火는 水生木, 木生火하여 食神과 財星의 의미를 갖기 때문에 喜神으로 배우자運이 좋다는 뜻이다. 丁壬合木인 경우 여자는 이쁘나 끼가 있고 질투심이 심하다.(학문을 하는게 좋다) 金과 土는 忌神이 된다.

日干 壬水가 月干 및 時干의 두 개의 丁火를 놓고 妬合(투합=1陽2陰)하는 형상이라 化木格이라도 등급이 낮은 破格이 된다. 化木格의 用神은 木이고 喜神은 木를 生하는 水와 火이다. 年支 巳火 支藏干(戊庚丙)中 庚金運은 化木格의 用神인 木을 剋하므로 金運이 오면 더욱 나쁘다.

⑥-3 化氣格이 다른 합으로 合化가 깨지는 경우이다.

예문) 日干 甲木이 甲己合土이고 지지가 진미술토로 화토격이나 年干 壬水와 月干 丁火가 丁壬合木이 되어 화토격을 극하여 파격 되게 한다.

時	日	月	年
己	甲	丁	壬
巳	戌	未	辰

甲己合土, 丁壬合木

위 四柱는 日干 甲木이 未土月 태생이다. 日干 甲木은 時干 己土와 甲己合土를 이룬다. 化土格이다. 日干 甲木은 甲己合土를 이룬다. 地支의 年支 戌土와 月支 未土 그리고 日支 戌土에 化土格이 뿌리를 내렸다(通根=통근).

化土格의 중요한 포인트는 天干과 地支 모두에 土를 剋하는 木이 없어야 한다.

化土格은 用神은 土이고 喜神은 土를 生하는 火이다. 그래서 火土運이 좋다. 忌神은 木과 水이다. 金은 閑神이다. 그러나 日干 甲木의 甲己合土외에 天干에서 年干 壬水와 月干 丁火가 丁壬合 木을 이룬다. 丁壬合木이 化土格의 用神인 土를 剋하여 破格이 되게 한다. 破格은 化氣格 사주보다 등급이 낮게 평가되며 忌神運인 木과 水운이 오면 化土格보다 더 나쁜 不幸이 온다.

⑦ 化氣格(화기격)이 파격되었다가 다시 화기격으로 된 경우

化氣格이 破格되었지만 剋하는 五行이 힘을 못써 다시 化氣格으로 되는 경우이다.

⑦-1 化氣格이 剋으로 破格되었다가 다시 合으로 化氣格이 된 경우이다.

예문) 日干 乙木이 乙庚合金하고 月支 申金에 뿌리를 내렸다. 月干 丙火는 용신 금을 극한다. 그러나 月干 丙火는 년간 신금과 병신합수가 되어 丙火의 힘을 잃는다. 다시 化金格이 된다.

時	日	月	年
庚	乙	丙	辛
辰	酉	申	巳

위 四柱는 日干 乙木이 申金月 태생이다. 日干 乙木이 時干 庚金과 乙庚合金을 이룬다. 日干 乙木의 乙庚合金이 月支 申金에 뿌

리를 내렸다(通根). 化金格이다.

化土格이 되려면 日干이 乙木이나 庚金이면서 乙庚合金으로 구성되어 있고, 時支 특히 月支가 申酉戌 方合이나 巳酉丑 三合 金局을 이루고 있어야 한다. 이때 가장 중요한 포인트는 天干과 地支 모두에 金를 剋하는 火가 없어야 한다.

化金格의 用神은 金이고 喜神은 金를 生하는 土이다. 水는 閑神이고 火와 木은 忌神이 된다. 그러나 月干 丙火는 化金格의 用神인 金을 剋하여 破格이 되게 한다. 그러나 月干 丙火는 年干 辛金과 丙辛合水를 이룬다. 月干 丙火의 丙辛合水로 丙火의 힘을 잃는다. 그래서 다시 化金格이 된다.

⑦-2 化氣格이 妬合(투합=1陽2陰)으로 破格되었다가 쌍합으로 다시 化氣格이 된 경우이다

예문) 乾命(남자) : 日干 壬水가 丁壬合木된다. 동시에 年干 壬水가 月干 丁火와 丁壬合木이 된다. 쌍합으로 化木格이다.

時	日	月	年
丁	壬	丁	壬
未	寅	未	寅

丁壬合木이 쌍합된다.

위 四柱는 日干 壬水가 未土月 태생이다. 日干 壬水가 時干 丁火와 丁壬合木이 된다. 동시에 年干 壬水가 月干 丁火와 丁壬合木이 된다. 日干 壬水 입장에서 쌍합이 되어 妬合(투합=1陽2陰)이 성립되지 않아 化木格이 될 수 있다.

化木格에서 가장 중요한 포인트는 天干과 地支 모두에 木을

剋하는 金이 없어야 한다.

化木格의 用神은 木이고 喜神은 木를 生하는 水와 火이다. 金과 土는 忌神이 된다. 地支의 寅木 支藏干은 (戊丙甲)이고 未土 支藏干은 (丁乙己)이다.

다. 一行得氣格(일행득기격) : 從格과 전혀 다르다. 五行 하나기 너무 강해 格과 用神이 정해진다.

一行得氣格이란 五行 중 하나의 五行이 너무 강해 하나의 오행으로 格이 이루어지고 用神이 정해지는 경우이다.

一行得氣格에는 曲直格(곡직격=木), 炎上格(염상격=火), 稼穡格(가색격=土), 從革格(종혁격=金), 潤下格(윤하격=水) 등이 있다.

① 曲直格(곡직격=木=곡직인수격) : 木으로 구성되어 用神이 木이다.

喜神은 木을 生하는 水 印星과 木이 生하는 火 食傷이다. 忌神은 金과 土이다.

曲直格이 되려면 반드시 日柱가 甲木이나 乙木이어야 하고 月支가 寅木月이나 卯木月에 출생하고 地支가 寅卯辰 方合 또는 亥卯未 三合 木局을 이뤄야 한다. 그리고 天干에 甲木 및 乙木을 剋하는 庚金이나 辛金이 없어야 한다. 地支에도 申金이나 酉金이 없어야 한다.

曲直格의 用神은 木이며 印星 水와 食傷 火가 喜神이다. 忌神은 金과 土이다.

예문) 日干 甲木이 卯木月 태생이며 地支가 寅卯辰 方合 木局으로 木運이 강하다. 曲直格이다.

時	日	月	年
丙	甲	丁	甲
寅	辰	卯	寅

위 四柱는 日干 甲木이 卯木月 태생이다. 地支는 年支 寅木과 月支 卯木 그리고 日支 辰土가 寅卯辰 方合 木局을 이룬다. 用神인 甲木을 剋하는 金이 天干 및 地支에 없다. 曲直印綬格(곡직인수격)이다.

위 四柱는 日干 甲木으로 曲直格이라 木·水·火運에 성공한다. 月干 丁火와 時干 丙火는 木火通明(목화통명) 즉 木生火라 미모가 출중하고 학문이 뛰어난 四柱이다. 이런 경우 祿傍桃花(녹방도화) 四柱라 한다.

祿傍桃花란 도화와 건록이 同柱하는 것이다. 용모가 아름답다(양귀비). 여자는 애교가 있고 절세가인이며 水를 만나면 음란하다.

(陽甲木의 長生은 亥水, 12運星표 - 陽干巡行)

長生	목욕	관대	건록	帝旺	쇠	병	사	墓	절	태	양
亥	子	丑	寅	卯	辰	巳	午	未	申	酉	戌

② 炎上格(염상격=火) : 火로 구성되어 用神이 火이다.

喜神은 火을 生하는 木과 火가 生하는 토 食傷이다. 忌神은 水와

金이다.

炎上格이 되려면 日柱에서 日干은 丙火나 丁火이고 日支는 巳月이나 午月에 출생하고 地支가 巳午未 方合 또는 寅午戌 三合 火局을 이룬다. 天干에 用神 丙火를 剋하는 壬水나 癸水가 없고 地支에도 亥子丑 方合 水局이 없어야 한다. 天干에 印星인 木이 있으면 用神 火를 生하여 주기 때문에 炎上格은 더욱 빛이 나서 좋다.

炎上格의 用神이 火이고 첫 번째 喜神은 印星 木이고 두 번째 喜神은 食傷인 土이다. 忌神은 水와 金이다.

예문) 日干 丙火가 午火月 태생이며 地支가 巳午未 方合 火局으로 火運이 강하다. 炎上格이다.

時	日	月	年
乙	丙	丙	丁
未	寅	午	巳

己	庚	辛	壬	癸	甲	乙	丙
亥	子	丑	寅	卯	辰	巳	午
65	55	45	35	25	15	5	대운수

위 四柱는 日干 丙火가 午火月 태생이다. 地支는 年支 巳火와 月支 午火 그리고 時支 未土가 巳午未 方合 火局을 이룬다. 日干 丙火 입장에서 寅木이 長生(12운성)이고 午火가 帝旺이니 전형적인 炎上格이다. 用神인 丙火를 剋하는 水가 天干 및 地支에도 없다.

(陽丙火戊土의 長生은 寅木, 12運星표 - 陽干巡行)

長生	목욕	관대	건록	帝旺	쇠	병	死	墓	절	태	양
寅	卯	辰	巳	午	未	申	酉	戌	亥	子	丑

日干 丙火의 用神은 火인데 乙巳大運이 좋아 부유한 집안에서 자랐다. 甲辰大運도 좋으며 癸卯大運에서 癸水가 用神 火를 剋하나 卯木大運이 印星 喜神이라 군대에 입대해서 큰 공을 세웠다. 壬寅大運에서 壬水運에 실직이 되었다가 寅木運에 寅午 半合 三合 火局을 이뤄 복직되어 큰 공을 세워 지휘관이 된다. 辛丑大運부터 안 좋아 庚子 忌神 大運에 전쟁 중 사망하였다.

예문) 관운장 四柱 : 日干 丙火가 午火月 태생이며 地支는 年月日時 모두 午火이다. 전형적인 炎上格이다.

時	日	月	年
甲	丙	甲	丙
午	午	午	午

辛	庚	己	戊	丁	丙	乙	甲
丑	子	亥	戌	酉	辛	未	午
65	55	45	35	25	15	5	대운수

위 四柱는 日干 丙火가 午火月 태생이다. 地支는 年月日時 모두 午火이다. 전형적인 炎上格이다.

炎上格이 되려면 日柱에서 日干은 丙火나 丁火이고 日支는 巳月이나 午月에 출생하고 地支가 巳午未 方合 또는 寅午戌 三合 火

局을 이룬다. 天干에 用神 丙火를 剋하는 壬水나 癸水가 없고 地支에도 亥子丑 方合 水局이 없어야 한다.

炎上格의 用神이 火이고 첫 번째 喜神은 印星 木이고 두 번째 喜神은 食傷인 土이다. 忌神은 水와 金이다.

관운장은 庚子 忌神 大運(55~64세)에 吳나라 장수 여몽에 의해 물에 갇혀 포로가 되어 참수되었다.

③ 稼穡格(가색격=土) : 土로 구성되어 用神이 土이다.

喜神은 土을 生하는 火와 土가 生하는 金 食傷이다. 忌神은 木과 水이다.

稼穡格이 되려면 日柱에서 日干은 戊土나 己土이고 日支는 辰·戌·丑·未土月에 출생하고 地支가 辰·戌·丑·未土로만 구성되어야 한다. 天干과 地支 모두에 用神 土를 剋하는 木이 없어야 한다. 즉 地支가 寅卯辰 方合 木局이 되지 말아야 한다. 또한 水가 많아도 土의 氣運이 손상되어 나쁘니 金 食傷이 있으면 좋고 귀한 부자가 된다.

稼穡格의 用神이 土이고 첫 번째 喜神은 印星 火이고 두 번째 喜神은 食傷인 金이다. 忌神은 木과 水이다.

③-1 辰土月의 稼穡格

예문) 日干 己土가 辰土月 태생이며 地支는 辰·戌·未土로 토가 강하다. 稼穡格이다.

時	日	月	年
甲	己	丙	戊
戌	未	辰	戌

위 四柱는 日干 己土가 辰土月 태생이다. 地支는 辰·戌·未土로만 구성되어 있다. 稼穡格이다 日干 己土의 用神 土運과 印星 火運 및 食傷 金運이 오면 성공한다. 그러나 用神 土運을 剋하는 木運이 오면 실패한다.

③-2 戌土月의 稼穡格

예문) 日干 戊土가 戌土月 태생이며 地支는 辰·戌·未土로 토가 강하다. 稼穡格이다. 술월 태생이라 토운과 금운에 성공한다.

時	日	月	年
己	戊	戊	辛
未	辰	戌	丑

위 四柱는 日干 戊土가 戌土月 태생이다. 地支는 辰·戌·丑·未 土로만 구성되어 있다. 전형적인 稼穡格이다 日干 戊土의 用神 土運과 食傷 金運이 오면 성공한다. 戌土月(辛丁戊)이라 火運이 나쁘다. 土運과 金運이 와야 성공한다.

③-3 丑土月의 稼穡格

예문) 日干 戊土가 丑土月 태생이며 地支는 辰·丑·未土로 토가 강하다. 稼穡格이다. 축월 태생이라 토운과 금운에 성공한다.

時	日	月	年
己	戊	丁	己
未	辰	丑	未

위 四柱는 日干 戊土가 丑土月 태생이다. 地支는 辰·丑·未土로만 구성되어 있다. 전형적인 稼穡格이다 日干 戊土의 用神 土運과 食傷 金運이 오면 성공한다. 用神 土運을 剋하는 木運이 오면 나쁘다.

③-4 未土月의 稼穡格

예문) 日干 戊土가 未土月 태생이며 地支는 辰·戌·丑·未土로 토가 강하다. 稼穡格이다. 미월 태생이라 토운과 금운에 성공한다.

時	日	月	年
癸	戊	己	戊
丑	辰	未	戌

위 四柱는 日干 戊土가 丑土月 태생이다. 地支는 辰·戌·丑·未 土로만 구성되어 있다. 전형적인 稼穡格이다 日干 戊土의 用神 土運과 食傷 金運이 오면 성공한다. 用神 土運을 剋하는 木運이 오면 나쁘다. 水運이나 火運은 운세가 보통이다.

③-5 故 김영삼 대통령

예문) 日干 己土가 丑土月 태생이며 地支는 辰·戌·丑·未土로 토가 강하다. 월간 을목과 시간 갑목 때문에 稼穡格이 안된다.

時	日	月	年
甲	己	乙	戊
戌	未	丑	辰

위 四柱는 日干 己土가 丑土月 태생이다. 地支는 辰·戌·丑·未

土로만 구성되어 있다. 天干과 地支 모두에 用神 土를 剋하는 木이 없어야 한다. 그러나 天干 月干 乙木과 時干 甲木이 있어 稼穡格이 아니다.

地支가 辰·戌·丑·未의 四墓庫을 갖는 경우 帝王格 四柱라 하는데 月干 乙木과 時干 甲木이 있어 稼穡格이 아니며 土가 강해 壬水가 用神이다. 用神이 壬水이면 喜神은 金運이다. 1992년 壬申年에 대통령에 당선되었다. 天干 月干 乙木이 있어 日干 己土와 時干 甲木과 甲己合土도 성립되지 않는다. 따라서 內格으로 用神을 정하는데 壬水가 용用神이다.

④ 從革格(종혁격=金) : 金으로 구성되어 用神이 金이다.

喜神은 金을 生하는 土와 金이 生하는 水 食傷이다. 忌神은 火와 木이다. 불교의 윤회와 관련된다.

從革格이 되려면 반드시 日柱가 日干은 庚金이나 辛金이고 地支는 申酉戌 方合 또는 巳酉丑 三合 金局을 이뤄야 한다. 天干과 地支 모두에 用神 金을 剋하는 火가 없어야 한다. 즉 地支가 巳午未 方合 火局이 되지 말아야 한다.

從革格의 用神이 金이고 첫 번째 喜神은 印星 土이고 두 번째 喜神은 食傷인 水이다. 忌神은 火와 木이다.

예문) 日干 庚金이 辰土月 태생이며 地支는 辰土와 申金으로 금이 강하다. 從革格이다.

時	日	月	年
庚	庚	庚	庚
辰	申	辰	辰

위 四柱는 日干 庚金이 辰土月 태생이다. 地支는 辰土와 申金으로 되어있다. 天干과 地支 모두에 用神 金을 剋하는 火가 없어야 한다. 전형적인 從革格이다.

위 四柱는 歲運이 庚金이나 辛金 또는 申金이나 酉金年에 성공한다. 또한 食傷運인 水運이 와도 좋은 運이 된다.

⑤ 潤下格(윤하격=水) : 水로 구성되어 用神이 水이다.

喜神은 水를 生하는 金과 水가 生하는 木 食傷이다. 忌神은 土와 火이다.

潤下格이 되려면 반드시 日柱가 日干은 壬水나 癸水이고 地支는 亥子丑 方合 또는 申子辰 三合 水局을 이뤄야 한다. 天干과 地支 모두에 用神 水을 剋하는 土가 없어야 한다. 즉 地支가 辰·戌·丑·未로 되지 말아야 한다.

潤下格의 用神이 水이고 첫 번째 喜神은 印星 金이고 두 번째 喜神은 食傷인 木이다. 忌神은 土와 火이다.

예문) 명인 일왕 사주 : 日干 癸水가 子水月 태생이며 地支는 水金木으로 수가 강하다. 潤下格이다.

時	日	月	年
乙	癸	甲	癸
卯	亥	子	酉

위 四柱는 日干 癸水가 子水月 태생이다. 地支는 水金木으로 되어있다. 天干과 地支 모두에 用神 水를 剋하는 土가 없어야 한다.

潤下格이다.

위 四柱는 水金木運에 성공한다. 2004년 甲申年 運이 좋다.

라. 兩神成相格(양신성상격) : 두 개의 五行으로만 되어있다. 食傷格 四柱이다.

兩神成相格이란 天干및 地支가 두 개의 五行으로만 구성된 경우이다. 水木相生格(수목상생격), 木火相生格(목화상생격), 火土相生格(화토상생격), 土金相生格(토금상생격), 金水相生格(금수상생격) 등이 있다.

① 水木相生格 : 水와 木이 用神이다. 食神格 四柱다.

水木相生格은 四柱가 水와 木으로만 구성된 경우다. 用神은 水와 木이고 忌神은 土와 金이다.

예문) 水木相生格으로 水와 木이 用神이다. 食神格 四柱다.

時	日	月	年
癸	壬	甲	癸
卯	子	寅	亥

위 四柱는 日干 壬水가 寅木月 태생이다. 壬子日柱로 水와 木으로만 四柱가 구성되어 있다. 用神運인 水運과 木運에 성공한다.

② 木火相生格 : 木과 火가 用神이다.

木火相生格은 四柱가 木과 火으로만 구성된 경우다. 用神은

木과 火이고 忌神은 金과 水이다.

　예문) 木火相生格 : 木과 火가 用神이다.

時	日	月	年
丁	甲	丁	甲
卯	午	卯	午

　위 四柱는 日干 甲木이 卯木月 태생이다. 甲午日柱로 木과 火으로만 四柱가 구성되어 있다. 用神運인 木運과 火運에 성공한다. 忌神인 金運과 水運에서는 실패한다.

　③ 火土相生格 : 火와 土가 用神이다.
　火土相生格은 四柱가 火와 土으로만 구성된 경우다. 用神은 火와 土이고 忌神은 水과 木이다.

　예문) 火土相生格 : 火와 土가 用神이다. 食神格 四柱다.

時	日	月	年
戊	丙	戊	丙
戌	午	戌	午

　위 四柱는 日干 丙火가 戌土月 태생이다. 丙午日柱로 火와 土으로만 四柱가 구성되어 있다. 用神運인 火運과 土運에 성공한다. 忌神인 水運과 木運에서는 실패한다.

④ 土金相生格 : 土와 金이 用神이다.

土金相生格은 四柱가 土와 金으로만 구성된 경우다. 用神은 土와 金이고 忌神은 木과 火이다.

예문) 土金相生格 : 土와 金이 用神이다. 傷官格 四柱다.

時	日	月	年
辛	戊	辛	戊
酉	戌	酉	戌

위 四柱는 日干 戊土가 酉金月 태생이다. 戊戌日柱로 土와 金으로만 四柱가 구성되어 있다. 用神運인 土運과 金運에 성공한다. 忌神인 木運과 火運에서는 실패한다.

⑤ 金水相生格 : 金과 水가 用神이다.

金水相生格은 四柱가 金과 水으로만 구성된 경우다. 用神은 金과 水이고 忌神은 火와 土이다.

예문) 金水相生格 : 金과 水가 用神이다. 傷官格 四柱다.

時	日	月	年
壬	庚	壬	庚
申	子	子	申

위 四柱는 日干 庚金이 子水月 태생이다. 庚子日柱로 金과 水으로만 四柱가 구성되어 있다. 用神運인 金運과 水運에 성공한다. 忌

神인 火運과 土運에서는 실패한다.

마. 飛天祿馬格(비천록마격) : 庚子, 辛亥, 壬子, 癸亥日柱를 말한다.

飛天祿馬格은 四柱에 특히 地支에 財星이나 官星이 없어 財星과 官星을 가상해서 格을 구성하고 실제로 財星과 官星이 있으면 破格이 되어 좋지 않으며 합이 되어도 破格이 되어 좋지 않게 본다.

飛天祿馬格에는 庚子, 辛亥, 壬子, 癸亥日柱 등 4종류가 있다. 일반 內格의 의미가 커서 일반 내격으로 봐도 무방하다.

① 飛天祿馬格의 庚子 日柱 : 用神은 子水이다.

飛天祿馬格의 庚子 日柱가 地支에 水가 많고 실제로 水를 剋하는 巳火나 午火가 없어 財星과 官星이 없는데 丁火나 丙火를 가상해 도출하여 爲官星(위관성)하여 格을 정한다. 이때 실제로 丙火나 丁火가 四柱에 있거나 地支에 巳火나 午火가 있으면 아주 나쁘다.

子水의 경우 水 기능이 저하되면 안 되는데 子丑合土가 되어 水의 기능이 저하되면 아주 나쁘다. 이때 地支에 寅木이나 戌土(辛丁戊)中의 한 자가 있으면 좋고 未土(丁乙己)가 있어도 午火를 가상으로 유도하여 官運이 들어온다. 그러나 실제로 巳火運이나 午火運이 오면 아주 나쁘다.

飛天祿馬格의 경우 庚子 日柱는 子水가 많을수록 좋고(用神) 寅木이나 戌土나 未土 中의 한 자가 있으면 좋다.(喜神) 午火運이나 巳火運 또는 丑土運이 있으면 나쁘다(歲運에도 오면 나쁘다). 丙火運이나 丁火運도 나쁘다.

예문) 飛天祿馬格의 庚子 日柱의 用神은 水이다.

時	日	月	年
丙	庚	丁	丙
子	子	酉	子

위 四柱는 日干 庚金이 酉金月 태생이다. 天干에 丙火와 丁火가 있어 破格이나 地支에 午火나 巳火 또는 丑土가 없어 飛天祿馬格을 구성했다. 子水運에 재상까지 진급한 四柱다.

② 飛天祿馬格의 壬子 日柱 : 用神은 子水이다.

飛天祿馬格의 壬子 日柱는 地支에 子水가 많을수록 좋고 虛冲(허충)의 午火를 뽑아 丙火와 丁火로 財星을 삼고 己土로 爲官星(위관성)을 삼아 飛天祿馬格을 정하였다. 四柱에 子水가 있고 丑土가 있으면 안되고(子丑合土), 天干에 壬水를 剋하는 戊土나 己土가 있으면 안 된다.

飛天祿馬格의 壬子 日柱의 用神은 子水이고 喜神은 寅木·戌土·未土 中의 한 자이다. 忌神은 午火와 丑土이고 戊土와 己土이다.

예문) 飛天祿馬格의 壬子 日柱 用神은 水이다.

時	日	月	年
丙	壬	壬	壬
午	子	子	子

위 四柱는 日干 壬水가 子水月 태생이다. 時支에 忌神인 午火가

있어 飛天祿馬格이 안 된다. 午火가 들어오면 아주 나쁘다. 四柱의 天干 및 地支가 丙午라 子水를 剋하니 노년에 쓸쓸한 거지 四柱이다.

③ 飛天祿馬格의 辛亥 日柱 : 用神은 亥水이다.

飛天祿馬格의 辛亥 日柱는 地支에 亥水가 많고 巳火가 없으며 巳火를 虛冲(허충)으로 끌어내서 巳火(戊庚丙)中의 丙火로 爲官星(위관성)하고 戊土로 爲印星(위인성)하는 飛天祿馬格을 구성하고 있다. 天干에 실제로 丙火나 戊土가 없어야 하고 地支에 巳火가 없어야 한다.

飛天祿馬格의 辛亥 日柱의 用神은 亥水이고 喜神은 申·酉·丑 中의 한 자이다. 忌神은 天干의 丙火와 丁火 및 戊土이고 地支는 巳火와 寅木과 戌土이다.

예문) 乾命(남자) 飛天祿馬格의 辛亥 日柱의 用神은 亥水이다.

時	日	月	年
己	辛	壬	丁
亥	亥	子	未

乙	丙	丁	戊	己	庚	辛	壬
巳	午	未	申	酉	戌	亥	子
65	55	45	35	25	15	5	대운수

위 四柱는 日干 辛金이 子水月 태생이다. 忌神인 天干의 丙火와 丁火 및 戊土가 없고 地支에는 巳火와 寅木과 戌土가 없다. 그래서

飛天祿馬格이다. 戊申大運(35~44세)에 검찰총장이 되었다.

④ 飛天祿馬格의 癸亥 日柱 : 用神은 亥水이다.

飛天祿馬格의 癸亥 日柱는 地支에 亥水가 많고 巳火를 虛冲(허충)하여 巳火(戊庚丙)中의 丙火로 爲財星(위재성)하고 戊土로 爲官星(위관성)하여 飛天祿馬格을 구성한다. 실제로 天干에 丙火나 戊土가 없어야 하고 地支에 巳火가 없어야 하고 寅木이나 戌土가 있으면 巳火를 虛冲(허충)하지 못해 破格이 된다.

飛天祿馬格의 癸亥 日柱의 用神은 亥水이고 喜神은 申·酉·丑 中의 한 자이다. 忌神은 天干의 丙火와 丁火 및 戊土와 己土이고 地支는 巳火가 가장 나쁘고 寅木과 戌土도 나쁘다.

예문) 乾命(남자) 飛天祿馬格의 癸亥 日柱의 用神은 亥水이다.

時	日	月	年
癸	癸	癸	丁
亥	亥	卯	亥

丙	丁	戊	己	庚	辛	壬	癸
辛	酉	戌	亥	子	丑	寅	卯
65	55	45	35	25	15	5	대운수

위 四柱는 日干 癸水가 卯木月 태생이다. 地支에는 用神인 亥水가 많고 亥卯未 三合 木局을 이룬다. 木局으로 食神이 강하다. 忌神인 巳火와 午火 및 寅木과 戌土가 없다. 그래서 貴格(귀격)의 飛天祿馬格이다. 己亥大運(35~44세)에 재상이 된 四柱다.

바. 倒飛天祿馬格(도비천록마격) : 丙午, 丁巳日柱를 말한다.

倒飛天祿馬格에는 丙午, 丁巳日柱 등 2종류가 있다.

① 倒飛天祿馬格의 丙午 日柱 : 用神은 午火이다.

倒飛天祿馬格의 丙午 日柱는 午火가 많고 子水를 虛冲(허충)하여 子水(壬癸)中 癸水로 爲官星(위관성)하며 天干에 실제로 壬水나 癸水가 없어야 하고 地支에 子水나 亥水가 없고 未土가 없어 午未 合하지 말아야 한다.

倒飛天祿馬格의 丙午 日柱의 用神은 午火가 많아야 한다. 忌神은 天干의 壬水와 癸水이고 地支는 子水와 未土이다.

예문) 倒飛天祿馬格의 丙午 日柱 : 用神은 午火이다.

時	日	月	年
己	丙	丁	辛
丑	午	巳	酉

위 四柱는 日干 丙火가 巳火月 태생이다. 四柱에 忌神인 壬水와 癸水가 天干에 없고 地支에는 子水와 未土가 없다. 倒飛天祿馬格이다. 午火運에 성공한 貴格의 四柱이다.

② 倒飛天祿馬格의 丁巳 日柱 : 用神은 巳火이다.

倒飛天祿馬格의 丁巳 日柱는 巳火가 많고 亥水가 없으면서 亥水를 虛冲(허충)하여 亥水(戊甲壬)中 壬水로 爲官星(위관성)하며 天干에 실제로 壬水나 癸水가 없어야 하고 地支에 진토나 신금이 없어야 하며 있으면 반합(삼합)하여 巳火의 기능이 상실되어 나쁘다.

倒飛天祿馬格의 丁巳 日柱의 用神은 巳火이다. 忌神은 天干의 壬水와 癸水이고 地支는 亥水와 申金 및 辰土이다.

예문) 倒飛天祿馬格의 丁巳 日柱 : 用神은 巳火이다.

時	日	月	年
乙	丁	丁	乙
巳	巳	巳	卯

위 四柱는 日干 丁火가 巳火月 태생이다. 四柱에 忌神인 壬水와 癸水가 天干에 없고 地支에는 亥水와 申金 및 辰土가 없다. 倒飛天祿馬格이다. 巳火運 및 午火運에 성공하였다.

사. 井欄叉格(정란차격) : 庚金 日柱에만 해당한다.

井欄叉란 우물(지하수)를 다스려 지하수를 개발하는 격을 뜻한다. 庚金 日柱에만 해당한다.

井欄叉格은 庚金 日柱가 地支에 申子辰 三合 水局을 이룬 것을 말한다. 地支에 申子辰이 한 글자라도 빠지면 성립하지 않는다.

井欄叉格은 庚申, 庚子, 庚辰日生이 地支에 申子辰 三合 水局을 이룬 것을 말한다. 天干 庚金 다음 地支가 申子辰 三合 水局을 이룬다.

井欄叉格은 地支에 巳午未 方合 火局을 이루는 글 자가 한 자라도 오면 안 된다. 또한 地支가 寅午戌 三合 火局을 이루면 안 된다.

井欄叉格은 天干에 壬水나 癸水는 庚金의 官星인 丙火와 丁火를 깨뜨려 있으면 안 좋다.

井欄叉格의 庚金 日柱의 用神은 木火이다. 天干의 甲木과 乙木 그리고 地支의 卯木이 用神이다. 地支의 寅木(戊丙甲)中 甲木이 甲庚冲이라 用神으로 안쓴다. 忌神은 寅午戌運(三合)이나 巳午未運(方合)이 나쁘다.

예문) 井欄叉格(정란차격) : 用神은 木火이다.

時	日	月	年
庚	庚	庚	癸
辰	子	申	卯

위 四柱는 日干 庚金이 申金月 태생이다. 月柱 庚申, 日柱 庚子, 時柱 庚辰을 이루고 地支는 申子辰 三合 水局을 이룬다. 庚金 日柱가 申子辰 三合 水局을 이루는 전형적인 井欄叉格이다. 用神은 木火運이다. 특히 地支의 寅木(戊丙甲)中 甲木이 甲庚冲이라 나쁜 運이다.

아. 魁格(괴강격) : 戊戌, 庚辰, 庚戌, 壬辰 日柱에만 해당한다.

魁罡이란 陰陽의 氣가 단절되고 소멸 되는 곳을 뜻한다.

魁罡은 성격이 엄격하고 지조가 있으며 총명한데 魁罡이 중첩되어야만 귀격이다. 魁罡이 冲과 剋을 받으면 아주 나쁘다. 魁罡은 남자보다 여자에게 나쁜 작용이 더 강하게 나타난다.

예문) 乾命(남자)魁罡格

時	日	月	年
庚	庚	戊	甲
辰	辰	辰	寅

戊辰日柱는 백호살이다.

위 四柱는 日干 庚金이 辰土月 태생이다. 魁罡이 庚辰 日柱, 庚辰 時柱에 중첩되어 있다. 魁罡이 冲과 剋을 받지 않아 魁罡격중 귀격이 된다. 用神은 土,金,水運이다. 忌神은 木,火運이다.

백호대살에는 甲辰, 乙未, 丙戌, 丁丑, 戊辰, 壬戌, 癸丑 日柱 등 7개 日柱가 있다. 반드시 암기해야 한다.

자. 建祿格(건록격) : 甲木 日干이 寅木月 태생처럼 月支가 日干의 祿(록=녹)이 되어 身强(旺)하게 된 四柱를 말한다.

建祿格은 ① 甲木 日干이 寅木月 태생일 때
② 乙木 日干이 卯木月 태생일 때
③ 丙火戊土 日干이 巳火月 태생일 때
④ 丁火己土 日干이 午火月 태생일 때
⑤ 庚金 日干이 申金月 태생일 때
⑥ 辛金 日干이 酉金月 태생일 때
⑦ 壬水 日干이 亥水月 태생일 때
⑧ 癸水 日干이 子水月 태생일 때를 말한다.

보통 年에 祿(록=녹)이 임하면 背祿(배록)이라고 하고
月에 祿(록=녹)이 임하면 建祿(건록)이라고 하고
日에 祿(록=녹)이 임하면 專祿(전록)이라고 하고

時에 祿(록=녹)이 임하면 歸祿(귀록)이라고 하는데
월에 祿(록=녹)이 임하면 사주가 신강해질 우려가 있다. 建祿格은 官星을 보아야 좋다. 그래서 用神이 官星이다.

예문) 建祿格

時	日	月	年
丁	甲	壬	壬
卯	寅	寅	辰

위 四柱는 日干 甲木이 寅木月 태생이다. 六親으로 보면 比肩인데 比劫은 格으로 치지 않고 建祿格 해석한다.

위 四柱는 日干 甲木이 寅木月 태생으로 建祿格이며 身强(旺) 四柱다. 用神은 食傷인 丁火와 辛金과 己土인데 특히 地支가 寅卯辰 方合 木局으로 木이 강해 金이 이를 제어해야한다. 이때 甲木의 경우 庚金은 甲庚冲이 되어 나쁘다. 오직 辛金만이 필요하다. 따라서 金이 用神이기는 하나 庚金이 나쁘다는 것을 잊으면 안 된다.

만약 乙木이라면 辛金은 乙辛冲으로 나쁘고 庚金이 좋다. 建祿格은 用神으로 官星이 필요한데 天干이 冲이나 헌이 되지 않는 官星을 用神으로 써야함을 반드시 기억해야 한다.

2. 四柱 해석 시 필요한 개념은 다음과 같다. 반드시 읽고 이해·암기하기 바란다.

① 天干 爭合(천간 쟁합) : 陰의 天干 하나를 두고 같은 陽干 둘이 다투는 경우다. 즉 한 여자를 두 남자가 욕심을 내어 다투

는 형국이다.

예문) 천간 쟁합은 불합이다. 합으로 성립하지 않는다.

時	日	月	年
戊	乙	庚	庚
○	○	○	○

② 天干妬合(천간투합) : 陽의 天干 하나를 두고 같은 陰干 둘이 다투는 경우다. 즉 한 남자를 두 여자가 서로 차지하려 모함하고 투기하는 형국이다.

예문) 천간쟁합으로 합이 성립한다.

時	日	月	年
己	甲	己	庚
○	○	○	○

四柱八字(원국)에서 日干이 포함되는 爭合과 妬合이 생기면 일의 진척이 잘 되지 않는다. 학업, 결혼에서도 잘 풀리지 않아 아주 늦은 결혼운 등이 온다. 爭合이나 妬合은 질투의 합으로 품행에 문제가 있을 수 있다.

③ 得令(득령) : 月支에 比劫과 印星이 있는 경우다.
④ 得支(득지) : 日柱가 月令 이외의 地支에 通根
⑤ 得勢(득세) : 日柱가 天干에서 比劫이나 印星를 만날 경우
　이중 가장 강한 것은 得令 》得支 》得勢 순이며, 身强과 身

弱을 구분할 때 쓴다.

⑥ 通根(통근) : 天干이 地支 또는 支藏干(暗藏)에서 도움을 받는 印星을 보거나(得生), 같은 五行인 比劫을 만나 강해지는 것. "天干이 地支에 뿌리를 내렸다"라고 표현한다. 五行의 旺衰(왕쇠) 중 旺에 해당된다.

⑦ 透出(투출) : 支藏干의 五行이 天干 또는 地支에서 자신과 같은 五行을 보는 경우다. 支藏干의 동일한 五行이 地支에 있다면 透出되었다고 한다.

⑧ 月令(월령) : 月支(월지)

⑨ 透干(투간) : 支藏干에 있는 五行이 天干에 透出된 경우다.
通根이 天干에서 각각의 地支를 향하고 있는 것인데 비해, 透出은 支藏干에서 사주팔자 전체를 보고 있는 형상이다. 다만 天干은 地支에 通根해야 길하고 支藏干은 天干에 透干해야 순조롭다. 透干은 內格에 해당하는 格과 格局을 살피는 유용한 수단으로 활용된다.

가령 甲木 日干은 比劫의 木과 印星의 水 五行地支에 뿌리(通根) 내려야 좋다는 말이다. 또 寅卯辰 方合과 亥卯未 三合에도 通根한다.

또한 月支가 寅木인 경우 寅木 支藏干 戊丙甲이 天干에 透干해야 좋다. 이때 支藏干의 五行은 日干을 제외하고 天干에 같은 五行으로 透干되어야 한다.

⑩ 四吉格은 財,官,印,食을 말한다. 生助하거나 洩氣해야 한다. 四凶格은 七殺,傷官,梟神(偏印), 羊刃을 말한다. 剋制合化를 필요로 한다.

⑪ 格局(격국)은 日干의 활동무대와 일터로 직장이나 사업장소를 말한다. 몸, 차체, 그릇
⑫ 用神(용신)은 일을 감당하는 능력과 역량을 말한다. 마음(정신), 차를 운전하는 기사, 쓰이는 용도와 위치
⑬ 喜神(희신)은 본인에 해당하는 日干의 희망사항 및 요구조건이다.
⑭ 凶神(흉신)은 용신을 극하는 오행
⑮ 忌神(기신)은 흉신을 생해주는 오행으로 주변에서 일어나는 잡음 또는 口舌이다.

예문) 通根 · 透出 · 透干

時	日	月	年
乙	甲	乙	癸
亥	子	卯	卯

日干 甲木이 地支에 通根(뿌리)했고, 地支의 卯木은 透干하였다. 子(壬癸)水도 支藏干에서 透出 및 透干하였다.

예문) 通根

時	日	月	年
丁	甲	己	戊
卯	申	未	辰

日干 甲木이 時支 卯(甲乙)木에 通根(뿌리내렸다)했지만 身

弱하다. 日支 申(戊壬庚)金 支藏干에서 중기인 壬水가 뿌리로서 日干 甲木과 通根했다.

天干의 地支通根 강약조견표는 다음과 같다. 항상 강조하지만 반드시 기억하시길 바란다.

天干	强 通根地支	弱 通根地支	方合	三合
甲	寅·亥	卯·辰·未	寅卯辰	亥卯未
乙	卯·辰·未	寅·亥		
丙	巳·寅	午·未·戌	巳午未	寅午戌
丁	午·未·戌	巳·寅		
戊	辰 戌 丑 未	寅·巳·午		
己	辰,戌,丑,未,午	寅·巳		
庚	申·巳	酉·戌·丑	申酉戌	巳酉丑
辛	酉·戌·丑	申·巳		
壬	亥·申	子·丑·辰	亥子丑	申子辰
癸	子·丑·辰	亥·申		

⑯ 司令(사령) : 四柱八字의 月支 支藏干 중 누가 주도권을 잡고 있는지를 본다. 月支에 司令한 것은 염라대왕의 든든한 배경이 있는 것과 같다. 月支에서 日干을 지지하는 것은 日干이 염라대왕의 식구인 것과 같다.

예문) 坤命(곤명, 女子)

時	日	月	年
甲	己	戊	辛
戌	未	戌	巳

위 四柱八字는 최강(왕) 四柱이고 따라서 洩氣(설기)해야 하므로 抑扶(억부) 用神(용신)은 辛金이다. 水가 없는데 水는 財星에 해당한다. 通根과 司令을 따져보면 日干 己土는 地支 전체에 通根(뿌리)을 했고, 甲木은 未(丁乙己)土에 通根했으나 未戌刑을 당해 뿌리(通根)가 잘린 경우다. 己土와 戊土를 비교하면 戊土가 강하다. 辛金과 甲木 중에서는 辛金이 地支에 뿌리를 내려 강하다. 月支, 자기가 앉은자리, 子午卯酉(四旺支, 桃花冲, 四敗)에 뿌리내린 경우, 劫財보다 比肩에 뿌리를 내린 것이 강한데, 戊土는 己土보다 戌(辛丁戊)正氣에 뿌리를 내렸다. 또한 戊土는 建祿支인 巳火에 뿌리가 있다

(陽丙火戊土의 長生은 寅木, 12運星표 - 陽干巡行)

長生	목욕	관대	건록	帝旺	쇠	병	死	墓	절	태	양
寅	卯	辰	巳	午	未	申	酉	戌	亥	子	丑

⑰ 四柱八字(사주팔자)를 四柱命式(사주명식) 또는 八字元局(팔자원국) 및 命造(명조)라고 한다.

⑱ 日干(일간) : 身(신), 我(아) 또는 命主(명주)라 한다.

12) 身旺(신왕)身强(신강) : 日干이 旺하다는 뜻으로 四柱八字에서 日干을 기준으로 하여 日干과 동일 五行이거나 日

干을 生해주는 干支들의 합한 힘이 日干을 剋하거나 日干이 剋하는 힘의 合 보다 강할 때를 말한다.
⑲ 身弱(신약) : 日干이 弱하다는 뜻이다. 신왕과 반대다.
⑳ 月支(월지) : 사회적 특성을 나타낸다.
㉑ 日支(일지) : 개인의 특성을 나타낸다.
㉒ 桃花(도화) : 자오묘유는 冲剋을 받아야 도화살로 발동한다

3. 용신 정하는 방법
1) 抑扶用神法(억부용신법)
抑扶用神法은 內格에서 내 힘(日干을 말함)의 身强과 身弱을 고려해 用神을 정한다. 그 기준은 다음과 같다.
① 四柱의 印星이 强해 身强四柱가 된 경우는 印星을 제거하는 財星이 用神이 된다.
② 四柱의 比劫이 强해 身强四柱가 된 경우는 食傷, 財星, 官星 中에서 冲과 剋이 되지 않는 五行을 用神으로 정한다.
③ 四柱의 財星이 强해 身弱하게 된 경우는 比劫이 用神이 된다.
④ 四柱의 官星이 强해 身弱하게 된 경우는 印星이 用神이 된다.
⑤ 四柱의 食傷이 强해 身弱하게 된 경우는 印星이 用神이 된다.
⑥ 四柱가 身强이나 身弱이 없는 균형된 四柱는 冲과 剋이 없는 五行중에서 用神을 정한다. 六親의 내용 모두가 冲과 剋이 없다면 食傷을 우선 用神으로 정한다.

抑扶用神法은 진소암 선생이 命理約言集(명리약언집)에서 제시하였다.

2) 양권과 음권 : 10天干과 12地支로 구성됨

陽圈은 태양이 지배되는 낮이고 여름이다. 陰圈은 달이 지배하는 밤이고 겨울이다.

3) 調候用神法(조후용신법)

調候用神法은 四柱의 온도를 조절하는 이론이다. 그러나 무조건 조후만 맞으면 좋은 用神이 된다고 보는 데 여기에 많은 문제점이 있다. 예로 地支가 子水일 때 온도를 맞추려면 午火가 필요한데 이때는 子午冲으로 아주 나쁘게 된다. 또한 天干이 壬水일 때 온도가 맞으려면 丙火가 필요한데 丙壬冲으로 아주 나쁘다. 따라서 조후용신원리는 부분적으로만 적용시켜야 한다. 또한 四柱의 온도를 맞추더라도 日干이 陽圈일 때는 陽圈에 있는 五行 中에서 온도

제6장 격국 및 용신 **285**

를 조절하는 五行으로 日干이 陰圈일때는 陰圈에 있는 五行 中 온도를 조절하는 오행으로 調候用神을 잡아야 한다. 결국 이는 抑扶用神원리와 같은 결과가 되니 抑扶用神원리를 기본으로 하고 調候用神원리를 보완시킨다고 보면 된다.

예로 日干이 甲木일 경우 地支가 亥子丑 方合 水局으로 구성되었다면 丁火가 필요하다. 그 이유는 甲木이 陰圈이니 陰圈의 火인 丁火가 요구되는 것이다. 이는 조후로도 좋고 抑扶用神法으로도 水가 强하니 甲木의 食傷인 丁火가 用神이 되는 것이다. 만약에 日干이 丙火일 경우 地支가 巳午未 方合 火局으로 구성되었다면 사주가 더우니 水가 필요하다. 이때 丙火가 陽圈이니 陰圈의 壬水는 안되고(丙壬冲) 陽圈의 癸水가 조후로 좋고 抑扶用神으로도 官星이라 丙火의 힘을 빼서 좋다. 따라서 조후용신법도 자기 영향권 즉 陽圈은 陽圈에서 陰圈은 陰圈에서 온도를 조절하는 用神을 잡는 것이다. 따라서 調候用神이론도 앞에서 설명한 抑扶用神이론에 기초를 두고 四柱가 더우면 차가운 氣運의 五行을 찾는데 陽圈은 陽圈 중에서 차가운 水의 五行 癸水를 陰圈은 陰圈 중에서 차가운 水인 壬水를 用神으로 잡으면 된다. 결국 조후용신이론은 抑扶用神이론을 보완시키는 원리하고 생각하면 된다. 抑扶用神이론을 기본으로 하여 우선 用神을 정하고 調候用神원리를 보완시키면 되는 것이다.

4) 通關用神法(통관용신법)
通關用神法이란 서로 剋하는 五行이 强할 때 중간에서 상호 보완시켜 四柱의 흐름을 좋게 해주는 경우다. 예로 丙火나 丁火 日干인데 水가 너무 强해 水에 의해 火가 꺼질 우려가 있다면(水剋火) 중간에 木이 들어와 水生木, 木生火하여 주면 水가 火를 剋하는 작용을 오히려 좋게 해준다. 이때 木을 通關用神 이라고 한다.

四柱가 木과 金으로 구성되고 金이 强할 때는 중간에 水가 들어오면 金剋水에서 金生水, 水生木으로 四柱를 좋게 흘러가도록 한다.

四柱가 金과 火로 구성되고 火가 强할 때는 중간에 土가 들어오면 火剋金에서 火生土, 土生金으로 四柱를 좋게 흘러가게 중간에서 작용한는 것을 通關用神이라 한다.

五行의 通關用神은 다음과 같다.
① 木과 土가 서로 剋하고 있으면 火가 用神이다.
② 土와 水가 서로 剋하고 있으면 金이 用神이다.
③ 水와 火가 서로 剋하고 있으면 木이 用神이다.
④ 火와 金이 서로 剋하고 있으면 土가 用神이다.
⑤ 金과 木이 서로 剋하고 있으면 水가 用神이다.

예문) 通關用神 : 陰圈 甲木이 用神이다.

時	日	月	年
甲	丁	辛	壬
辰	亥	亥	子

위 四柱는 日干 丁火가 亥水月 태생이다. 年柱와 月柱가 전부 水라 水에 의해 日干 丁火가 꺼질 가능성이 크다. 이때는 반드시

木이 있어야만 水剋火에서 水生木, 木生火하여 四柱를 흘러가게 할 수 있다. 이 때 木을 통관용신이라고 한다. 위의 四柱는 甲木이 用神이며 따라서 초년운이 나쁘다. 노년은 좋아진다.

예문) 通關用神 : 陰圈 辛金이 用神이다.

時	日	月	年
己	壬	壬	戊
酉	子	戌	辰

위 四柱는 日干 壬水가 戌土月 태생이다. 위 四柱는 年柱와 月柱가 전부 土라 土에 의해 日干 壬水가 흙으로 메워질 수 있다. 이 때 金이 들어오면 土生金, 金生水하여 剋하는 작용을 완화 시킬 수 있다. 따라서 金이 用神이며 이를 통관용신이라 한다. 이 때 통관하는 五行도 日干 壬水가 陰圈이라 庚金보다는 辛金이 통관용神이 된다.

5) 地支에 用神이 정해지는 경우

地支에 用神이 있는 경우는 地支가 三合이 될 때이다. 즉 地支가 三合의 구성요소에서 한 글자가 부족할 때 나머지 한 五行이 들어와 三合이 되어 나에게 좋은 작용을 하면 부족한 한 글자(하나의 地支)가 用神이 된다.

예문) 지지가 삼합이 되어 일간 정화를 살려낸다.

時	日	月	年
己	丁	癸	戊
酉	未	亥	子

위 四柱는 日干 丁火가 亥水月 태생이다. 위 四柱는 水가 强해 身弱한 四柱이다. 즉 수가 강해 日干 丁火가 꺼질 우려가 있다. 日干 丁火를 살리기 위해서는 木이 필요하다. 이 때 地支가 亥未인데 卯木運이 들어오면 亥卯未 三合 木局을 이룬다. 그래서 日干 丁火가 살아난다. 따라서 위 四柱는 卯木이 用神이 된다. 卯木運이 오면 성공하는 運이 온다. 12년 중에 한 번은 반드시 卯木運이 오니 이 때 성공하여 11년을 버틸 수 있는 것이다.

예문) 지지가 삼합이 되어 일간 갑목을 살려낸다.

時	日	月	年
庚	甲	戊	丙
午	辰	戌	申

위 四柱는 日干 甲木이 戌土月 태생이다. 위 四柱는 水가 부족해 日干 甲木의 힘이 약하다. 身弱한 四柱이다. 이 때 子水가 들어오면 申子辰 三合 水局을 이룬다. 그래서 日干 甲木이 살아난다. 따라서 위 四柱는 子水가 用神이 된다.

예문) 지지가 삼합이 되어 일간 임수를 약하게 만든다.

時	日	月	年
癸	壬	庚	戊
卯	申	申	辰

위 四柱는 日干 壬水가 申金月 태생이다. 위 四柱는 金,水가 强한 四柱이다. 日干 壬水의 힘이 强하다. 身强한 四柱이다. 이 때 子水가 들어오면 申子辰 三合 水局을 이룬다. 그래서 日干 壬水가 더욱 强해져 아주 나쁘다. 이 때는 水運이 오면 물에 빠져 죽을 우려가 있다.

地支가 用神이 있는 경우는 身弱四柱의 경우가 대부분이며 三合으로 日干의 힘이 강하게 되어 좋게 작용하는 경우에만 해당된다.

6) 用神을 정하는 실례

用神을 정하는 경우 內格인 경우는 抑扶用神法에 따라 身强하면 食傷, 財星, 官星 中에서 冲과 剋이 없는 五行으로 用神을 정하되 자기권에 있는 즉 日干이 陽이면 陽圈에서 陰이면 陰圈에서 用神을 정해야 한다.

身弱한 四柱면 印星과 比劫 중에서 用神을 정하는데 食傷이나 官星이 强해 身弱해 졌다면 印星을 用神으로 한다.

財星이 强해 身弱한 四柱면 比劫을 用神으로 한다.

예문) 일간 갑목은 음권이라 용신도 음권에서 잡는다.

時	日	月	年
甲	甲	乙	癸
戌	子	丑	巳

위 四柱는 日干 甲木이 丑土月 태생이다. 위 四柱는 天干이 比劫으로 되어있고 地支는 水가 强해 身强한 四柱이다. 따라서 食傷과 財星이 用神이다. 특히 水가 强해 財星이 用神이 된다. 이때 甲木은 陰圈이니 傷官인 丁火가 필요하다. 즉 食神인 丙火는 甲木의 뿌리를 다치게 하여 나쁘며(丙火는 陽圈의 대표다) 온화하게 陰圈에서 뿌리를 보호하는 丁火만이 用神이 된다. 또한 財星인 戌土(戌丙甲)中 戌土는 陽圈의 偏財로써 財를 얻기 어려우니 己土인 正財만이 用神이 된다.

官星은 金으로 좋을수도 나쁠 수도 있다. 즉 地支가 巳酉丑 三合 金局을 이루면 水를 끌어들여 나쁘다. 또한 庚金은 陽圈으로 甲庚冲하여 나쁘다. 오로지 辛金만이 좋은 運으로 작용한다. 결국 위 四柱는 陰圈에서 用神이 정해진다. 歲運에서 庚辰年이나 庚午年이 오면 아주 나쁘고 天干이 丁火運이나 己土運이 오는 해가 좋아진다.

예문) 坤命(여자) 일간이 을목 양권이라 용신도 양권에 있다.

時	日	月	年
甲	乙	己	乙
申	亥	卯	未

위 四柱는 日干 乙木이 卯木月 태생이다. 위 四柱는 구성이 아주 좋지 않다. 日干이 乙木인데 天干에 比劫이 많고 地支는 亥卯未 三合 木局을 이룬다. 日干 乙木이 身强한 四柱다. 부모, 형제운이 없는 四柱다.

日干 乙木이 卯木月 출생으로 建祿格(건록격)사주로 官星이 用神이 된다. 官星인 金이 用神인데 日干 乙木이 陽圈이라 陽圈에 있는 庚金만이 用神이 된다. 陰圈에 있는 辛金은 乙辛冲으로 用神이 아니라 忌神이 되어 나쁘다. 庚金만이 用神이며 時支 申金(戊壬庚) 中 庚金 正官이 있으나 時干의 甲木 劫財와 甲庚冲이 된다. 그래서 늙어서도 남편덕이 없이 혼자 지낼 四柱이다.

예문) 일간 병화는 양권이라 용신도 양권에서 잡는다.

時	日	月	年
乙	丙	戊	己
未	午	辰	丑

위 四柱는 日干 丙火가 辰土月 태생이다. 위 四柱는 구성이 좋으나 土가 너무 강해 초년 고생이 심한 四柱이다. 日干 丙火가 身弱하지만 丙午 日柱(羊刃)라 개인의 능력이 뛰어나다. 日干 丙火가 陽圈의 대표로 午火가 제왕(12운성)이며 正印인 乙木이 用神이다. 用神 乙木이 時干에 있어 늦게 성공할 四柱다. 즉 日干 丙火가 陽圈이라 같은 陽圈인 乙木이 用神이다. 陰圈인 甲木은 소용이 없다. 위 四柱는 庚金이 없는 게 아쉽다. 학문적으로는 성공 할 수는 있으나 큰 富者 四柱는 아니다.

예문) 일간 정화는 음권이며 용신도 음권인 갑목이다.

時	日	月	年
甲	丁	己	丁
辰	亥	酉	亥

위 四柱는 日干 丁火가 酉金月 태생이다. 위 四柱는 모두 陰圈으로만 구성되어 四柱 구성이 좋다. 酉월의 日干 丁火는 丁火의 역할을 충분히 하며 亥水(戊甲壬)中의 壬水 正官이 있다. 그래서 公職運이 좋다. 地支는 金水가 강해 日干 丁火가 身弱한 四柱라 木이 用神이다. 時干 甲木이 日干 丁火와 같은 陰圈이고 用神이다. 用神 甲木이 時干에 있어 노후가 좋다. 天干에 甲木運 正印이 오거나 地支에 卯木(甲乙)中 甲木運 正印이 올 때 공직에 진출해 성공한 四柱다.

예문) 坤命(여자) 일간 무토는 양권이며 건록격으로 같은 양권이 을목이 용신이다. 용신 을목을 생하는 水가 희신이다.

時	日	月	年
癸	戊	戊	己
亥	寅	辰	丑

위 四柱는 日干 戊土가 辰土月 태생이다. 위 四柱는 辰月의 戊土로 建祿格(건록격)사주로 官星이 用神이다. 日干 戊土가 陽圈이라 乙木이 用神이다. 戊寅 日柱라 官星을 갖고 있어 좋은 남편을 만나 잘 살 四柱이다. 用神이 乙木이라 乙木 官星을 生하는 水 財

星이 喜神이다. 土가 强한데 時柱 癸亥 財星도 있어 노후도 부유한 四柱이다. 또한 日干 戊土와 時干 癸水가 戊癸합이 되어 더욱 좋다. 庚金 食神이 없어 일할 四柱는 아니며 좋은 남편 덕에 편안히 살 四柱이다.

예문) 기토 일간이 음권이데 용신 정화는 없고 희신 갑목은 나빠 수명이 짧은 사주다.

時	日	月	年
乙	己	甲	庚
亥	亥	申	辰

위 四柱는 日干 己土가 申金月 태생이다. 위 四柱는 水 財星이 强해 財多身弱(재다신약)四柱다. 日干 己土는 陰圈이다. 그래서 陰圈에 있는 火 印星으로 用神을 잡는다. 丁火만이 用神이 된다. 불행히 四柱가 水가 많아 차고 用神인 丁火 偏印이 없어 외로운 四柱이다. 財星은 많아 食根(논밭)걱정은 없겠으나 항상 불안하고 외로울 가능성이 큰 사주다. 또한 用神인 甲木이 甲庚冲으로 다쳐 신경계질환으로 고생할 四柱이다. 2003년 癸未年에 歲運 癸水가 用神인 丁火와 丁癸冲을 한다. 그래서 심장 질환과 신경계 질환이 생겨 크게 고생할 四柱다.

위 四柱는 丁火 用神이 가장 좋고 丁火를 生하는 甲木이 喜神이다. 用神 丁火는 없고 喜神 甲木은 年干 庚金과 甲庚冲하여 나쁘다. 用神 丁火와 喜神 甲木이 약해 壽命이 짧은 四柱다.

예문) 坤命(여자) 일간 신금이 식상격사주라 편인 기토와 편관 정화
가 용신이다.

時	日	月	年
辛	辛	壬	壬
卯	丑	子	辰

위 四柱는 日干 辛金이 子水月 태생이다. 위 四柱는 水가 많아 食傷格 四柱다. 따라서 같은 陰圈인 己土 偏印이 用神이다. 또한 四柱에 水가 강해 火가 필요한데 같은 陰圈인 丁火 偏官이 用神이다. 己土와 丁火가 用神이다. 위 四柱에는 用神인 丁火 偏官이 없어 애틋한 남편 덕이 없다. 그러나 四柱가 陰圈으로만 구성되어 食傷運이 좋아 좋은 직업(선생님 사주)을 갖고 대우받는 직위에 있을 것이다. 또한 時支의 卯木 財星이 있어 노후가 풍족한 四柱이다. 그러나 불행히 日干 辛金이 身弱한 四柱로 時支(노후이며 자식자리이다)에 卯木(甲乙)中 乙木 忌神이라 子息으로 고통을 받는 四柱이다.

예문) 坤命(여자) 건록격 사주로 재와 관이 용신이다.

時	日	月	年
甲	壬	癸	戊
辰	子	亥	戌

위 四柱는 日干 壬水가 亥水月 태생으로 建祿格(건록격)四柱로 身强하다. 따라서 官星과 財星이 用神이다. 日干 壬水가 陰圈이니 陰圈의 己土 正官과 丁火 正財가 用神이다. 忌神은 木과 水이다.

이 四柱는 늙어서 까지 일이 많은 四柱이나 丁火 正財가 없어 큰 부자 四柱는 아니다.

> 예문) 일간 을목이 강해 병화 傷官, 술토 正財가 용신이다. 유명 의사 사주이다.

時	日	月	年
癸	乙	丙	乙
未	卯	戌	酉

위 四柱는 日干 乙木이 戌土月 태생이다. 이 四柱는 오행을 골고루 다 갖고 있다. 日干 乙木이 陽圈인데 天干은 모두 陽圈으로 구성되어 편안한 四柱이다. 地支가 卯木, 酉金, 戌土 모두를 동시에 갖고 있어 의료계에 종사할 사주다. 실제로 의사로서 명성이 난 사주다. 木이 약간 强해 같은 陽圈의 丙火 傷官과 戌土(辛丁戊)中 戊土 正財가 用神이다. 사주 구성이 균형 잡혀 있는 사주로 富와 名譽가 있을 사주다.

7) 忌神運에 대처하는 자세

누구나 평생 좋을 수만은 없고 또한 한 평생 나쁠수는 없다. 자기 用神運이 오면 좋으나 忌神運이 들어오면 실패한다. 忌神運이 와서 실패할 때는 마음가짐을 고쳐먹어야 한다. 즉 굿을 하거나 부적을 쓴다고 忌神이 없어지는 것도 아니며 또한 종교에 매달리거나 엉터리 스님들이 얘기하는 죽은 자를 위한 천도제를 지낸다고 運이 변하는 것도 아니다. 자기 運이 나쁜 해가 들어오는 해에는 우선 욕심을 버리고 정직하게 살며 남에게 좋은 일을 많이 하고 가난한 사람에게 많이 베풀면 액운이 적게 온다. 인간의 禍(화)는 모두 욕심에서 나온다. 나쁜 해에 욕심을 부릴수록 해가 더 많이 오는 것이니 나쁜 해에는 욕심을 아주 버리고 선행을 많이 베풀면서 한 해를 보내면 하늘은 스스로 액운을 덜어줄 것이다.

8) 四柱 看命하는 순서와 用神

用神은 나에게 필요한 五行으로 나를 좋게 해 주는 五行을 뜻한다. 喜神은 보통 用神을 生해주는 五行이라고 하나 꼭 그런 것만은 아니고 나에게 좋게 작용하는 五行으로 用神 다음으로 좋게 작용하는 오행을 말한다. 忌神은 나에게 나쁘게 작용하는 오행을 뜻하는데 四柱에 따라 用神과 喜神 및 忌神은 절대 변할 수 없다. 즉 자기 사주에 따라 자기 用神은 변할 수 없는 것이다. 자기 사주를 보고 자기 用神이 무엇인가를 알면 그 用神運이 오면 좋고 忌神運이 오면 나쁘다.

四柱에 따라 運命을 看命할 때 다음과 같이 순서대로 한다.

① 體(체)를 보고 四柱의 强弱을 판단한다.

즉 日干의 힘이 强하냐, 弱하냐, 보통이냐를 판단한다. 이 때 日干이 자기권(陽圈과 陰圈)의 日支를 갖고 있는 日柱가 강한 것이다. 예로 甲木 日干일 경우 子水나 戌土일 때가 强한 것이고 甲辰 日柱나 甲申 日柱는 甲木 자체의 힘이 弱하다.

甲木이 자기권(즉 겨울)의 地支를 갖고 있어야 甲木의 역할을 다할 수 있는 것이다. 즉 甲이 陰圈이니 陰圈의 地支를 가져야 强한 것이다. 丙火 日干은 陽圈이니 地支가 따뜻한 辰土나 午火가 강한 것이고 겨울인 戌土나 子水는 약한 것이 된다. 즉 陰圈은 陰圈의 地支를 가져야 강한 것이고 陽圈은 陽圈의 地支를 가져야만 강한 것이다.

② 格을 본다.

格이란 어느 달에 태어난 日干을 보는 것인데 日干이 陽圈이면 陽圈의 달에 태어나야 格이 좋은 것이다. 日干이 陰圈이면 陰圈의 달에 태어나야만 格이 좋은 것이다. 즉 日干이 甲, 壬, 丁, 己, 辛은 겨울(冬) 계절의 태생이 강한 것이고 日干이 丙, 乙, 癸, 戊, 庚은 여름(夏) 계절 태생이 강한 것이다.

③ 體와 格을 보고 자기권(陽圈과 陰圈)에서 用神을 정하는 것이다.

즉 體와 格이 약하면 陽圈이면 陽圈에서 陰圈이면 陰圈에서 印星을 택해 用神을 정하고 강하면 자기권에서의 食傷, 財星, 官星 中에서 用神을 정하면 된다.

④ 가장 중요한 1년 즉 太歲運(태세운)을 본다.

매년 오는 한해는 그 한해가 왕이다. 예로 2018년이 戊戌年인데 이 戊戌年에 우리 모두는 戊戌의 지배를 받는 것이다. 내 四柱에서 戊戌이 用神이 되어 좋으면 2018년 運이 좋은 것이고 나쁘면 2018년 運이 나쁘게 작용하는 것이다. 자기 四柱와 大運을 보고 2018년 戊戌이 用神運이면 좋고 忌神運이면 나쁘게 평가하면 된다. 太歲가 가장 중요하기 때문에 매년 運이 달라지는 것이며 四柱에 따른 運이 매년 다르기 때문에 매년 보고 평가해야만 한다.

9) 四柱 看命 표

時	日	月	年		
比肩	我	正印	劫財	六親	
戊	戊	丁	己	天干	四柱
午	戌	卯	酉	地支	八字
正印	比肩	正官	傷官	六親	
丙己丁(5월)	辛丁戊(9월)	甲乙(2월)	庚辛(8월)	地藏干	
帝旺	墓(=葬)	沐浴	死	12運星	
年殺	攀鞍)	災殺	將星	12神殺	
文昌星(申,病), 文曲星및學堂(寅,長生) – 建祿(巳)가 기준				學問 및 藝術	
寅卯辰, 巳午未, 申酉戌, 亥子丑 ('18년 戊戌年)				方合(계절합)	
亥卯未, 寅午戌, 巳酉丑, 申子辰				三合(半合有)	
申酉戌 (壬大運, 46-50세)				半合 (三合)	
甲己合土, 乙庚合金, 丙辛合水, 丁壬合木(大運-壬), 戊癸合火				天干合(干合)	
子丑合土, 寅亥合木, 戌卯合火, 辰酉合金, 巳申合水, 午未合火				地支合(六合)	
丁卯月 胎元 – 戊午月				胎元	
辰巳, 戊丁				空亡(天中殺)	
丙辛合水, 乙庚合金, 甲庚冲, 乙辛冲				支藏干(合&冲)	
寅申巳亥(驛馬冲). 子午卯酉(桃花冲), 辰戌丑未(華蓋冲)				四長生 旺支墓庫,	
甲辰, 乙未, 丙戌, 丁丑, 戊辰, 壬戌, 癸丑				白虎大殺	
戊戌, 庚辰, 庚戌, 壬辰				魁罡(자존심)	
甲卯, 丙午, 戊午, 庚酉, 壬子				羊刃(카리스마)	

제6장 격국 및 용신

時	日	月	年	
寅申巳(無恩之刑), 丑戌未(持勢之刑)				三刑殺
寅申, 寅巳, 申巳, 丑戌, 丑未, 未戌				六刑殺
甲庚, 乙辛, 丙壬, 丁癸, 戊己				天干冲
子午, 丑未, 寅申, 卯酉, 辰戌, 巳亥				六冲(七殺=偏官)
子酉, 寅巳, 丑辰, 午卯, 寅亥, 未戌				六破殺
子未, 寅巳, 卯辰, 丑午, 亥申, 戌酉 (스트레스)				六害殺
子卯相刑殺				相刑殺
亥亥, 辰辰, 午午, 酉酉				自刑殺
子未, 丑午, 寅酉, 卯申, 辰亥, 巳戌, (子酉), (寅未)				怨鬼=怨嗔+鬼門
男日柱-甲午,丙戌,戊辰,庚辰,壬戌 / 女日柱-乙巳,丁亥,己亥,辛巳,癸亥				疑妻疑夫
丁壬合木 (大運-壬), 46-50세(壬水大運)				四柱와 大運合冲
戊戌年(18년) 戌卯合火				四柱와 歲運合冲
木(1),火(2),土(4),金(1),水(0) → 억부용신 土와 火가 6개로 신왕. 그러나 종격으로 用神 (火,土), 忌神은 金, 水				用神및喜神
丁壬合木(大運-壬), 46-50세. 火,土가 강한 四柱로 正官格임.				格局
火(ㄴ,ㄷ,ㄹ), 土(ㅇ, ㅎ) / 凶神 - 金(ㅅ, ㅈ, ㅊ), 水(ㅁ, ㅂ) / 木(ㄱ, ㄲ)				作名(商號, 雅號, 株式)
火(2, 7), 土(5, 10) / 凶神 - 金(4, 9), 水(1, 6) / 木(3, 8)				幸運의 數
火(순환계, 심장, 소장), 土(근육, 위, 비장) / 凶神-金(뼈, 폐, 대장), 水(혈액, 신장, 비뇨기) / 木(신경계,머리,간,담,눈),				疾病

제 7 장

財物運

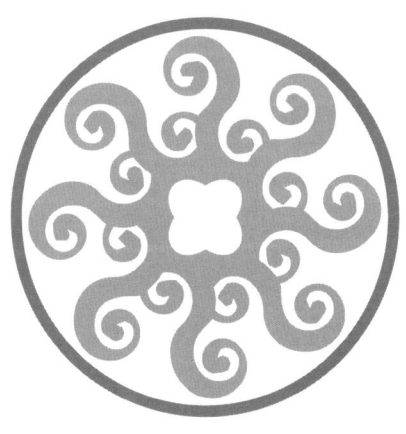

1. 재산 및 사업운
2. 부자들의 사주 실례

1. 재산 및 사업運

재산이 증식되거나 사업이 성공하여 큰 돈을 버는 것도 역시 用神運이 들어와야만 가능하다. 四柱가 强하면 食傷이나 財星의 用神運이 와야 한다. 四柱가 弱하면 比劫이나 印星運의 用神運이 들어와야 財物이 들어오는 것이다. 돈이 벌리는 것도 역시 자기 用神運이 와야만 성공하는데 印星이 用神인 경우는 印星運에 제조업 보다는 서비스업 쪽에서 성공하는 경우가 많다.

부동산 투자로 큰돈을 버는 것도 用神運이 들어올 때인데 특히 財星의 用神運이 좋으면 부동산으로 큰 돈을 벌 수 있는 것이다.

사람의 財도 四柱 八字에 타고난 것으로 자기 그릇이 있는 것이다. 大運이나 歲運에서 用神運이 좋아야만 재산이 증식될 수 있다. 자기運이 나쁜 忌神運일 때 사업을 확장하면 망하는 것이니 用神運을 아는게 얼마나 중요한가!

四柱元局에 財를 갖고 있는데 財를 얻을 수 있는 用神運이 大運과 歲運에서 만나면 큰 부자가 될 수 있다.

2. 富者들의 四柱 실례
가. 故 이병철 회장의 사주

사주) 乾命(남자)

時	日	月	年
癸	戊	戊	庚
亥	申	寅	戌

목	화	토	금	수
1	0	3	2	2

丙	乙	甲	癸	壬	辛	庚	己	戊
戌	酉	申	未	午	巳	辰	卯	寅
78	68	58	48	38	28	18	8	대운수

① 四柱 구성의 특징

日干 戊土가 寅木月 태생이다. 日干 戊土가 時干 癸水와 戊癸合 火가 되어 印星도 되고 正財도 된다. 그래서 노후가 부자 四柱이다. 地支는 月支 寅木과 日支 申金이 寅申冲 驛馬冲이 된다. 다만, 木과 火가 약해 身弱해졌으며 따라서 건강도 간장과 심장이 약함을 알 수 있다.

② 格局과 用神

日干 戊土가 寅木月 태생이라 偏官格이다. 日干 戊土일 때 月支 寅木은 長生이나 身弱한 四柱이다.

(陽丙火戊土의 長生은 寅木, 12運星表 - 陽干巡行)

長生	목욕	관대	건록	帝旺	쇠	병	死	墓	절	태	양
寅	卯	辰	巳	午	未	申	酉	戌	亥	子	丑

따라서 火가 用神이다. 大運이나 歲運에 巳午未 方合 火局으로 흐르면 매우 좋다. 상기 四柱는 天干이 모두 자기권인 陽圈으로 구성되어 좋다. 다만 寅木의 長生이 年柱 庚戌인 土와 金의 剋을 받아 힘이 약하다. 大運에서 金運이 들어오면 月支 寅木이 더 약해져 건강 특히 간에 병이 생길 우려가 있다. 58세 甲申 大運이후 간암이 발생한 것도 이런 연유에서 였다.

③ 사주 풀이

위의 四柱는 28세 辛巳 大運 이후 巳午未 方合 火局으로 흘러 30년간 用神運이 들어와 크게 성공하였다. 寅申冲은 驛馬冲이라

무역으로 큰돈을 벌고 時干 癸水가 正財이면서 日干 戊土와 時干 癸水가 戊癸合火의 用神이 되니 큰 사업가로 성공한 것이다. 日干 戊土가 時柱에 癸水와 亥水 財星을 갖췄으니 돈도 많고 妻福도 많으며 두 여자를 거느릴 수 있는 四柱이다.

그러나 58세 甲申 大運부터 金運이 强해 忌神이라 寅木이 다쳐 (寅申冲이 더 강해짐) 간암으로 고생할 사주라 간암수술을 받고 신체적 정신적 고통을 받는다.

68세 乙酉 大運은 酉金이 旺支라 金運이 더 강해져 결국 77세에 간질환으로 故人이 되었다.

나. 故 정주영 회장의 사주

사주) 乾命(남자)

時	日	月	年	목	화	토	금	수
丁	庚	丁	乙	2	2	1	2	1
丑	申	亥	卯					

戊	己	庚	辛	壬	癸	甲	乙	丙	丁
寅	卯	辰	巳	午	未	申	酉	戌	亥
86	76	66	56	46	36	26	16	6	대운수

① 四柱 구성의 특징

日干 庚金이 亥水月 태생이다. 年干 乙木이 日干 庚金과 乙庚合金 하고 있다. 地支는 亥卯未 半合 三合 木局을 이룬다. 즉 日干 庚金이 地支에 財星을 깔고 있는 四柱이면서 本人이 庚申日柱라 財星을 얻을 수 있는 四柱다. 또한 사주 구성이 五行(木火土金水)을 모

두 갖춰 부귀영화를 누릴 사주다.

② 格局과 用神

日干 庚金이 亥水月 태생이라 傷官格이다. 日干 戊土일 때 月支 寅木은 長生이나 身弱한 四柱이다. 水와 木이 强해 日干 庚金의 用神은 土와 火이다. 특히 木이 强해 木生火하는 火가 중요한 用神이다. 地支가 亥卯未 半合 三合 木局이 强해 巳午未 方合 火局으로 運이 흘러야 성공한다. 四柱元局에 財星이 많은 큰 사업가 四柱이다.

③ 사주 풀이

위의 四柱는 36세 癸未 大運부터 火運과 土運이 들어오면서 土生金, 金生水, 水生木하는 氣運이 들어와서 사업가로 성공하게 된다.

46세 壬午 大運부터는 午火 旺支로 火 氣運이 제일 强해 사업이 번창해 대재벌 그룹을 이룰 수 있었다. 그러나 財星이 强해 돈도 많지만 妻도 여럿이 되며 日干이 庚金으로 陽圈인데 양쪽의 丁火 正官은 陰圈으로 평생 정신적 고통을 많이 받을 사주이다. 그래서 子息을 많이 두나(처가 많으니 자식도 많다)자식으로 인해 고통을 많이 받아 생전에 큰 아들을 잃게 된 것이다. 日干 庚金도 木運이 忌神인데 76세 己卯 大運부터는 사업이 기울고 건강도 나빠져 86세 戊寅 大運에 수명을 다한 것이다. 그러나 四柱가 강하면서 財星이 많아 평생을 풍족하게 살다간 사주이다. 결국 사업운이나 財運도 四柱에 財를 갖고 있으면서(支藏干 포함)用神運이 와야만 큰돈을 벌 수 있는 것이다. 큰돈을 벌기 위해서는 자기 用神運이 언제 오는지 살펴보고 시기를 결정해야 한다.

다. 학문을 이용한 큰 사업가

사주) 乾命(남자)

時	日	月	年
己	辛	己	丙
亥	亥	亥	子

목	화	토	금	수
0	1	2	1	4

戊	丁	丙	乙	甲	癸	壬	辛	庚	己
申	未	午	巳	辰	卯	寅	丑	子	亥
87	77	67	57	47	37	27	17	7	대운수

① 四柱 구성의 특징

日干 辛金이 亥水月 태생이다. 日干 辛金이 年干 丙火와 丙辛合 水를 이룬다. 忌神인 天干의 丙火와 丁火 및 戊土가 없고 地支에는 巳火와 寅木과 戌土가 없다. 그래서 飛天祿馬格(비천록마격)사주이다. 用神은 亥水이다.

飛天祿馬格은 四柱에 특히 地支에 財星이나 官星이 없어 財星과 官星을 가상해서 格을 구성하고 실제로 財星과 官星이 있으면 破格이 되어 좋지 않으며 合이 되어도 破格이 되어 좋지 않게 본다.

② 格局과 用神 : 辛亥 日柱 飛天祿馬格의 用神은 亥水다.

日柱 辛亥日 生이 亥水月 태생이라 飛天祿馬格으로 食傷運이 좋은 四柱이다.

飛天祿馬格의 辛亥 日柱의 用神은 亥水이고 喜神은 申·酉·丑(癸辛己)中의 한 자이다. 忌神은 天干의 丙火와 丁火 및 戊土이고 地支는 巳火와 寅木과 戌(辛丁戊)土이다.

用神이 水이고 金과 土가 喜神이다. 年干 己土와 時干의 己土가 日干 辛金을 生하고 地支가 모두 水라 飛天祿馬格으로 上級 四柱이다. 地支 亥水 支藏干(戊甲壬)中 甲木은 傷官中에 正財를 갖고 있는 부유한 四柱다.

日干 辛金은 天干 및 地支 모두 자기권인 陰圈으로 되어있어 신수가 편안한 사주이다. 地支 亥水가 3개있어 支藏干(戊甲壬)中 甲木인 正財도 3개로 많으니 妻가 여럿이 될 가능성이 크고 사업도 여럿을 거느린다.

위 四柱는 亥水中 甲木이 財星인데 月柱 己亥와 時柱 己亥가 己土 印星 學問과 亥水中 甲木 財星이 同柱하므로 학원으로 큰돈을 벌 사주이다. 巳火가 剋이니 巳運이 오면 亡할 우려가 있다.

③ 사주 풀이

위의 四柱는 56세까지는 大運이 水,金,木運으로 흘러 크게 성공한다. 日干 辛金에 子水는 문창성과 학당이라 머리도 좋고 공부도 잘하고 학문적으로도 크게 성공해 박사가 될 사주이다. 또한 傷官運이 좋아 가르치는 직업으로 크게 성공해 학원 사업으로 큰 富를 이룰 사주이다.

(陰辛金의 死는 巳火, 12運星表 - 陰干逆行)-建祿기준

死	묘	절	태	양	長生	목욕	관대	건록	帝旺	쇠	병
巳	辰	卯	寅	丑	子	亥	戌	酉	申	未	午
					④	③	②	①	②	③	④
					문창학당						문곡

亥水中 甲木인 正財가 많아 처를 여럿 둘 사주이고 배다른 자식을 여럿 둘 사주이다.

57세 이후 乙巳 大運부터 火運으로 忌神이라 특히, 巳亥冲으로 사업이 기울고 가정이 이복 자식들로 인해 고통을 크게 받을 運이다. 57세 이후는 벌어 놓은 돈으로 노후를 보내는데 자식들로 인해 고통을 심하게 받을 것이다.

라. 부동산으로 큰돈을 벌 사주

사주) 乾命(남자)

時	日	月	年
丙	辛	丙	戊
申	卯	辰	辰

목	화	토	금	수
1	2	3	2	0

乙	甲	癸	壬	辛	庚	己	戊	丁	丙
丑	子	亥	戌	酉	申	未	午	巳	辰
85	75	65	55	45	35	25	15	5	대운수

① 四柱 구성의 특징

日干 辛金이 辰土月 태생이다. 日干 辛金은 日支에 卯木 財星을 깔고 있다. 日干 辛金은 과일 열매 후의 씨앗의 의미를 갖는데 원래는 酉月(음력 8월) 이후에 씨앗이 만들어 지니 辛金은 봄에 싹을 트기 위한 겨울의 씨앗을 의미한다. 그러나 辰月(음력 3월, 봄) 이후의 씨앗은 여름의 열매를 맺기 위해 발아되는 의미도 있어 여름의 씨앗이 되기도 하는 특징이 있다. 따라서 辰月 출생의 日干 辛金은 여름의 씨앗으로 밝고 활달한 의미를 갖는다. 즉 辛金은 陰이지만 여름 씨앗이라 陽의 성질을 갖는다. 따라서 성품이 밝고 명랑하고 도량이 있다. 이 四柱는 辰辰으로 正印이 强한 四柱라 장남 사주이며 조상음덕이 있다.

② 格局과 用神

日干 辛金은 印星이 强한(3개 이상) 사주로 正印格이다. 印星이 강해 食神과 財星이 用神이다. 官星은 喜神이 된다. 여름에 힘을 쓰고 꽃이 피는 열매라 癸水인 食神과 乙木의 財星과 丙火 官星이 吉神이 된다. 月干과 時干의 丙火 官星이 강해 54세까지는 직장생활을 하며 55세 壬戌 大運 이후는 사업을 할 四柱이다. 日柱 辛卯라 財星을 깔고 있어 돈은 많은 부자 사주이다. 즉 用神은 水와 木으로 중년 이후에 큰 부자가 될 사주이다.

③ 사업운과 재산운

위의 四柱는 月干과 時干의 丙火 官星이 강해 54세까지는 직장생활을 하며 55세 壬戌 大運 이후는 사업가로서 성공한다. 즉 55

세 壬戌 大運 부터는 丙火 官星을 壬水가 剋해 직장 생활이 어렵고 자기 사업을 하게 되는데 유통업과 부동산으로 재산을 많이 모을 運이다. 특히 65세 癸亥 大運은 水와 木의 運이라(亥水 支藏干은 戊甲壬)재산이 기하급수적으로 불어날 운이며 실제로 강남의 빌딩 값이 폭등해 1,000억 가까운 재산이 증식되었다.

위 四柱는 土가 강해 水가 用神인데 특히 天干에 癸水가 좋으며 癸亥가 최고의 大運이다. 즉 亥水 支藏干(戊甲壬)中 甲木이 正財 運이라 부동산 사업으로 큰 돈을 벌어들였다. 日干 辛金이 陰圈일 때는 壬水가 필요하나 辛金이 辰月(음력 3월, 봄)태생으로 陽圈이니 癸水運이 좋다. 65세 癸亥 大運이 최고의 用神運으로 食神과 재산 운이 좋아 큰 부자가 될 수 있다. 그러나 水運도 亥水는 좋으나 子水는 나쁘다. 즉 子卯 相刑殺이 되어 子水運에는 本人이 病이 날 가능성이 크다.

④ 처운과 자식운

日干 辛金이 辰土月 태생으로 月干과 時干의 丙火 正官이 강해 丁火 偏官이 개입될 여지가 없다. 따라서 아들이 없는 사주이다. 20대에 결혼해 本妻에서 자식이 없어 45세 辛酉 大運에 가정이 깨질 뻔 하였으며 이 때 첩을 두었고 첩에게서도 아들이 없어 딸만 두게 되었다.

日干 辛金에서 時支 申金은 제왕(12운성)이라 劫財의 성격이 강해 자식(딸만 두고)들 간의 재산분쟁이 발생할 소지를 갖는다.

(陰辛金의 死는 巳火, 12運星表 - 陰干逆行)

死	墓	절	太	양	長生	목욕	관대	건록	帝旺	쇠	병
巳	辰	卯	寅	丑	子	亥	戌	酉	申	未	午

위 四柱가 두 妻를 거느리는 것은 年支와 月支의 辰辰 支藏干(乙癸戊)中 乙木 偏財를 두 개 가지고 있어 두 妻를 거느릴 四柱이다.

⑤ 건강운

日干 辛金은 土가 3개로 旺하여 피부질환으로 고생한다. 또한 水가 元局(원국=原局)에 없어 약하다. 그래서 신장과 비뇨기 계통이 약하다. 75세 甲子 大運이 忌神이며 子卯 相刑殺로 신장과 비뇨기 계통의 병으로 고생 할 수 있고 또한 피부병으로 고통을 받을 운이라 75세 甲子 大運을 넘기기가 쉽지 않을 듯하다. 子水가 用神이기는 하나 子·卯刑으로 본인의 질병을 끌어들이니 비뇨기 계통의 병으로 고통을 받거나 피부질환이 생길 運이다. 75세 甲子 大運이 나쁜데 특히 2005년인 乙酉年은 日柱 辛卯와 乙辛沖과 卯酉沖으로 日柱 辛卯를 天干과 地支로 모두 沖해 아주 나쁘니 미리 조심하고 대비함이 필요하다.

마. 주식으로 성공하는 사주

1) 주식투자 運이란

주식투자로 성공하려면 본인의 부단한 노력으로 증권 시장을 보는 안목을 키워야 성공한다. 따라서 주식투자를 전혀 안해 본 사람이 運만 믿고 할 수는 없다. 즉 주식투자에 대한 노하우가 있는 경험자가 좋은 用神運이 왔을 때 투자하여야 성공할 수 있다.

증권시장은 거시적으로는 一國의 경제 상황에 좌우되고 미시적으로는 개별기업의 실적에 좌우되고 수요와 공급에 의존하는 것이다. 따라서 국가의 경제 상태가 좋아져야만 주식으로 이득을 볼 수 있는 것이다. 그러나 경제가 좋아져 주가가 올라간다고 해도 어떤 개별기업에 대해 투자하느냐에 따라 수익은 천차만별이 된다. 개인투자가들은 시장이 상승하는데도 손실을 입는 경우가 허다하다. 즉 종목 선정을 잘못했거나 매매 타이밍을 잘못 선정하면 상승장에서도 손실을 입을 수 있다. 따라서 증권시장에서 성공하려면 개별기업에 대한 분석능력이 있어야만 한다. 그러나 증권시장에 대한 안목이 있어도 자기운이 좋은 해는 수익을 더 많이 낼 수 있는 것이다.

1997년 IMF 사태 때 주가가 폭락하는 장에서도 손실을 적게 보는 투자자가 있기 마련이고, 1999년 폭등장이라고 해서 투자자 누구나 이득을 본 것은 아니다. 몇 십 배의 엄청난 이득을 얻은 투자자가 많았는데 이는 그 해가 자기 用神運이 된 투자자들이었을 것이다. 즉 주식투자도 자기 用神해에 투자해야 큰 이득을 볼 수 있다는 결론이다. 運이 좋은 해에는 종목 선정도 자기運에 잘 맞는 개별기업이 정해지게 마련이다.

1997년 IMF 사태 때 증권회사 직원들 얘기를 듣고 손실을 크게 본 사람이 있는가 하면 빨리 시장에서 빠져나와 손실을 적게 입은 사람이 있는데 이도 자기 用神運에 연관되어 있다.

증권시장에서 거시적 분석, 미시적 분석, 기술적 분석도 다 중요하지만 분석에 기초해서 꼭 이득을 보는 것이 아니다. 모든 분석은 과거에 대한 기록이지 미래를 정확히 예측하는 것은 아니다. 증권시장은 불확정한 시장이라 예측할 수 없는 돌발사태가 자주 일어난다. 따라서 기술적 분석으로만 성공하는 것은 아니다.

증권시장에서 성공하려면 자기 用神해에 財를 가져다 주는 종목을 선정해야 한다.

예컨대
- 木이 用神인 사람은 ㄱ이나 ㄲ으로 시작되는 기업에
- 火가 用神인 사람은 ㄴ,ㄷ,ㄹ로 시작되는 기업에
- 土가 用神인 사람은 ㅇ이나 ㅎ으로 시작되는 기업에
- 金이 用神인 사람은 ㅅ,ㅈ,ㅊ으로 시작되는 기업에
- 水가 用神인 사람은 ㅁ,ㅂ,ㅍ으로 시작되는 기업에 투자하는 게 수익을 더 얻을 수 있다.

개별 기업 선정도 중요하지만 더 중요한 것은 투자하는 해가 用神運이 있는 해이냐가 가장 중요하다. 用神運이 온 해 투자하면 보다 더 큰 수익을 얻을 수 있다. 물론 주식투자에 대한 노하우가 있는 경우에는 이득을 더 볼 수 있다.

주식투자하는 사람들은 습관적으로 매일 매매하는데 忌神(기신)인 해에는 손실만 보게 된다. 用神運이 왔을 때 성공하는 것이다. 주식 투자자들은 자신에게 2018년 戊戌年이 나쁘면 투자 규모를 줄이고 소극적으로 투자해야 하며 戊戌年이 아주 좋아 用神運이 되는 투자자는 전력투구해 과감히 투자하면 성공할 수 있다. 즉 주식투자도 자기 用神運이 온 해에 투자해야만 성공할 수 있다고 확신한다.

일부 엉터리 스님이 죽은 자를 위한 천도제를 지내면 증권시장에서 대박이 터진다고 사기 치는데 이에 현혹되지 말아야 하고 더욱이 부적을 쓰거나 산신제를 지낸다고 이득을 보는 것은 더더욱 아니다.

증권시장에서 이득을 보려면 시장을 보는 안목을 키우면서 개별기업에 대한 분석과 특히 외국인 매매동향을 잘 파악해 투자해야 한다. 이때 2018년 戊戌年이 자기 用神運이 되는 가를 보고 투자 규모를 결정해야 한다.

2018년 戊戌年이 忌神이면 투자를 소극적으로 하거나 투신운영회사에 간접투자 하는 게 좋다. 또한 투자를 2019년으로 미루는 게 좋다. 만약 2018년 戊戌年이 用神運이 되면 적극적으로 투자하라. 그러면 보다 더 수익을 낼 수 있다.

결론적으로 주식투자는 본인의 능력에 달려있으나 用神運이 와야 성공확률이 더 높아지는 것이다.

2) 주식투자로 성공한 사람들

사주) 坤命(여자)

時	日	月	年
辛	辛	壬	壬
卯	丑	子	辰

목	화	토	금	수
1	0	2	2	3

癸	甲	乙	丙	丁	戊	己	庚	辛	壬
卯	辰	巳	午	未	申	酉	戌	亥	子
86	76	66	56	46	36	26	16	6	대운수

① 四柱 구성의 특징

日干 辛金이 子水月 태생이다. 食神格이다. 水가 3개로 旺하다. 四柱에 食傷이 많으면 반드시 직업을 갖고 살며 밖에서 상냥하고 활동적인 삶을 살아간다. 食傷이 많아 남에게 베푸는 직업을 갖으며 가르치는 선생님 직업이 좋은 四柱이다. 四柱 구성이 天干은 모두 陰圈이고 地支도 月支, 日支가 陰圈이다. 전반적으로 陰圈으로 안정되어 있다. 그러나 四柱가 子丑으로 차갑다. 陰圈이므로 丁火가 필요하다. 丙火는 陽圈이라 필요 없다. 丁火 官星이 없어 애틋한 남편 福이 있는 四柱는 아니다. 그렇다고 남편이 없는 사주는 아니며 大運이 좋게 흘러 좋은 직업을 갖고 열심히 살 四柱이다.

② 格局과 用神

日干 辛金이 子月(음력 11월) 태생이고 食神格 四柱이다. 用神은 日干 辛金을 生해주는 土이다. 土중에서도 戊土는 陽圈이라 안되고 日干 辛金이 陰圈이니 같은 陰圈인 己土만 用神이다. 辛金은 喜神이다. 木도 水의 氣運을 빼주니 喜神이다. 따라서 用神은 己土이고 喜神은 甲木과 辛金이다.

③ 사주 풀이

위 四柱는 여자이고 食傷이 많아 직업 활동이 좋은 四柱이며 집보다는 밖에서 대우를 받을 四柱다. 傷官이 많고 忌神이라 아들이 없고 딸만 있는 四柱이다. 또한 四柱가 차서 따뜻한 丁火 官星이 필요한데 丁火 官星이 없어 남편의 애틋한 사랑을 받기가 어렵다. 남편 복은 크지 않으나 본인의 능력이 뛰어나 머리가 좋고 영리하여 명랑해 밖에서 대우 받고 집안을 끌고 갈 四柱이다. 時支 卯木 偏財는 노후가 부유한 四柱로 食福 걱정은 없다. 그러나 身弱한 四柱로 자식으로 고통을 받아 노후 까지 고통스러운 자식과 살 八字이다. 日柱는 子息(자식)을 의미한다.

④ 주식투자와 用神運

위 四柱의 주인공인 여자는 10여 년간 투신운영회사에 간접투자만 하였다. 그러다가 IMF 이후 1999년 봄부터 직접 주식투자를 하였다. 1999년이 己卯年으로 己土가 최고의 用神해이고 卯木은 偏財運이 있는 해이다. 1999년 봄에 경제 신문에서 S 기술이 미국에 인터넷 국제 전화회사를 설립한다는 기사를 보고 1999년 5월에 그 회사 주식 2,000주를 주당 6만 5천 원에 매입하였다. 用神運이라 가격이 올라도 연말까지 참고 기다리니 매입한 2,000주가 액면 분할해 2만 주가 되었는데 주당 30만 원 근처까지 상승하였다. 연말에 팔아 1억 3천 투자해서 50억에 가까운 거금을 벌게 되었다.

己卯年이 用神運이라 가격이 상승해도 끝까지 버텨 큰돈을 벌 수 있었던 것이다. 그러다 2000년 庚辰年에 주식투자의 기대를 버리지 못해 계속 투자하다 10억쯤 손실을 보았다. 2000년은 庚辰인데 申子辰 半合 三合 水局이 되니 忌神이라 손해를 본 것이다. 그러나 己卯年에 큰돈을 벌어 평생을 돈 걱정없이 살 수 있게 된 것이다.

위 四柱에서 己土가 用神이고 卯木은 偏財運이면서 S 기술은 金이니 3박자가 맞아 떨어져 성공할 수 있었던 것이다.

사주) 乾命(남자)

時	日	月	年
己	甲	丁	乙
巳	戌	亥	未

목	화	토	금	수
2	2	3	0	1

戊	己	庚	辛	壬	癸	甲	乙	丙	丁
寅	卯	辰	巳	午	未	申	酉	戌	亥
85	75	65	55	45	35	25	15	5	대운수

① 四柱 구성의 특징

日干 甲木이 亥水月 태생이다. 偏印格이다. 食傷運이 좋은 四柱이나 金 官星이 없어 직장 생활은 못하고 젊어서부터 부동산 중개업을 한 四柱다. 四柱가 身弱하면서 財가 많아 30대까지는 돈의 고통을 받고 사는 四柱다.

② 格局과 用神

日干 甲木이 亥月(음력 10월) 태생이고 偏印格 四柱이다. 土가 강해 財多身弱(재다신약)사주이며 食傷이 강한 사주이다. 따라서 用神은 水이고 喜神은 木이다. 日干 甲木은 陰圈이라 水의 用神은 壬水이고 喜神은 甲木이다. 또한 地支에 亥水 偏印과 未土 正財가 있어 卯木 劫財가 들어와도 亥卯未 三合 木局을 이루어 喜神이 되니 좋다.

③ 사주 풀이

위 四柱는 日干 甲木이라 우두머리 기질이 있고 사주 구성이 좋아 초년보다는 노후가 좋다. 품성이 활달해 대인 관계가 좋아 사업적으로 성공할 수 있는 기질이 있다. 時柱 己巳는 日干 甲木과 甲己合土로 財가 있어 늙어서 까지 일하면서 노후가 부유한 사주다. 財가 많아 첩을 둘 가능성이 크며 리더십이 있고 여자들에게 인기가 많은 사주다. 늙어서 부동산으로 더 큰 재산을 모을 사주이다.

④ 주식투자와 用神運

위 四柱는 1997년 丁丑年에 IMF로 부동산 경기가 위축하면서 재산상의 큰 손실을 입었다. 특히 丁丑年은 丑戌未 三刑殺로 아주 나쁜 忌神運인 해라 큰 고통을 받았다. 집도 팔고 사글세방에서 사는 큰 고통을 받았다. 그 후 1999년 己卯年이 오면서 亥卯未 三合木局이 되어 身弱한 日干 甲木이 힘을 받고 歲運 己土와 日干 甲木이 甲己合土로 財星運이 와서 다시 재기하였다.

1999년 己卯年 여름에 증권시장에 참여하여 코스닥 기업인 ㅎ기업에 5천만 원을 투자해 연말에 5억 정도를 벌었다. 己卯年이 用神해로 주식으로 성공할 수 있었으며 1999년의 이득금으로 다시 재기해 지금은 부동산으로 큰 부자가 되었다.

주식이든 부동산이든 재산운이 오는 것도 用神運이 온 해에 가능한 것이니 자기 用神해를 정확히 알아둘 필요가 있다.

사주) 坤命(여자) : 用神은 木이다

時	日	月	年
丁	丁	癸	癸
未	亥	亥	巳

목	화	토	금	수
0	3	1	0	4

壬	辛	庚	己	戊	丁	丙	乙	甲	癸
申	未	午	巳	辰	卯	寅	丑	子	亥
88	78	68	58	48	38	28	18	8	대운수

① 四柱 구성의 특징

日干 丁火가 亥水月 태생이다. 正官格이다. 여자 사주에 官이 많은 官殺混雜(관살혼잡)四柱로 기구한 사주이다. 관이 많으면서 日干 丁火가 月干 癸水와 丁癸沖하고 있다. 그래서 20대에 결혼 후 실패를 경험하고 직업전선에 뛰어들어 여러 직업을 전전하였다. 다행히 大運이 좋아 그나마 삶을 버틸 수 있는 四柱다.

② 格局과 用神

日干 丁火가 亥月(음력 10월) 태생이고 正官格 四柱이다. 用神은 木이다. 日干 丁火가 陰圈이라 木中에서도 陽圈인 乙木은 안되고 甲木은 陰圈이라 用神으로 쓴다. 亥水 支藏干(戊甲壬)中에 甲木이 있어 用神은 있으나 亥水 官星이 지나치게 많아 남자 유혹이 심하고 또 잘 넘어가서 남자로 인한 구설수가 끊이질 않는다.

③ 사주 풀이

위 四柱는 日干 丁火로 힘이 약한 身弱 四柱이다. 초년에 年支

巳火 劫財와 月支 亥水 正官이 巳亥冲(驛馬冲)이라 일찍 시집가면 離婚하고 다시 재혼할 사주다. 水가 많아 유흥업에 종사할 가능성이 크고 유통업에 종사하게 된다. 다행히 大運이 좋아 40대에 돈을 벌어서 자기 用神인 木에 해당하는 직업 즉 의류계통에 종사하면 성공할 수 있다. 성격이 착해 남자 유혹에 쉽게 넘어가서 여러 남자를 거친다. 그러나 時柱 丁未(未土 支藏干은 丁乙己임)가 좋아 늙어서 까지 일을 하고 노후는 중년보다 좋다.

④ 주식투자와 用神運

위 四柱는 사주 구성이 아주 나쁘다. 그러나 用神해를 잘 만나면 10년이 좋다. 위 사주가 그런 사주다. 1997년 丁丑年 IMF 이후 1998년 戊寅年에 운영하던 술집을 털고 놀다가 1999년 己卯年 봄부터 주식에 손을 대기 시작했다. 用神이 木인데 己卯年은 用神해이다. 運이 잘 맞아 떨어졌다. 歲運 地支 卯木이 用神인데 元局(원국=原局)의 地支와 亥卯未 三合 木局이 되어 官星인 亥水가 印星인 木으로 바뀌었다. 증권유관기관에 남자 애인이 있었는데 애인이 추천한 T 기업에 1억을 투자해 연말에 10억의 수익을 올렸다. 남의 돈까지 끌어다가 투자했는데 대박이 터져 인생이 달라졌다. 사주 구성이 나쁘나 用神運인 卯木運을 만나 그 한해의 運으로 평생의 運이 달라졌다. 1999년 己卯年에 성공해 의류업에 종사하게 되고 의류업이 用神에 해당하는 업이라 지금까지 실패하지 않고 성공할 수 있었다.

결혼은 실패했어도 用神運에 재산운이 와서 평생 고통에서 벗어나게 되었다. 결론적으로 주식투자로 인한 성공도 본인의 머리와 능력과 노력도 중요하지만 用神運이 온 해에 투자해야만 이득이 크다는 것을 알 수 있다.

　독자들께서도 특히 주식하는 분들은 자기 사주에서 用神해가 어떤 해인지를 알고 투자한다면 절대 주식투자로 낭패보는 일은 없을 것이다.